Couplets sur la nomination de Laujon à l'Institut.
Air: Toujours seule disait Nina (de Laujon.)

Nous avions au Sénat savant
Plus d'un fauteuil vacquant
 Quand
Pour les remplir s'offrent soudain
 Ximenès, Piis, Blin,
  Gin ;
Cournand aussi se présenta.
Laujon vint qui les repoussa,
 Il ricana
 Le dit com'ça
 Dam' me voila
  Me voila
   Là.

Respecte poète paillard
 Raymond ce Picard,
  car
Je crois les honneurs tant courus
 Aux talents reconnus
  dûs.
Ecoute la publique voix ;
Rentre avec tes couplets grivois
 Dans le néant
 C'est là ton rang
 Tiens le voila
  le voila
   Là.

Laujon malgré tous ses efforts
 Devait être du corps
  hors.
Mais ce fut lui que l'on élus
 Membre de l'Institut
  tsu !
Peut-être qu'on en glosera,
Dit-il, et qu'on en rira ;
 On en dira
 Ce qu'on voudra
 Mais me voila
  me voila
   Là.

Graves savans que fites vous
Hélas ! seriez vous tous
 fous ?

ŒUVRES CHOISIES

DE

P. LAUJON.

Et se trouvent aussi,

A PARIS,

CHEZ
- BLANCHARD et Cie, Libraires, rue Mazarine, n° 30;
- CAPELLE et RENAND, rue J. J. Rousseau, n° 12;
- DELAUNAY, Libraire, au Palais-Royal, n° 243;
- DUCHESNE, Libraire, rue Serpente, n° 6;
- GÉRARD, Libraire, rue Saint-André-des-Arcs, n° 59;
- LÉOPOLD COLLIN, Libraire, rue Gît-le-Cœur, n° 4.

A LYON;

CHEZ
- CORMON et BLANC, Imprimeurs-Libraires, près l'Archevêché;
- MAIRE, Libraire, grande rue Mercière;
- BOHAIRE, Libraire, près l'Hôtel-de-Ville.

ŒUVRES CHOISIES

DE

P. LAUJON,

MEMBRE DE L'INSTITUT;

CONTENANT

Ses Pièces représentées sur nos principaux Théâtres, sur ceux de Province ou de Société; ses Fêtes publiques ou particulières; ses Chansons et autres Opuscules, avec des Anecdotes, Remarques et Notices relatives à ces divers genres.

TOME PREMIER.

DE L'IMPRIMERIE DE C.-F. PATRIS.

A PARIS,

CHEZ PATRIS ET Cⁱᵉ, IMPRIMEURS-LIBRAIRES,
RUE DE LA COLOMBE, N° 4, DANS LA CITÉ.

1811.

AVERTISSEMENT.

Pressé par mon grand âge de profiter des momens qu'il me laisse, pour présider moi-même au choix et à l'impression de mes OEuvres, en les réunissant dans ce Recueil, je crois devoir prévenir que je n'en donnerai ni ne permettrai pas que l'on en donne un *plus complet, et que l'on y ajoute un Ouvrage ou Opuscule quelconque.*

J'ai cru devoir me défendre d'y insérer quelques *Ouvrages dramatiques* reçus au Théâtre, et qui, pour y être représentés, attendent leur tour de réception. J'ai pensé qu'il serait téméraire de les soumettre à la lecture et à l'examen avant que la représentation les en eût jugés dignes. Ainsi donc, s'ils paraissent mériter de fixer encore l'attention, je prends l'engagement de les recueillir *dans les mêmes format et caractère*, afin de laisser la facilité de les adjoindre à ce Recueil et d'y servir de suite, ou de les conserver séparément.

DISTRIBUTION DE CE RECUEIL

EN QUATRE TOMES.

Les trois premiers contiennent vingt-deux Opéras, Parodies, Comédies, Opéras-comiques, dont dix-neuf représentés tant à Paris qu'en Province, et trois Opéras reçus à l'Académie impériale de musique *; des Fêtes publiques ou particulières, avec des Notes anecdotiques sur presque tous ces différens objets.

Chaque Tome a sa Préface, son Avertissement et sa Table.

Tous les airs ou timbres des Chansons sont indiqués, et l'on trouvera notés ceux dont les airs sont le moins connus, à la fin du premier Tome.

J'ai joint au second un Supplément, dans lequel on a inséré divers Opuscules poétiques ou lyriques.

Pour ne pas laisser perdre trop long-temps

---

* *Tous trois différent de genres ; et des trois, il n'y en a que deux de mis en musique. Le premier est une Pastorale ; le second, une Tragédie lyrique ; le troisième, une Comédie lyrique : l'on pourra voir à l'article où je les cite ce qui me décide à les faire imprimer.*

de vue mon genre le plus familier, j'ai réuni de pareils Mélanges comme Supplément au troisième Tome, en réservant pour le quatrième tout ce qui concerne plus particulièrement la Chanson, son origine, ses différens périodes, et les sociétés chansonnières qui, la regardant comme l'aliment de leur gaîté, contribuent à propager son genre. J'ai cru devoir indiquer à mes confrères Chansonniers quelques observations dont une longue expérience m'a donné le droit de mieux reconnaître l'utilité. Je leur communique donc, en bon camarade, ce que j'appelle ma petite *poétique de Chanson* : jusqu'à présent elle m'était personnelle ; s'ils l'adoptent, c'est qu'ils la trouveront bonne, et ma satisfaction sera complète ; s'ils la trouvent défectueuse, il me restera toujours le petit mérite d'avoir cherché à les obliger.

PRÉFACE.

Une préface à la tête de ce Recueil! c'est, me dira-t-on, l'annoncer avec bien de l'importance. Je me le suis dit avant vous, mon cher lecteur, et je ne m'en expose pas moins à cette première critique. Vous présumez d'avance que mon but principal est de vous disposer favorablement? je me garderai bien de vous dissuader. Vous êtes en garde contre cette espèce de séduction, si familière à mes confrères les auteurs? je ne le sais que trop: je sais de plus qu'elle influe rarement sur le jugement que vous portez de leurs ouvrages. Mais si tout âge sent le besoin de plaire, ne seriez-vous pas le premier à blâmer un vieillard plus qu'octogénaire, de négliger le seul moyen qui puisse lui en faciliter l'espérance? Et quand le Temps m'accorde la double faveur de prolonger mes années et de me conserver la mémoire, puis-je trop me hâter d'en profiter pour vous rappeler ceux de mes ouvrages que le public accueillit avec le plus d'indulgence?... Le souvenir des momens agréables

PRÉFACE.

est celui qui s'éteint le plus difficilement; permettez-vous donc un seul moment de curiosité, ne fut-ce que pour compter le nombre des digressions que je me suis permises! S'il en est quelqu'une qui vous intéresse, elle suffira peut-être pour adoucir votre sévérité habituelle.

Au reste, en supposant qu'uniquement attaché aux ouvrages qui composent mon Recueil, vous regardiez comme oiseuses les notes que j'y ai jointes, je les ai mises toutes en caractères différens; ce qui vous épargnera la peine de les lire. Vous voyez qu'on ne peut avoir plus à cœur, de bien disposer son juge.

C'est dans cette vue que je dédie ce Recueil à mes amis; moyen puissant pour m'assurer des lecteurs, les premiers intéressés à ne pas déprimer un genre qu'ils me rendaient plus cher par la facilité de le consacrer à l'agrément de leurs sociétés, et quelquefois même à rappeler l'union au sein de leurs familles. Si je parviens à persuader que le cœur jouit d'avance de la satisfaction qu'il cherche à procurer? loin de taxer de frivolité

PRÉFACE.

ces légers opuscules, l'on sentira que se ménager une jouissance faite pour tous les âges, c'est encore assez bien employer son temps.

Dans le Recueil que je présente, il sera donc facile de reconnaître que le genre lyrique, et lyri-comique, sont, de tous les genres de poésie, ceux que j'ai adoptés avec le plus de prédilection, mais non pas exclusivement : car depuis la chansonnette jusqu'à l'hymne et l'ode, et depuis la parodie jusqu'à la comédie et l'opéra, ballet, ou pastoral ou tragique, il en est peu sur lesquels je ne me sois permis quelque essai. Aussi pourrais-je donner pour épigraphe ou devise à ce mélange d'œuvres choisies :

Rien par excès, un peu de tout.

Ce sont donc des mélanges plus ou moins gais, plus ou moins sérieux, rarement graves, et très-souvent frivoles, que j'expose à votre jugement.

Dans un âge où les jouissances du cœur sont rarement permises et s'annoncent difficilement, on doit chercher à se rallier à celles de l'esprit. Un vœu permis à tous les âges, dernier vœu que doive former la vieillesse, c'est de connaître le prix de l'émulation, d'aspirer encore au bonheur de plaire. Ce desir impérieux d'atteindre au mérite de ses rivaux, loin d'être éteint dans mon cœur, s'y rallume par le souvenir des momens heureux qu'il m'assura dès ma jeunesse. Vous allez les connaître et les juger.

Au collége de Louis-le-Grand, où j'ai fait mes études, l'un de mes émules les plus habituels était M. *Turgot*. Nous étions à peu près de même âge; mais aussi solide et réfléchi que j'étais frivole et dissipé, il ne trouvait de plaisirs que dans l'étude et dans la variété des occupations toujours sérieuses qu'il se prescrivait, tandis que je me hâtais de finir mes *devoirs* (1), afin de me livrer plus vîte à des lectures amusantes, et surtout à mon goût très-décidé pour les chansons. Aussi, dans nos deux dernières années de collége, notre *jeune penseur* (c'est ainsi qu'on le nommait) l'emportait-il presque toujours sur moi, dans tout ce qui concernait l'art oratoire, l'éloquence,

----
(1) Nom que l'on donne à la tâche que l'écolier doit remplir.

PRÉFACE.

et dans tous les sujets graves et qui exigeaient une méditation profonde ; mais sur la poésie latine, il était assez souvent réduit à me céder. Au reste, nous sympathisions de douceur, de franchise et de timidité ; car il était aussi timide, que je le suis encore. Nous étions liés tous deux de l'amitié la plus sincère ; liaison qui s'était accrue de classe en classe, et qui s'est perpétuée pendant tout le cours de sa vie. J'en ai même recueilli les fruits durant son ministère.

Nous avions, au même collége, un émule moins redoutable pour lui que pour moi : il se nommait *Parvy*. Externes tous deux, rivaux dans toutes nos classes, nous n'en étions pas moins amis. Cette concurrence, beaucoup plus suivie avec lui qu'avec M. *Turgot*, s'était étendue jusque sur nos goûts mutuels : même ardeur pour les chansons ; même passion pour les spectacles ; il m'enviait sans cesse l'avantage que semblait me donner sur lui mon bonheur d'avoir été acteur dans les tragédies, comédies, et ballets que l'on donnait chaque année dans notre collége, pour habituer la jeunesse à parler en public. Nous venions enfin l'un et l'autre de finir notre philosophie au collége du Plessis, quand *Parvy*, chargé d'un Divertissement, qu'on jugeait nécessaire pour compléter une petite comédie de circonstance, et dont l'auteur était absent, obtint, par ce premier succès, ses entrées à la comédie Italienne. Quelques jours après, j'obtins les miennes à l'*Opéra Comique* (1); avec cette différence, que les siennes avaient été le prix d'une heureuse épreuve, et que je n'étais redevable de ma bonne fortune qu'à l'idée favorable qu'avaient pu donner de mes petits talens quelques chansonnettes qui n'avaient même encore paru qu'en société.

Parvy partagea sincèrement ma satisfaction : mais, ce qui la compléta, et qui ne pouvait manquer de me lier plus intimement avec lui, c'est que, malgré l'avantage que lui donnait sur moi sa jouissance antérieure et fondée, il fut assez généreux pour me proposer d'unir nos deux jeunes talens, et de travailler ensemble à *la parodie de*

(1) Nom que portait le théâtre de la Foire.

PRÉFACE.

Thésée, opéra dont nombre de représentations avaient assuré déjà tout le succès; nous rivalisâmes alors et d'ardeur et de facilité, au point qu'à huit jours delà notre parodie fut faite.

Dehesse, célèbre acteur (1), demanda pour nous, à la Comédie Italienne, lecture, et l'obtint. Le premier jour de notre grande joie, nous nous rendîmes à l'heure indiquée, et nous nous relayâmes pour lire notre ouvrage aux comédiens assemblés.

Des applaudissemens assez fréquens nous paraissaient les garans les moins équivoques de leurs dispositions favorables, et du plaisir que leur procurait notre lecture, quand on nous annonça qu'il fallait nous retirer pour laisser la facilité d'émettre les opinions.

Cela me paraissait de fort mauvais augure; *Parvy*, au contraire, riant de ma surprise, me dit avec l'air le plus confiant : « C'est l'usage, « mon ami. Tu ne peux savoir cela comme « moi, qui l'ai éprouvé, lors de la lecture de « mon Divertissement; mais nous sommes reçus,

(1) *Préville* était son élève.

« je t'en réponds. Enfin j'étais déjà aussi rassuré que lui, quand on vint nous avertir que nous pouvions rentrer. Alors les félicitations les plus flatteuses, les plus réitérées ;... nous entendions dire à chaque instant : »C'est joli, Messieurs, oh, « fort joli. Je me confondais en remercîmens, quand on finit par nous dire : «mais il ne nous « est pas possible de recevoir votre pièce. Comment, « Messieurs? s'écria gravement *Parvy*; auriez-vous « remarqué dans notre ouvrage quelque trait qui « choquât les mœurs? (ce qui fit beaucoup rire nos juges.) Vous riez, continua-t-il, Messieurs ? « je ne vois pas, moi, qu'il y ait à en rire; pour « nous surtout; un refus n'a rien de plaisant: vous « voudrez bien, j'espère, nous le motiver? C'est « encore, nous répondit-on, ce que nous ne pou- « vons pas nous permettre ». Vous conviendrez, « dit *Parvy*, en se retirant avec moi, que la ré- « ponse est assez singulière »?

Nous étions, ce même jour, priés à dîner chez *Dehesse*, qui voulut bien enfin nous révéler ce que nous pouvions appeler *le secret de la comé-*

die, et ce qui aurait dû empêcher ses camarades de nous accorder lecture. Le succès soutenu de l'*opéra de Thésée* leur ayant fait desirer ardemment d'en avoir une *parodie*, ils avaient chargé *Dancourt*, comédien de province (1), de leur en faire une; et ils en avaient reçu les trois premiers actes, quand la nôtre leur fut annoncée; de sorte que leur délibération ne porta que sur la question de savoir s'ils pouvaient honnêtement accepter notre parodie, qui, (du moins à ce que *Dehesse* nous assura) leur avait fait plaisir, et qui avait de plus l'avantage d'être complète, au détriment d'un auteur qui n'avait travaillé que d'après leurs instances réitérées, et dont ils avaient fondé la confiance en agréant la plus grande partie de son ouvrage. Ce trait de délicatesse, qui leur faisait honneur, nous désola et nous décida sur-le-champ à chercher notre ressource à l'*Opéra Comique*. *Favard* (juge suprême à ce spectacle) y fut notre consolateur. « Votre ouvrage est très-gai, nous dit-il; mais je ne dois pas vous flatter : j'ai remarqué dans quel-

(1) Nommé depuis l'*Arlequin de Berlin*.

« ques couplets des négligences, et des traits qui se
« ressentent un peu trop de votre noviciat ; mais
« si vous voulez m'admettre en tiers avec vous,
« Messieurs, je me charge de remédier à tout ».
Je ne saurais vous peindre l'effet que produisit sur nous cette preuve de bienveillance à laquelle nous étions si loin de nous attendre. Ivres de joie et d'orgueil, nous sautâmes au cou de l'aimable et généreux bienfaiteur qui, nous assurait à-la-fois dans un juge, à qui des succès nombreux avaient donné tant de droits pour être rigide, un associé vigilant et doux, un guide enfin avec lequel nous ne pouvions craindre de nous égarer. Nous en eûmes bientôt la preuve constatée par cinquante-deux représentations de suite que nous eûmes sur le *théâtre de la Foire* (1). Ce succès nous avait animés à tel point, que, malgré les difficultés de travestir un sujet comique, nous en risquâmes l'effet sur l'*opéra-ballet des fêtes de Thalie*. Et *la parodie* que nous en donnâmes au mois d'octobre suivant, après le succès qu'elle avait eu sur le *Théâtre Italien*, fut

(1) **En février 1745.**

PRÉFACE.

choisie pour être donnée sur celui de *Fontainebleau*; ce fut même la seule nouveauté qu'on y donna deux fois, non qu'il n'y eut des ouvrages bien autrement importans, mais c'est que la folie du nôtre avait paru bien plus amusante à M. le Dauphin, très-jeune alors, et qui desira la revoir.

Le plaisir de notre association fut bientôt altéré par la perte que je fis de mon bon ami *Parvy*. Son père voulait en faire un architecte, malgré la répugnance extrême qu'avait pour cet état, le fils qui se destinait au barreau, où ses excellentes études semblaient lui promettre de brillans succès : le père absolu dans ses volontés, autant occupé de le distraire de ses dispositions pour le théâtre, que de l'empêcher de faire son droit à Paris, le fit partir pour la province; l'y mit en pension chez un architecte, où forcé de se livrer à des travaux qui lui déplaisaient, et n'ayant pas même la facilité d'entretenir des correspondances avec ses amis, il se confina dans un couvent, où sans doute il a fini ses jours, car oncque depuis, nous n'en avons entendu parler.

PRÉFACE

Mon père, loin de ressembler au sien, me destinait au barreau ; je sentais à regret que cet état était infiniment plus solide que celui de chansonnier. Je me livrais donc à l'étude de *Barthole* et *Cujas*, mais en ne dérobant, à mon goût pour mes chères parodies qu'un tiers au plus de mes occupations forcées ; je me flattais toujours de ramener, avec le temps, mon père sur un parti, si fort contraire à mes dispositions. Fort de sa tendresse pour moi, je me rappelais son ardeur à faire circuler dans ses sociétés mes chansons ; à m'en avoir même demandé pour quelques occasions ; il avait donc eu la faiblesse de m'attacher par-là à ces opuscules ; il m'avait de plus passé mes premiers essais sur le *théâtre* ; il avait été flatté d'avoir distribué mes billets d'auteur, que j'avais laissés à sa disposition. Que de motifs d'espérance ! Ajoutez à cela que j'avais eu la sage précaution de lui cacher la triste aventure de mon pauvre *Parvy* !

Ce bon et cher associé venait donc de quitter Paris, quand le succès de l'acte de *Zélindor* (1)

---

(1) De M. *Demoncrif*, musique de *Rebel* et *Francœur*.

PRÉFACE.

donna lieu à la parodie que *Favard* et moi nous en fîmes; mais à peine l'avions-nous fait recevoir aux Italiens, que l'*Académie royale de Musique* qui, depuis long-temps, usait du droit (qui dès son institution lui était accordé) de rendre tributaires tous les spectacles chantans (1), et les assujettissait aux limites qu'elle leur désignait, interdit aux comédiens italiens les parodies en chant (2).

Atterré par cette défense, j'en étais inconsolable, quand, pour surcroît d'infortune, mon aimable

(1) Les spectacles et les bals publics achetaient de cette académie la permission d'employer la musique vocale et instrumentale.

(2) Quelques années avant, cette même académie avait interdit *le chant* aux acteurs forains de l'*Opéra-Comique*. C'était annuler ce genre de spectacles. *Ponteau*, qui en était l'entrepreneur, conduisit sa troupe sur le théâtre des marionnettes du sieur *Bienfait*. Le chant seul étant interdit *aux acteurs*, Le Sage et Dorneval, amis de *Ponteau*, imaginèrent un moyen de soutenir le genre que l'on s'attachait à proscrire. Les acteurs ne s'occupaient que du dialogue en prose, et l'on descendait des écriteaux sur lesquels était inscrit le couplet sur un air ou refrain connu; et tandis que les acteurs se bornaient à faire les gestes, les spectateurs chantaient le couplet. La singularité de ce spectacle attirait une affluence telle, que l'Opéra finit par rendre à l'*Opéra-Comique* son ancien théâtre, et (moyennant une rétribution plus forte) la permission de parler et de chanter.

guide, à qui ses talens avaient assuré de grandes ressources, me procura des consolations en m'associant avec lui pour un journal de chansons, qu'il me proposa de faire à nous deux, et dont le projet eut lieu. Il avait déjà paru cinq numéros de ce petit recueil intitulé les *Fleurettes*, quand le bon *Favard* fut appelé par M. le maréchal de Saxe pour diriger les spectacles à la suite de son armée. Ce fut-là le comble de mes infortunes chansonnières, et d'autant plus fondées, que c'était après les exemples et les conseils que me donnait ce cher associé que je me formais à parodier les airs les plus difficiles ; tels que menuets, contredanses, etc. Aussi l'on trouvera dans mon recueil plus d'une de ces parodies dont il m'engagea de faire moi-même *la coupe*, qui lui parut assez heureuse pour remplir avec moi le sujet que j'avais choisi ; tels que les *Vapeurs*, *Jean* et *Nina*, etc.

Dès que mon père eut appris son départ, il se proposa de me faire inscrire aux écoles de Droit (1).

(1) Ne me soupçonnant pas assez hardi pour travailler seul à des ouvrages sur lesquels j'avais choisi mes guides, il avait mis

N'osant trop contrarier ses vues, je me livrai bon gré mal gré à l'étude de la jurisprudence; mais je m'en dédommageais en secret par mes lectures habituelles des meilleurs auteurs lyriques, dont, tout en étudiant les beautés, je m'occupais d'avance à travestir les poèmes (j'essayai même alors de faire *la parodie d'Armide,* me flattant toujours qu'on ne pouvait se dispenser de rendre au public ce genre que je trouvais toujours aussi séduisant), je ne me lassais point de lire *Quinault;* j'admirais cette souplesse harmonieuse que je ne trouvais que dans ses vers; j'avais peine à concevoir qu'un homme eût tiré de son imagination l'art de créer un genre de spectacle qui pût à-la-fois flatter tous les sens, réunir et s'approprier *tous les genres de poésie*, réaliser les fictions de l'*épopée*, emprunter d'elle l'art de *personnifier les passions*, mettre en *action* ce qu'elle ne peut mettre

---

sur ma cheminée ces vers décourageans de Fontenelle, et qu'il s'était procurés.

Dans la lice où tu veux courir,
Songe un peu combien tu hasardes!
Il faut avec courage également offrir
Et ton front aux lauriers, et ton nez aux nasardes.

PREFACE.

qu'en récits, établir sur le théâtre l'*école de la mythologie*, graver dans l'esprit par l'attrait du plaisir *les illusions de la fable*, faire concourir enfin au succès d'un genre que nous enviait l'Europe entière, nos principaux artistes, poètes, musiciens, chanteurs, acteurs, peintres, décorateurs et machinistes.

J'étais enthousiaste des ouvrages de cet ingénieux créateur du genre merveilleux, quand mon père (à force de me faire sentir le ridicule de m'enorgueillir du faible mérite de quelques opuscules auxquels j'avais si peu contribué) m'inspira, sans s'en douter, le désir de voler de mes propres ailes; ajoutez à cela que j'étais amoureux, et que je me persuadai qu'un succès que je ne devrais qu'à moi-même, m'assurerait des moyens de plaire à *l'unique et cher objet de mes plus douces pensées*.

Je sacrifiai donc quelques heures dérobées à mon *Justinien* pour relire le roman de *Daphnis et Chloé* je me rappelai qu'en le lisant j'avais été frappé de la conformité de son caractère avec le mien; aussi

PRÉFACE.

timide que lui (comme on en peut juger par ma première déclaration d'amour (1). Plus amoureux peut-être, je fus séduit par la naïveté de l'ouvrage, je n'attendis pas d'en avoir achevé la lecture pour

(1) L'image de ce qu'on aime
En tous lieux toujours nous suit ;
A vos pieds, cette nuit même,
Par l'Amour j'étais conduit.
En songe on est téméraire ;
Je vous appris mon tourment....
Ne vous fâchez pas, Bergère !
L'aveu s'est fait en dormant.

Votre œil était moins farouche
Qu'il ne l'est en ce moment ;
J'attendais de votre bouche
Le retour le plus charmant ;
Morphée en fit disparaître
Le plaisir par mon réveil ;
Mais l'Amour me dit : « Le traître
« Est jaloux de ton sommeil. »

Pour le prix d'un long martyre,
Un songe a comblé mes vœux ;
Aglaé, faites m'en lire
La vérité dans vos yeux !
Si votre rigueur m'étonne,
L'Amour me rassure un peu ;
Car je vous connais trop bonne
Pour faire mentir un dieu.

PRÉFACE.

plaisir avait été l'unique but de mes travaux ; Mais si vous vous êtes permis de lire ces petites anecdotes, ayez la patience de continuer ! et vous verrez que le plaisir a décidé de mon état, de ma fortune, m'a constamment ménagé des ressources et des adoucissemens dans les momens les plus critiques ; et qu'enfin ce que vous regardez peut-être comme digressions minutieuses sert à la fois d'excuse à des occupations frivoles, d'exemple et d'encouragement à *vous-même*, si vous êtes *jeune poète* (mais avec une *vocation justifiée par des succès* ; car, de tous les états que l'on peut embrasser, celui de poète est peut-être le plus attrayant, mais le plus trompeur et le plus frivole), et de leçon aux *pères* qui s'obstinent à décider l'état qu'ils choisissent à leurs enfans *sans consulter leurs dispositions naturelles* ; car on ne peut trop recommander aux pères de se garder surtout de flatter les goûts qui peuvent contrarier par la suite la profession qu'ils leur destinent. Préservez-vous donc, mon cher lecteur, d'une frivolité blessante ; et remarquez bien que mon père, en

faire mon petit plan; je savais qu'*Autreau* avait tiré sa jolie comédie intitulée *la Magie de l'Amour*, donnée au Théâtre Français en mai 1735, de ce même sujet qui avait fourni, quelque temps après, à *Marivaux* l'idée de sa comédie d'*Arlequin poli par l'Amour*. Pour éviter d'être leur plagiaire, je ne m'occupai que des différens tableaux qu'ils avaient négligés, et conservai à mes deux amans leur ingénuité, et non pas leur ignorance; ce qui m'eût fait rougir aux yeux de ma belle maîtresse, et qui l'eût humiliée autant que moi. C'est moi que je faisais parler dans *Daphnis*; c'est elle que je peignais dans *Chloé*; et comme mon cœur était mon guide, jamais ouvrage ne m'a moins coûté.

A peine avais-je fini mon premier acte, que *Boismortier*, musicien avantageusement connu par nombre d'ouvrages, et que je choisis pour mon juge, d'après les succès qu'il avait obtenus dans deux ouvrages donnés précédemment au Théâtre Lyrique (1), me procura la double jouissance de recevoir ses complimens sur ce que mon [ouvrage] réunissait, disait-il, de naïf et de lyrique, (pour preuve de sa sincérité) la proposition [flat-]teuse de commencer à mettre en musique [ce] qu'il venait d'entendre, et de traiter succ[essive-]ment les autres à mesure que je les aura[is faits].

Je ne le fis pas long-temps attendre; [heureux] d'avoir trouvé un musicien assez hardi p[our cou-]rir avec moi la chance de mon nouvel ess[ai,] encore que le desir de plaire de plus [en plus à] mon aimable inspiratrice, devenue ma [con-]fidente, tout enfin se réunissait pour [rendre] le travail facile, au point que, deux m[ois après,] mon petit poème fut lu et reçu par M[M.] *Francœur*, directeurs de l'Opéra, et [pour] me juger, s'étoient adjoint MM. l[a] *chaussée* et *Crébillon le fils*; et pour [ma] satisfaction, dès ce même jour, on [m'accorda] entrées au théâtre où je desirais le [plus vive-]ment les obtenir.

Vous conviendrez, mon cher lec[teur,] peu de débuts plus encourageans.

---

(1) *Les Caractères de l'Amour et de la Folie*, par La Bruère, et *Dom Quichotte*, par Favard.

m'invitant à consacrer mon goût chansonnier à l'amusement de ses sociétés, ne pouvait s'en prendre qu'à lui-même de m'y voir plus attaché qu'au parti plus solide auquel il voulait m'assujettir!

J'arrive donc à l'époque sur laquelle mon souvenir se reporte avec le plus de complaisance.

Mon âge avait tellement influé sur le jugement qu'avaient porté de mon nouvel ouvrage ses premiers juges, qu'ils en avaient été les premiers prôneurs dans les sociétés de M. *Dargental*, dans celles de MM. le président *Hénault* et le duc d'*Ayen* (1), enfin dans celle d'une amie de madame de Pompadour (madame de Villemur), chez laquelle se rassemblaient fréquemment les personnages les plus distingués par leurs dignités, par leur goût et par l'éminence de leurs talens, et qui étaient connus pour aimer les lettres, et pour obliger, sans avilir, ceux qui les cultivaient.

Cette dame ne s'en tint pas aux éloges qu'elle m'avait prodigués. Elle me prouva sa sincérité, en annonçant mon ouvrage de manière à exciter

(1) Depuis maréchal de France.

PRÉFACE.

la curiosité de madame de Pompadour, qui désira l'entendre, et pria son amie de m'amener à Choisy (1), où conduit en effet par elle, que M. le duc *de Nivernois* et M. l'abbé *de Bernis* avaient accompagnée, je vis mon ouvrage si favorablement accueilli, que le saisissement subit de la crainte à la joie me donna la fièvre, et qu'on fut obligé de me faire partir pour Paris, avec le regret de laisser à Choisy mes compagnons de voyage.

Le carrosse de ma conductrice me ramena chez moi au moment où mon père arrivait de la campagne; ce fut par-là que je me vis forcé de lui apprendre (ce que je lui avais caché avec le plus grand soin) que je venais de faire un nouvel ouvrage pour le théâtre, sans autre guide que moi-même, et que j'en recueillais déjà les fruits les plus séduisans. Mes succès, au lieu de flatter son orgueil, m'attirèrent de sa part de nouveaux

(1) Pendant un petit voyage (d'hommes seulement) que tous les ans, dans le temps où les cerfs sont en amour, Louis XV faisait à Fontainebleau, madame de Pompadour profitait de son absence pour recevoir à Choisy ses anciennes connaissances.

sermons, toujours aussi décourageans. Mais il fut, à quelques jours delà, aussi surpris que moi, quand M. le comte de *Clermont* (1), à qui madame de *Pompadour* avait parlé avantageusement de ma pastorale, desira de l'entendre; et sachant que M. Prault, son bibliothécaire, avait imprimé mes parodies, il le chargea de m'amener à Berny (2) pour lui lire mon ouvrage. Mon père sentit qu'il eût été ridicule à moi de manquer de m'y rendre; il se consola cependant un peu, parce que je venais de faire mon examen de licence, et qu'à ce moyen il n'imaginait pas que, touchant au moment d'être avocat, je m'arrêtasse si près de son but.

J'allais donc paraître devant un prince connu par son amour pour les talens (3). Quels titres

---

(1) Prince du sang et oncle du roi.

(2) Château dans lequel le prince passait la plus grande partie de l'année.

(3) A seize ans il avait établi dans son hôtel, à Paris, la Société des Arts; y réunissait des talens en tous genres, et manquait rarement de s'y trouver, pour les encourager par sa présence. On sait que c'est le seul prince du sang qui ait été membre de l'Académie française; qu'il s'honorait de ce titre, et qu'il remplit tour à tour, dans ce corps littéraire, les places de chancelier et de directeur.

plus imposans pour ajouter à ma timidité naturelle ! J'avais préparé quelques mots pour les lui adresser ; je les oubliai devant lui, au point de ne pouvoir prendre sur moi de lui demander à quelle heure il voudrait entendre ma lecture ; Prault fut obligé de le lui demander pour moi. « Il faut, répondit le Prince, lui laisser le « temps de rasseoir ses sens. Grave auteur ! me « dit-il, quand nous aurons dîné ensemble, vous « serez moins timide ». Aussi enchanté que surpris d'un honneur si peu mérité, si peu prévu, et que je ne croyais réservé qu'aux grands talens (1), je bredouillai quelques mots de remercîmens, que, riant de mon embarras, il interrompit en disant à Prault : « Vous viendrez cet après-dîner le chercher ».

(1) Quoique le genre de l'opéra fût alors en très-grande faveur, depuis *Quinault* et les deux *Corneilles*, qui avaient concouru à l'accréditer ; après *Danchet*, qui introduisit les opéra-ballets sur ce théâtre ; après *Fontenelle* et *Lamotte*, qui tous deux y avaient introduit la pastorale, je n'avais pas l'orgueil de croire que la mienne, qui n'était encore qu'annoncée, pût, avant d'être jouée, me procurer une distinction si flatteuse.

Première preuve de la bonté du Prince; nouvel enchantement pour moi, autour de qui se rassemblait tout ce qui formait sa société, qui se disputait à qui me ferait le plus d'accueil, m'accablant de questions, jusqu'au moment où l'honneur de dîner avec le Prince allait, en flattant mon petit amour-propre, compléter ma satisfaction. Au dessert, le Prince, qui savait que j'avais fait quelques chansons, et qui connaissait *par lui-même* tout ce que *la timidité* ôte de ressources, me demanda (comme s'il eût voulu me rassurer par degrés) quelques chansonnettes à mon choix. Je chantai avec beaucoup plus de confiance; et deux heures après être sorti de table, j'avais repris assez d'assurance pour faire ma lecture, beaucoup mieux que je ne l'imaginais. Le Prince me fit des complimens; on juge que c'en était assez pour m'en attirer des autres auditeurs, et que ma satisfaction devait être complète. Je ne présumais pas qu'on y pût ajouter; mais cette preuve de bienveillance et de bonté n'était pas la seule qui m'attendît. Prault se présente enfin pour me ramener à Paris; non, dit le Prince, il cou-

chera ici ce soir.] « Ah ! Monseigneur, lui dis-je,
« mon père, ne me voyant pas revenir, sera in-
« quiet. — Soyez tranquille ! dit le Prince, je
« charge Prault de le prévenir que je vous garde
« encore quelques jours, et que je vous ferai con-
« duire chez vous ». Ah! Monseigneur! lui dis-je,
transporté de joie : « Mais, comme je ne m'atten-
« dais pas à tant de bonheur, je n'ai pas apporté mon
« bonnet de nuit ». Nous vous en prêterons, s'écriè-
rent à l'envi ses gentilshommes, qui, me faisant tour
à tour des offres de services, me citaient les plaisirs
qui leur rendaient de jour en jour plus agréable
le séjour de la campagne. J'appris d'eux que l'on
y jouait la comédie, la parade ; qu'on y entendait
d'excellens concerts ; et (ce qui m'affecta le plus)
qu'au moins deux fois la semaine ils allaient le
matin à la chasse. « A la chasse ? m'écriai-je, vous
« allez à la chasse, Messieurs ? Ah! que vous
« êtes heureux ! j'en raffole, moi. » Ah! vous aimez
la chasse ? (me dit le Prince, qui m'avait entendu)
eh bien, vous chasserez. Nouveau motif d'enchantement, et qui contribua à doubler ma gaîté

pendant le souper. On me redemanda des chansons; je ne me lassais pas d'en dire; et même, après être sorti de table, j'aurais volontiers épuisé mon répertoire, si le valet de pied qui devait me conduire dans la chambre qui m'était destinée ne fût arrivé. C'était l'heure à laquelle on se retirait; je suivis donc mon guide, et, chemin faisant, je m'épanchais en remercîmens de la peine que je lui donnais. Il ne me répondait rien; je recommençai mes remercîmens; pas un mot de sa part; ce qui me fit croire qu'il était sourd; je les répétai donc en criant une fois plus fort; j'entendis alors des éclats de rire qui me firent présumer qu'on avoit voulu s'amuser à mes dépens; mais j'en fus bien plus persuadé quand je vis arriver en riant dans ma chambre ses gentilshommes, parmi lesquels était celui qui l'avait chargé de m'accompagner, et qui me dit, en me quittant, que cet homme était sourd et muet, mais d'une intelligence telle, que rien de ce qu'il voulait que je susse ne m'échapperait. Il me fit voir en effet sur mon lit un bonnet de nuit, et sur un fauteuil près du lit deux fusils, deux paires de guêtres, et tout l'attirail nécessaire à un chasseur, en m'indiquant d'une manière à ne pas m'y méprendre que c'était lui qui me servirait de conducteur, qu'il était un de ceux qui chargeaient les fusils du Prince, et qu'on l'avait choisi pour charger les miens. Avant de me coucher, il m'indiqua sur la pendule de la cheminée l'heure à laquelle il viendrait le lendemain me réveiller.

Passons sur ma nuit, qui fut employée à me repaître du plaisir du lendemain, beaucoup plus qu'à me livrer au sommeil!

Éveillé dès le point du jour, j'étais prêt à partir pour la chasse, deux heures avant que mon guide entrât dans ma chambre. Surpris de me voir si matineux, il me fit voir sur la pendule qu'il était exact à l'heure dont nous étions convenus la veille. Nous partons enfin, et mon impatience ne fut pas longue; car, vu mon noviciat, le Prince m'avait envoyé dans un canton très-giboyeux, et précisément aux portes du château. Presque aveuglé par la quantité de gibier qui me promettait tant de plaisir, voyais-je voler une perdrix, mon coup partait aussi vîte qu'elle, sans calculer la distance ; mon sourd avait beau me faire entendre qu'il fallait ajuster, l'ardeur ne m'en laissait pas le temps. J'avais déjà tiré à tort et à travers une douzaine de coups sans qu'aucun eût porté, quand un coup tiré au milieu d'une compagnie de perdrix en fit tomber une. Dieu sait la joie ; je sautais au cou de mon sourd, quand il me fit signe de rester où j'étais, qu'il allait courir après une seconde qui était blessée et qu'il avait vu s'abattre derrière une remise. Il courut en effet, et je l'entendis tirer trois coups de fusil, croyant sans doute que l'éloignement de la remise me déroberait le bruit du coup. Mais dès le second, j'avais couru pour le joindre, et il venait de tirer le troisième, quand je le surpris comme il avait déjà couvert de feuilles deux perdrix, et allait y joindre la dernière, qu'il tenait à la main, et qu'il me présenta comme la mienne, qui n'était que démontée, et qu'il avait achevée pour que je ne la perdisse pas. Mais quand je lui fis voir les deux, couvertes de feuilles, il se jeta à mes genoux, me supplia par signes de n'en rien dire au Prince, qui, s'il le savait, le punirait sévèrement. Je lui promis le secret, et cela me réussit, car il s'ingénia tant, qu'il parvint à me faire voir un lièvre au gîte, que je tuai, à ma grande satisfaction et à celle de mon sourd, à qui mes remercîmens persuadèrent que je lui tiendrais parole. L'heure de revenir au château m'obligeait d'y rentrer. Nous approchâmes du dîner, où ma chasse, que je ne racontai pas dans tous ses détails, fut l'objet des plaisanteries auxquelles prêtait infiniment l'orgueil que j'annonçais d'avoir, en plus de trente coups de fusil, tué trois pièces de gibier; il est bon aussi de dire que je n'avais jusques-là tiré que sur des oiseaux perchés sur des arbres.

Ce jour qui m'avait procuré tant de plaisirs m'en ménageait encore de plus agréables. Jusqu'à présent, mon cher lecteur, vous avez distingué dans les détails qui m'étaient uniquement personnels tout ce qu'avait d'attachant et d'aimable mon sérénissime amphytrion. Vous l'allez mieux connaître encore, et vous répéterez, à plus juste titre alors (ce que vous vous êtes peut-être déjà dit), que vous me regarderiez comme le plus ingrat des hommes, si le souvenir de tant de bontés pouvait s'effacer de ma mémoire.

Si, dans le portrait que je viens de vous faire, j'ai fixé votre attention sur un accueil encourageant, sur une bonté familière, ajoutez-y une bienfaisance habituelle, mais toujours réfléchie et raisonnée. Il suffira de vous en citer l'épreuve que j'en ai faite ce même jour, où, enivré de mes succès du matin, je trouvai des jouissances plus durables et bien plus intéressantes.

Au sortir du dîner, on se promenait dans le parc; le Prince me dit en me tirant à part : « Causons un peu sur ce qui vous regarde! A « quel état vous destinez-vous? — Hélas! lui dis-« je, Monseigneur, ce n'est pas moi qui me des-« tine; c'est mon père qui veut absolument que « je suive la carrière du barreau. — Ah! c'est un « état, me dit-il, dans lequel en effet, avec les

« talens que vous annoncez déjà et qui supposent
« que vous avez fait de bonnes études, vous
« pourriez avoir des succès. — Peut-être, Mon-
« seigneur, si je me sentais quelques dispositions
« pour me prêter aux vues de mon père; mais....
« — Comment, jeune homme, vous résistez à
« votre père? cela n'est pas bien. — Non, Mon-
« seigneur, m'écriai-je; depuis plus d'un an, je
« suis les écoles de droit, où je fais une triste
« figure, car ma répugnance est invincible. — Et
« votre père le sait-il? — Il doit le savoir, mais il
« feint de ne pas s'en apercevoir; et je vois avec
« regret que cet état m'est si antipathique, que
« jamais je n'y réussirai. — Ha, ha, dit le Prince,
« je vous sais gré des efforts que vous faites pour
« vaincre vos dégoûts; mais votre père aurait dû
« cependant consulter un peu plus vos disposi-
« tions. Ah!.... dit-il, je vous garderai encore
« quelques jours ici. Demain nous en parle-
« rons, ajouta-t-il en me quittant.....» Que
de motifs de réflexions! A laquelle pouvais-je
m'arrêter? Si le ton vraiment amical de sa con-

versation me prouvait l'intérêt qu'il prenait à mon sort, les éloges qu'il m'avait prodigués sur les efforts que je me prescrivais pour me plier à la volonté absolue de mon père, en dépit de tout ce qu'il en coûtait à mon cœur; éloges, dis-je, qui m'annonçaient, dans ce protecteur, des principes de justice et de délicatesse dont il ne se départirait pas. J'en conclus donc qu'il ne s'occupait que des moyens de me ramener à l'obéissance; aussi, toute la matinée du lendemain, étais-je encore absorbé par les incertitudes les plus cruelles, quand une lettre de mon père me fit passer de la plus grande inquiétude à la joie la plus vive et la mieux fondée.

Mon père me mandait que le prince avait daigné lui écrire « qu'il était infiniment rare de ne
« pas s'égarer dans une carrière dont nous éloi-
« gnait un penchant invincible; qu'il avait des
« preuves les moins équivoques de ma docilité;
« mais que le sacrifice d'un goût déjà justifié par
« des succès était au-dessus de mes forces; que
« mon obéissance méritait qu'il fît un retour sur

« lui-même. Je le desire, ajoutait le prince, et
« vous demande votre consentement, que j'attends,
« pour annoncer à votre fils que je le nomme *se-*
« *crétaire de mon cabinet, et mon premier secré-*
« *taire* ». Hâte-toi donc, mon cher fils, de faire
tous nos remercîmens à ton respectable protecteur, qui comble à la fois et mes vœux et les
tiens, et à qui je n'ose pas prendre la liberté
d'écrire, dans la crainte d'affaiblir par mes ex-
pressions toute la reconnaissance que je lui dois
et qu'il m'inspire.

Ma joie fut égale à mon empressement à porter
cette lettre à mon bienfaiteur. « Eh bien, me dit-il
« après l'avoir lue, les choses ont tourné comme je
« le desirais; car, quoique porté à vous obliger,
« il répugnait à ma délicatesse d'empiéter sur les
« droits qu'a votre père de vous choisir un état
« convenable, et je ne me permettrai jamais d'au-
« toriser un fils à la désobéissance; je vois donc,
« avec plaisir, par le consentement de votre père,
« qu'il a senti que la place à laquelle je vous
« nomme dès ce moment même s'accorde mieux

« avec vos dispositions que l'état qu'il vous des-
« tinait; et loin de m'opposer comme lui à ce que
« vous suiviez vos goûts décidés pour les lettres,
« et d'y voir un obstacle à votre fortune, je pré-
« vois d'avance qu'ils peuvent seuls vous en as-
« surer une plus satisfaisante et plus solide, et je
« vous faciliterai les moyens de vous y livrer....
« Mais qu'avez-vous jeune homme ? vous trem-
« blez. — Hélas! lui dis-je en tirant ce que j'a-
« vais fait de mon opéra, c'est que je vois que
« V. A. S. ignore que mon écriture est mauvaise.
« Comment, dit le prince! elle est très-lisible;
« et d'ailleurs votre place met sous vos ordres
« plusieurs commis qui n'ont d'occupations que
« celles de transcrire; ainsi soyez aussi tranquille
« que moi. »

Cette conférence finissait à peine, qu'on servit le dîner, pendant lequel il me fit connaître par le titre qui venait de m'attacher à sa personne, et que laissait vacant depuis quelques jours M. Pelletier (1), mon prédécesseur, auquel il avait

(1) J'aurai occasion d'en parler dans mon quatrième volume.

procuré une place très-lucrative dans les finances à Bordeaux.

L'exemple de la manière dont il récompensait les services fut pour mon père (à qui j'eus grand soin de le citer) un nouveau motif de satisfaction. Mais je n'aurais pas changé mon sort contre celui de Pelletier. Le travail qu'exigeait ma place m'occupait si peu, que je pouvais le concilier avec mes goûts habituels, qui me devenaient plus chers en les consacrant aux amusemens de mon nouveau maître, quand je reçus une lettre assez inquiétante.

Deux jours avant mon arrivée à Berny, ne présumant pas que ma lecture m'y procurât un sort qui pût m'y fixer si avantageusement, j'avais pris l'engagement de passer quinze jours à la terre de madame de Villemur, et d'y jouer la comédie dans sa troupe (la même dans laquelle deux ans avant madame de Pompadour la jouait). J'étais avec le Prince quand on m'apporta une lettre qui m'annonçait que le départ de madame de Villemur pour sa terre était fixé à quatre jours delà; et qu'elle m'attendait pour m'emmener avec elle... Jamais je ne fus plus déconcerté : le Prince s'en aperçut et m'en demanda la cause. Je la lui avouai tout bonnement, en ajoutant que j'allais sur-le-champ me dégager, persuadé d'ailleurs que madame de Villemur ne pourrait m'en savoir mauvais gré. Point du tout, s'écria le Prince, je sais les obligations que vous lui avez, et je veux que vous remplissiez votre engagement. Ah! vous jouez la comédie? j'en suis fort aise, nous la jouons aussi; nous vous la ferons jouer : prenez de bonnes leçons! je les mettrai à profit. Pénétré de cette nouvelle marque de bonté, j'en profitai, et me ménageai un retour plus prompt pour revenir plutôt auprès de mon respectable bienfaiteur. Jugez, mon cher lecteur, si de pareils traits de bienfaisance ne méritent pas bien que je saisisse la seule occasion que j'aurai peut-être de les publier? Oh! je ne veux pas vous donner le droit de me traiter d'ingrat.

Trois mois après mon retour, mon opéra de *Daphnis* et *Chloé* fut joué et si bien accueilli, qu'il me valut le bonheur d'être choisi par le roi pour un des trois auteurs destinés alors à travailler pour ses petits spectacles.

Avant de vous parler de ces derniers spectacles, je vais mettre sous vos yeux l'ouvrage auquel je fus redevable de l'honneur qu'il m'a procuré d'exposer mes travaux aux regards du roi.

DAPHNIS ET CHLOÉ,

OPÉRA

EN QUATRE ACTES;

PASTORALE *représentée pour la première fois par l'Académie royale de Musique, le jeudi 28 septembre 1747, et remise au théâtre en 1752.*

AVERTISSEMENT.

Je dois vous prévenir encore que la musique de mon *Daphnis* et *Chloé*, vingt ans et plus après sa reprise, était jugée absolument surannée. M. Mengozzi me demanda de lui confier cet ouvrage pour en renouveler toute la partie musicale; il exigeait en même temps que je lui facilitasse, par la coupe différente des vers, les moyens d'amener des trios, quatuors, etc., et morceaux d'ensemble; ce que j'ai fait. Aussi n'a-t-il pas quitté un seul moment cet ouvrage, qu'il a fait entendre aux principaux artistes de l'Opéra, notamment à M. Lays. L'ouvrage était enfin accrédité au point que l'on s'occupait des décorations; qu'on s'apprêtait enfin à la jouer, quand les artistes de ce théâtre furent incarcérés. Dans leur déménagement, la partition a disparu, et n'a été retrouvée, à force de recherches, que quatre ans après la mort de Mengozzi. L'on avait une partie des rôles, celle presque entière des chœurs; il ne manquait au complet de la partition que les quatre dernières scènes du dernier acte. Depuis ce moment, M. Sélerier, directeur du *Théâtre Lyrique*, décidé à faire jouer cet opéra le plutôt possible, me chargea (d'après ce que je lui dis, que M. Gaveaux demeurait dans la même maison que Mengozzi, dans le temps qu'il s'occupait de cet ouvrage, et qui lui en faisait entendre et exécuter chaque morceau); M. Sélerier, dis-je, me chargea de l'engager à s'en occuper sans perdre de temps, ce qu'il a fait jusqu'à la retraite de M. Sélerier, qui a rendu plus difficile la mise des différens ouvrages de ce genre.

PERSONNAGES.

THALER, armateur et propriétaire d'un domaine.
THÉMIDOR, armateur, ami de Thaler.
DRIAS, vieux pâtre du domaine de Thaler.
DAPHNIS, berger du domaine de Thaler.
CHLOÉ, bergère du domaine de Thaler.
NYMPHES protectrices des bergers.
L'AMOUR et sa suite sous l'habit de jeunes habitans du domaine de Thaler.
SYLVIE.
AMINTHE, } bergères du domaine de Thaler.
CÉPHISE,
BERGERS et **BERGÈRES** du domaine de Thaler.
PAN.
MINISTRES DE PAN.

La scène se passe dans le domaine de Thaler, situé dans un hameau de la Grèce, près de Mytilène. Les habillemens sont à la grecque, et celui des pâtres est le même que celui des bergers, à l'exception que ces derniers ont la houlette, et la panetière, au lieu que les pâtres ont les instrumens du labour et du jardinage.

(L'on a désigné par des guillemets tout ce qui se chante.)

DAPHNIS ET CHLOÉ.

ACTE PREMIER.

Le théâtre représente un verger orné de buissons de fleurs et d'arbres fruitiers; il est entouré par une haie vive garnie par intervalles d'aloës, d'épines à fruits rouges et de raisins-muscat d'Alexandrie; au pied de la partie de haie du fond serpente un ruisseau qui arrose des gazons semés de fleurs. L'on n'entre dans le verger que par une seule porte, il est dominé par une montagne à travers laquelle passe un chemin. L'action commence au lever de l'aurore, et finit au coucher du soleil.

SCÈNE I.

DAPHNIS ET CHLOÉ.

DAPHNIS, *une guirlande à la main, à Chloé, qui ouvre la porte du verger.*

« Est-il fait pour être père
« De l'objet le plus charmant,
« Le cruel qui désespère
« Et sa fille et son amant?

CHLOÉ.

« Il vous défend de me suivre;

« Il m'ordonne de vous fuir ;
« C'est me défendre de vivre.

DAPHNIS.

« Eh ! le moyen d'obéir ?

CHLOÉ.

« Attendez pour obéir !

(On entend les pipeaux des bergers qui rassemblent leurs troupeaux).

CHLOÉ.

« L'aurore vient de paraître,
« Et le doux son des pipeaux
« Vainement nous presse d'être
« Aussi gais que nos troupeaux.

DAPHNIS.

« Nous comptions, ô ma bergère,
« Nos plaisirs par nos momens ;
« A présent comment donc faire
« Pour suffire à nos tourmens ?

ENSEMBLE.

« A présent comment donc faire
« Pour suffire à nos tourmens » ?

DAPHNIS.

Drias, de nos bergers le plus doux, le plus sage !
Depuis deux jours sur nous épuise ses rigueurs !....
Mais à nous séparer je vois ce qui l'engage.

ACTE I, SCÈNE I.

Il sait que Pan, le dieu de nos pasteurs,
  A ses autels près du bocage,
Où nous réunissions nos troupeaux et nos cœurs ;
Il craint de voir ce dieu protéger nos ardeurs.

DAPHNIS.

Mais je lui dirai bien, en plaçant la guirlande
Dont nous avons tous deux assorti les couleurs :
« Dieu puissant, dont toujours j'implorai les faveurs !
« La main de ma bergère eût embelli l'offrande !
    « Mais si l'auteur de nos malheurs,
« Drias, de cet espoir lui dérobe les charmes,
« Ma Chloé sur l'hommage a versé plus de larmes
    « Que vous n'y compterez de fleurs ».

CHLOÉ, *avec effroi, voyant venir Drias.*

Drias vient !...

DAPHNIS, *effrayé.*

    Ciel ! comment éviter sa présence ?

CHLOÉ, *avec effroi.*

« Vous ne pouvez sortir sans en être aperçu !...
« Il est loin... baissez-vous ! il ne vous a point vu.

DAPHNIS, *se baissant et observant la haie.*

Observez-le !

CHLOÉ.

    Oui !... s'il voit qu'on brave sa défense ?

DAPHNIS ET CHLOÉ.

DAPHNIS

Hâtons-nous d'écarter...

CHLOÉ, *avec frayeur.*

Ces rameaux épineux ?

DAPHNIS

Oui, mais sur notre père ayez toujours les yeux !

CHLOÉ.

Surtout Daphnis prenez garde à vos yeux !

CHLOÉ.

Oh Ciel !...

DAPHNIS.

Ma Chloé, bon courage !....

(*la conduisant de ce houlette.*)

Restez où Daphnis vous conduit !

CHLOÉ.

Bien ?

DAPHNIS.

Bien, ce buisson m'offre un favorable ombrage.

CHLOÉ.

Les instrumens du jardinage
Sont tout près.

DAPHNIS, *toujours travaillant.*

Vont couper le rameau qui me nuit.

CHLOÉ.

On m'observe...

ACTE I, SCÈNE 1.

DAPHNIS.

Ayez l'air, pour masquer mon ouvrage,
De vous hausser, de détacher un fruit!

CHLOÉ, *en se haussant.*

Bien?

DAPHNIS, *coupant les rameaux.*

Bien.

CHLOÉ.

Mais il s'approche, et vous faites grand bruit.

DAPHNIS, *toujours travaillant.*

Tâchez d'en faire davantage!

CHLOÉ, *battant dans ses mains.*

Comme l'oiseleur qui poursuit
L'oiseau que sa compagne attache à ce bocage?
Prr, prr.

DAPHNIS.

Mais plus de peur! j'ai frayé mon passage.

CHLOÉ.

Daphnis, prenez garde à vos yeux!

DAPHNIS, *hors de la haie.*

{ Non, Chloé, bon courage!
CHLOÉ. { Non? Je reprends courage.

(à part.)

Pour soupçonner Daphnis, on le connaît trop sage.

SCÈNE III.

CHLOÉ, DRIAS.

CHLOÉ, *en rassemblant avec la houlette les rameaux coupés, et sans cesser de regarder son père.*

Rapprochons les débris, pour cacher le dommage.

(*On entend un air de chalumeau*).

(*à part et avec joie*.)

Il est sauvé! Son chalumeau
M'annonce qu'il a joint les bergers du hameau.

(*Elle s'avance droit à la grille, de manière à cacher à son père le travail qu'a fait Daphnis*).

DRIAS, *avec joie et tendresse.*

Quoi, ma fille, avant moi?... Quoi! tu fais mon ouvrage?

CHLOÉ, *avec embarras.*

Mais, mon père!...

DRIAS.

En venant, je te suivais des yeux.
Tu vois que le fruit mûr rend l'oiseau matineux....
Aussi tu les chassais de feuillage en feuillage.

(*contrefaisant Chloé*).

Prr, prr....

CHLOÉ.

Mon père!... j'ai fait de mon mieux.

ACTE I, SCÈNE II.

DRIAS.

Je t'en sais gré, surtout aujourd'hui qu'en ces lieux
Nous attendons Thaler, leur nouveau maître ;
Son accueil nous fera connaître
Si nos travaux ont bien rempli ses vœux.
Mais je te vois l'air soucieux.

CHLOÉ, *avec un peu d'humeur.*

Depuis deux jours je perds courage,
Le troupeau de Daphnis l'emporte sur le mien.

DRIAS, *à part.*

Ha !

CHLOÉ, *avec plus d'humeur.*

Tous deux partageaient le même pâturage ;
Vous auriez dû songer qu'en m'éloignant du sien
Vous lui cédiez tout l'avantage :
Je suis près de la mer, et lui près du bocage.
(*avec découragement*).
Ha, mon père !

DRIAS, *avec un reproche tendre.*

Ha !... Chloé !... n'en conçois point d'ombrage !...
Si son troupeau s'en trouvait bien,
(*avec un rire amer et ironique*).
Daphnis m'eût-il pressé de l'approcher du tien ?

CHLOÉ.

Oui ?

DRIAS, *avec un sourire amer.*

Hier encore.

CHLOÉ, *avec embarras.*

Ha !

DRIAS.

Calme tes alarmes !...
(*on voit le lever du soleil.*)
Mais l'aurore en fuyant nous appelle aux travaux.
(*tendrement.*)
Va t'occuper des tiens !... Epargne-moi tes larmes !
(*d'un ton consolant.*)
Je ne perds pas l'espoir de soulager tes maux.

CHLOÉ, *d'un ton découragé.*

Et quand viendra ce jour ?

DRIAS.

Je dois l'attendre encore,
Va !... laisse-moi veiller au soin de mon verger.
(*Il la reconduit à la grille.*)

SCÈNE III.

DRIAS, *seul.*

(*à part, en la regardant aller.*)
Elle plaint son troupeau bien moins que son berger....
(*en arrosant ses fleurs et coupant quelques feuilles.*)
« Séjour chéri de Pomone et de Flore,
« Chaque moment vous donne un éclat plus flatteur !

ACTE I, SCÈNE IV.

« Le fruit de mes travaux que vous faites éclore
« M'offre les seuls plaisirs que peut goûter mon cœur.
« Ces fleurs que je vois naître au bord d'une onde pure
« Me rappellent encor ces jours délicieux
  « Où l'aimable objet de mes feux
« Chaque jour de mes mains recevait sa parure ;
  « Et ces ruisseaux, par leur murmure,
« Me semblent regretter des temps si précieux.
  « Séjour chéri, etc. . . . . mon cœur.

(*Pendant la reprise, l'Amour avec sa suite, tous en habits de jeunes enfans du domaine, se sont cachés sous différens buissons de fleurs.*)

(*s'apercevant qu'on a brisé la haie.*)

« Quelque espiègle du voisinage,
« Pour passer dans la haie, a cassé le branchage !....

(*apercevant l'Amour.*)

Mais ne vois-je pas mon voleur !....

(*menaçant et poursuivant l'Amour.*)

Justement !... Dans ces lieux que fais-tu, téméraire ?

SCÈNE IV.

DRIAS, L'AMOUR ET SA SUITE.

L'AMOUR.

« Enfant badin, je cherche le plaisir,
  « Je le suis d'une aile légère,
« Si je viens en ces lieux, c'est qu'ils ont su me plaire,
  « J'aime les fleurs, et je vais en cueillir.

DRIAS, *le menaçant et le poursuivant.*

Redoute mon courroux !

L'AMOUR, *en l'amusant à courir.*

Oh ! tu me feras grace ?

DRIAS.

Je saurai t'arrêter ;

L'AMOUR.

Je brave la menace.

DRIAS, *à part.*

{ L'obstacle, loin de le troubler,
Ne fait qu'irriter son audace.

L'AMOUR.

L'obstacle, loin de me troubler,
Ne fait qu'irriter mon audace. }

DRIAS.

« Fuis !

L'AMOUR, *en riant.*

« Non.

DRIAS.

« Fuis !

L'AMOUR.

« Va, Drias, on est, quand on me chasse,
« Trop heureux de me rappeler.

DRIAS, *fatigué et se reposant.*

« Il me brave ! et ne peut exciter ma colère !

ACTE I, SCÈNE IV.

(*courant après l'Amour.*)

« Crains tout !

L'AMOUR, *cueillant de nouvelles fleurs.*

« Je ne crains rien ;

DRIAS.

« Arrête !... téméraire !...

« Quoi ! je ne saurais me venger !

L'AMOUR, *le narguant.*

« Quoi ! tu ne saurais te venger ?

DRIAS, *s'appuyant contre un arbre, et voyant d'autres enfans sortir des buissons où ils étaient cachés.*

« Que vois-je ? il n'est pas seul ; ils vont tout ravager !
« Fuyez loin de ces lieux !

LES AMOURS, *derrière les buissons.*

« Les fleurs y sont trop belles.

DRIAS.

« Fuyez !

LES AMOURS, *allant de buisson en buisson cueillir des fleurs.*

« Peut-on quitter ces vergers enchanteurs ?

DRIAS.

« Par grace ! épargnez-moi des alarmes nouvelles !

LES AMOURS, *sur les arbres, et mangeant les fruits.*

« Ah ! que ces fruits sont doux !

LES AMOURS, *près des buissons.*

« Ah! que ces fleurs sont belles!
« Oui, pour voler de fleurs en fleurs,

TOUS LES AMOURS.

« Le plaisir nous donne des ailes.

DRIAS, *assis, fatigué et essoufflé.*

« Je ne suis point maître de ce verger.
« Chers enfans, les larcins que vous venez d'y faire
« Thaler, qu'ici j'attends, sur moi peut se venger ;
« Mais (dût-il mille fois paraître plus sévère!)
« Je ne puis user de rigueur
« Pour vous défendre un bien qui peut vous satisfaire ;
« Le plaisir de vous voir est trop cher à mon cœur,
« Cueillez dans ces jardins tout ce qui peut vous plaire.

LES AMOURS, *les uns aux autres, avec pitié.*

« Il n'est point maître du verger :
« Descendons! c'est trop lui déplaire.
« Descendons! il a si bon cœur!
« Descendons! c'est trop lui déplaire.

(*Ils descendent tous.*)

L'AMOUR, *du buisson de fleurs qui est au milieu des autres.*

(*d'un ton radouci.*)

Je ne viens point ici faire verser des pleurs ;
Long-temps je t'ai suivi de bocage en bocage :

ACTE I, SCÈNE IV.

(l'Amour et sa suite ont quitté les habits qui cachent leurs ailes.)

Je suis dieu des amans; souvent dans ton bel âge
    Je te comblai de mes faveurs;
J'attirais près de toi l'objet qui sut te plaire,
Je t'indiquais la fleur qui lui plaisait le mieux;
    Et si j'étais invisible à tes yeux,
C'est que j'étais caché dans ceux de ta bergère.

(avec la bonté la plus marquée.)

  Les souvenirs consolateurs
  Sont la paisible jouissance
Que je ménage à mes vieux serviteurs;
Mais j'aime à conserver mes biens les plus flatteurs
    Pour la jeunesse et l'innocence.
 C'est ta Chloé qui m'attire en ces lieux.

DRIAS, *avec joie.*

Ma Chloé? de son sort daigneriez-vous m'instruire?

L'AMOUR.

A son bonheur ce serait nuire;
Respecte le secret des Dieux!

DRIAS.

  A lui plaire un berger aspire;
  Pour lui la pauvre enfant soupire :
  Tous deux sensibles, vertueux,
Me pressent chaque jour de couronner leurs feux,
  Et je ressens une peine mortelle
    De ne pouvoir serrer leurs nœuds.

L'AMOUR.

Son bonheur est détruit si tu disposes d'elle.

DRIAS.

Il faudra donc s'armer d'une rigueur nouvelle?

L'AMOUR.

Être insensible aux pleurs, et trembler de trahir
 Le secret que je te révèle;
Tu verras, si ton cœur à mes vœux est fidèle,
Que le ciel sut toujours protéger et punir....
Mais, en cueillant les fleurs que tes soins ont fait naître,
Je viens de t'exposer au courroux de leur maître;
 C'est à moi de le prévenir.

 « Répandez-vous dans ces bocages,
 « Jeux et Plaisirs! allez les décorer!
  « Si l'Amour cause des ravages,
  « Prouvez qu'il sait les réparer!
 « Tous les buissons que toucheront vos ailes
 « Vont se parer des plus vives couleurs.
« Que les fruits les plus doux, que les fleurs les plus belles
« Annoncent qu'en ces lieux je répands mes faveurs!

CHŒUR DE PLAISIRS, *en montant sur les arbres, et tournant autour des buissons pour y faire naître les fruits et les fleurs.*

 « Répandons-nous dans ces bocages;
 « Obéissons au plus charmant des Dieux!
  « S'il vient de ravager ces lieux,
 « Ranimons-les! réparons ces ravages!

ACTE I, SCÈNE IV.

DRIAS, *à l'Amour.*

Dieu charmant! vous daignez encore
« Accueillir les vœux que je fais?
« En vous voyant, mon cœur ignore
« S'il eut des plaisirs plus parfaits.
« Ah! qu'il m'est doux de voir dans ce bocage
« Tant de fruits, tant d'attraits nouveaux!
« Aux regards de Thaler ils offriront l'image
« De mon zèle et de mes travaux;
« Dieu charmant, vous voulez encore
« Sur Chloé verser vos bienfaits?
« Dans ce moment mon cœur ignore
« S'il eut des plaisirs plus parfaits.

CHŒUR *de mères éplorées et de jeunes épouses.*

« O Ciel! ô disgrace cruelle!....
« Malgré nos cris, malgré nos pleurs!
« Jour désastreux! douleur mortelle!

DRIAS.

J'entends au loin des accens de douleur?...

LE CHŒUR.

« O Ciel!

DRIAS.

Ces cris plaintifs?...

L'AMOUR.

Ils partent du rivage,

DRIAS, *avec le plus grand effroi.*

Du rivage? et Chloé?...

L'AMOUR.

Je vais te désoler.
Tu la perds;

DRIAS, *redoublant d'effroi.*

Je la perds?

L'AMOUR.

Supporte avec courage
Des revers prompts à t'accabler!
Du ciel vengeur ils t'annoncent l'ouvrage.

CHOEUR DE MÈRES, *sur le haut de la montagne qui domine le verger.*

« Exaucez-nous, ô justes Dieux!
« Quoi! vous permettez en ces lieux
« Que nos filles soient séparées
« De leurs mères désespérées?

L'AMOUR.

« Des corsaires cruels viennent de les ravir.

DRIAS, *à l'Amour, et au désespoir.*

« Ma chère Chloé m'est ravie?....
« Et nos bergers l'ont pu souffrir!

L'AMOUR.

« Eloignés d'elle, errans dans la prairie,
« Ils ne pouvaient la secourir.

ACTE I, SCÈNE IV.

DRIAS, *avec la plus vive douleur.*

« Eh! c'est ma faute;

L'AMOUR.

« Arme-toi de courage !
« Laisse gémir Daphnis, tâche de te calmer !
« Loin d'accuser le ciel, il faut le désarmer !
« Tôt ou tard il venge un outrage ;

(*avec le chœur des Plaisirs.*)

Il sait tarir les pleurs qu'il fait couler.

DRIAS.

Ah ! lui seul peut nous consoler.

L'AMOUR.

Je vois déjà former l'orage
Qui n'est pas fait pour te troubler.

(*avec le chœur.*)

Si la foudre part du nuage,
C'est au crime seul à trembler.

FIN DU PREMIER ACTE.

ACTE SECOND.

Le théâtre représente une forêt qui, sur sa partie gauche, laisse voir quelques pièces agréables et un coteau de vignes chargées de raisins, et sur sa partie droite, des grottes consacrées aux Nymphes protectrices des bergers.

SCÈNE I.

THALER, THÉMIDOR.

THÉMIDOR.

Après le plus affreux orage,
Armateurs fortunés, préservés du naufrage
　　Par les soins de nos matelots,
　　Nous débarquons sur ce rivage
　　Avec les fruits de nos travaux ;
Et tu vois que les vents, dans leur fatal ravage,
　　N'ont ménagé que tes hameaux ?
Sous nos yeux la nature y conserve ses charmes ;
Jouis de ses faveurs ! dissipe tes alarmes !
La douleur a son terme.... Un cruel souvenir
T'occupe trop.

THALER, *avec une douleur sombre.*

　　　　Le Ciel veut encor me punir.

ACTE II, SCÈNE I.

THÉMIDOR.

En prévenant ses vœux, crois que tu le désarmes!
Epanche tes secrets dans le sein d'un ami!

THALER.

Tu le veux? Ecoute, et frémi!....
Mais je n'ose....

THÉMIDOR, *le pressant.*

Thaler!

THALER.

Veux-tu que je t'afflige?

THÉMIDOR.

Cède à l'amitié, qui l'exige!

THALER.

Rappelle-toi le jour où le courroux du Ciel
    Permit qu'un ravisseur cruel
Te séparât d'un fils dans sa plus tendre enfance!

THÉMIDOR.

Contre de tels revers, si je fus sans défense,
Le Temps et la Raison m'ont prêté leur secours....
   (*du ton le plus consolant.*)
Dans tes moindres chagrins pourquoi chercher toujours
   A voir les Dieux ardens à te poursuivre?....
Pourquoi m'entretenir de mes malheurs passés?
   Seize ans de pleurs les ont presque effacés
      (*lui tendant la main.*)
D'une ame où l'amitié t'offre un exemple à suivre.

DAPHNIS ET CHLOÉ.

THALER, *vivement, et avec une douleur profonde.*

Eh! chaque instant rappelle à mon cœur affligé
   Le jour funeste où le Ciel outragé
     Vengea l'himen et l'innocence :
Il venait d'accorder à l'ardeur de mes vœux
    Une fille dont la naissance,
Seul fruit de mon hymen, m'eût fait bénir ses nœuds.

THÉMIDOR, *avec une impatience douce.*

Tu ne la vis jamais, et tu t'occupes d'elle?
    Absent quand elle vit le jour,
Ton épouse t'apprit sa mort.

THALER.

            Bruit infidèle
  Que répandit cette mère cruelle,
Pour abuser en moi la nature et l'amour....
De son premier hymen un fils était le gage ;
Pour lui laisser mes biens, trompant les droits du sang,
Elle fit exposer sa sœur sur le rivage :
    Ainsi ma fille eut en naissant
   L'oubli, la misère en partage.

THÉMIDOR.

Mais comment t'abuser?

THALER.

          Soupçonne-t-on un cœur,
  Un cœur de mère? un cœur que l'on adore?
Le mien toujours séduit la consolait encore,
   Accusait le Ciel de rigueur,

ACTE II, SCÈNE I.

Quand il vengea la sœur par la mort de son frère,
Que suivit au tombeau leur trop coupable mère,
Qui n'osa qu'en mourant m'avouer sa noirceur.

THÉMIDOR.

Le Ciel en te vengeant, au bonheur te rappelle.

THALER.

Ma confiance criminelle
Renouvelle encor ma terreur;
« L'image affreuse de mon crime
« Sans cesse m'accable et m'imprime
« La sombre terreur qui le suit....
« Trompé par le sommeil, Thémidor, cette nuit,
« A nos divinités j'offrais un sacrifice :
« J'avance vers l'autel.... j'y vois un dieu propice,
« Il s'attendrit sur mes malheurs,
« Il est près d'essuyer mes pleurs....
« Une jeune beauté s'élance
« Entre le Dieu, l'autel et moi,
« Chaque regard qu'elle me lance
« A l'instant me glace d'effroi....
« Arrête, Dieu vengeur, arrête !
« Sois, dit-elle, mon protecteur !
« Vois la victime qu'il t'apprête !
« Le cruel va percer mon cœur !

THÉMIDOR.

« Le jour en t'éclairant t'a fait voir ton erreur.

THALER.

« La foudre à mon réveil a grondé sur ma tête.

THÉMIDOR.

« Nous jouissons du calme, oublions la tempête !
« Un songe ne doit point exciter nos soupirs ;
  « S'il est contraire à nos desirs,
  « Il faut s'en faire un badinage ;
  « Mais s'il nous peint de vrais plaisirs,
  « Laissons-nous charmer par l'image !
  « Ami, l'innocence et la paix
  « Nous donnent des plaisirs tranquilles ;
  « Ils prévaudront dans ces asiles
  « Sur nos chagrins, sur nos regrets.

DUO.

{ « Exerce encor le nom de père
  « Sur nos habitans satisfaits !
  « Souvent les maux qu'on a pu faire
  « Sont adoucis par les bienfaits.
  « Oui, le pardon et l'indulgence
  « Soumettent plus de cœurs aux Dieux
  « Que le courroux et la vengeance...
  « Tu trouveras grace auprès d'eux !

THALER.

{ « J'exercerai le nom de père
  « Sur nos habitans satisfaits !
  « Souvent les maux qu'on a pu faire
  « Sont effacés par les bienfaits.
  « Oui, le pardon et l'indulgence
  « Soumettent plus de cœurs aux Dieux
  « Que le courroux et la vengeance...
  « Trouverai-je grace auprès d'eux !

ACTE II, SCÈNE II.

THÉMIDOR.

Mais nous venions revoir tes vallons, tes prairies,
  Pour échapper à nos ennuis secrets ;
Et tu ne songes pas que l'ombre des forêts
  Dispose l'ame aux tristes rêveries ?

THALER.

Oui, je perds des instans chers à l'humanité.
Allons dans ces hameaux abolir l'esclavage !
  Suivons le vœu que mon cœur m'a dicté
    En abordant sur ce rivage !
Puissai-je, en abjurant un pouvoir odieux,
  M'assurer des biens préférables,
L'estime et l'amitié des cœurs qu'on rend heureux !
  Puisse enfin l'accord de nos vœux
  Me rendre à jamais favorables
Les Nymphes et le Dieu qu'on adore en ces lieux !

                        (Ils sortent.)

SCÈNE II.

DAPHNIS, *à son troupeau.*

« Troupeaux chéris, paissez sur la fougère !
  « Voulez-vous encor m'affliger ?
    (à part.)
  « Ils sont en danger ;
  « Pour eux la vie encor m'est chère ;
    « Ils mourront, sans berger,
  « Comme je mourrai, sans bergère ;
« Troupeaux chéris. . . . . . . m'affliger ?

1.   5

DAPHNIS ET CHLOÉ.

SCÈNE III.

DAPHNIS; DRIAS, *qui arrive sur la fin de ce morceau.*

DRIAS, *à Daphnis, plongé dans la douleur.*
Ah! malheureux Daphnis!

DAPHNIS, *en reproche vif et animé.*
      Vous me cherchez encore?
Laissez-moi! vos conseils irritent mes douleurs....
Me presser d'oublier la beauté que j'adore!....
Cruel.... Eh! c'est vous seul qui causez mes malheurs!
Aussi.... m'est-il bien doux de voir couler vos pleurs.

DRIAS.
Quel reproche!

DAPHNIS.
     Oui c'est vous! vous seul, cœur insensible!
 Sans votre rigueur inflexible,
  Qui ne cherchait qu'à troubler mon bonheur,
Nos troupeaux, réunis au même pâturage,
Mieux gardés, auraient eu mêmes soins, même ombrage;
Ma Chloé dans Daphnis eût eu son défenseur!
J'eusse à tous nos bergers inspiré mon courage :
  Nous eussions de son ravisseur
  Confondu la ruse et la rage!....
Chloé, ce matin même, en sortant du hameau,

ACTE II, SCÈNE IV.

Vous demandait que son troupeau
Se rejoignît au mien, regagnât le bocage?

DRIAS.

Eh! j'en suis trop puni; je la perds sans retour.

DAPHNIS.

Vous me la refusiez! le Ciel vous en sépare.
　　Il me venge, père barbare!
Des maux dont vos refus affligeaient notre amour.

DRIAS.

Pour causer vos tourmens, il fallait me contraindre.
Que ne m'est-il permis de faire ton bonheur!
Mais si les Dieux rendaient ta bergère à ton cœur,
Je ne pourrais encor, cher Daphnis, que te plaindre!

　　　　　　　　　　　　(Il sort.)

SCÈNE IV.

DAPHNIS, seul.

« Beaux lieux où j'ai goûté les plaisirs les plus doux,
« Ne soyez point surpris de voir couler mes larmes!
　« Vous avez perdu tous vos charmes,
« En perdant la beauté qui les rassemblait tous.
　　« Vous qui dans nos bocages
　　« Ne réserviez vos ramages
　　« Que pour chanter nos plaisirs,
« Tendres oiseaux, fuyez de ces rivages
　　« Avec l'objet de mes desirs!

« Et vous, forêts, dont les ombrages
« Dérobaient aux jaloux nos plus tendres soupirs,
   « Dépouillez-vous de vos feuillages !
« Beaux lieux où j'ai goûté les plaisirs les plus doux,
« Ne soyez point surpris de voir couler mes larmes !
   « Vous avez perdu tous vos charmes,
« En perdant la beauté qui les rassemblait tous.

(s'avançant vers la grotte des Nymphes.)

Nymphes de ces forêts, c'est vous que l'on offense !
   Vous la perdez cette Beauté
   Qui vous servait avec fidélité !....
Vengez nous ! signalez toute votre puissance !
Le titre le plus doux de la divinité,
C'est de soumettre un cœur à la reconnaissance,
   En faisant sa félicité.

(On entend une symphonie mystérieuse qui sort de la grotte des Nymphes.)

Dans cet antre sacré quel bruit se fait entendre ?
D'où naissent les concerts qui viennent me surprendre ?

(La grotte s'ouvre, et laisse voir à Daphnis les trois Nymphes.)

SCÈNE V.

DAPHNIS, LA CANDEUR, LA FRANCHISE, L'ÉGALITÉ.

TRIO DES NYMPHES.

« Cesse de répandre des pleurs !
« Calme, jeune mortel, la douleur qui t'accable !
« A ton amour le Ciel est favorable.
« Qui sert les Dieux mérite leurs faveurs ;
« Cesse de répandre des pleurs !

» Du bonheur la douce habitude,
« Mortels ? serait pour vous un présent dangereux :
« Si les Dieux ne mêlaient vos jours d'inquiétude,
« Peut-être oublieriez-vous que vous les tenez d'Eux.

« Cesse de répandre des pleurs !
« Calme, jeune mortel, la douleur qui t'accable !
« A ton amour le Ciel est favorable.
« Qui sert les Dieux mérite leurs faveurs.

(Danse de Nymphes.)

« Le Ciel est propice à tes vœux.
« Sur les bords d'une île étrangère
« Chaque berger reverra sa bergère.
« Embarque-toi ! l'Amour, s'il peut te rendre heureux,
« Fixera ta barque légère
« Sur la rive où Chloé doit s'offrir à tes yeux.

(La grotte se referme.)

DAPHNIS ET CHLOÉ.

SCÈNE VI.

DAPHNIS, PATRES et BERGERS.

DAPHNIS, *appelant les bergers avec la plus vive joie.*

CHŒUR.

Bergers, accourez tous !.... c'est le Ciel qui m'inspire,
  Courons ! volons ! embarquons-nous !

CHŒUR DE PATRES ET BERGERS, *qui accourent à la voix de Daphnis.*

C'est le Ciel qui nous inspire,
Courons ! volons ! embarquons-nous !

DAPHNIS.

Il prendra soin de nous conduire.

(*avec le chœur.*)

Est-il un espoir plus doux ?
Courons ! volons ! embarquons-nous !

(*Ils suivent tous Daphnis.*)

FIN DU SECOND ACTE.

ACTE TROISIÈME.

Le théâtre représente une île sur les bords de la mer : l'on voit sur l'un des côtés la statue des Nymphes protectrices des bergers.

SCÈNE I.

CHLOÉ, *finissant d'attacher la nacelle, et levant les yeux au ciel.*

Nymphes que la bienfaisance
Invite à nous protéger,
Daignez songer au berger
Que désole mon absence!
« Si mon ame est sans effroi,
« Par votre pouvoir suprême
« Rassurez l'objet que j'aime!
« Vous aurez tout fait pour moi.
« Échappée aux rigueurs d'un funeste esclavage,
 « Je retrouve sur ce rivage
 « L'espérance et la liberté;
« Mon amant seul y manque à ma félicité....
« Loin de toi ta Chloé ne peut vivre tranquille,
« Cher Daphnis! loin de moi, que vas-tu devenir?....

« Et je puis différer de quitter cet asile ?....

(*en s'approchant de la barque.*)

« Non. Mais la barque est immobile !

(*avec la plus vive douleur.*)

« Un pouvoir inconnu semble la retenir !....
« Et par quel nouveau charme encore
« Le sommeil sur mes yeux verse-t-il ses pavots !....
« Cédons aux douceurs du repos,
« Si l'on peut en goûter loin de ce qu'on adore !

(*Elle s'endort sur un banc de gazon.*)

SCÈNE II.

DAPHNIS, *sur une barque*; **CHLOÉ**, *endormie.*

DAPHNIS.

« Ah ! que ces flots s'agitent faiblement !
« Il semble que la mer retienne sa furie,
« Pour laisser les Zéphirs seconder un amant !
« Mais qu'ils soufflent légèrement,
« Et que j'avance peu vers la rive chérie !
« Dieux ! pour hâter mon bonheur d'un moment,
« Que ne puis-je donner la moitié de ma vie !
« Ah ! que ces flots s'agitent faiblement !

« Que vois-je, ô Ciel ! quelle nacelle ?

L'ÉCHO.

Celle,

ACTE III, SCÈNE II.

DAPHNIS.

« De Chloé ?

L'ÉCHO.

« De Chloé.

DAPHNIS.

« Serait-elle en ces lieux ?

L'ÉCHO.

« En ces lieux.

DAPHNIS, *étonné, et regardant de tous côtés.*

« C'est l'écho... Sont-ce les Dieux ?

L'ÉCHO.

« Les Dieux.

DAPHNIS.

« Quoi ! rapprocheraient-ils mon cœur fidèle

L'ÉCHO.

« D'elle.

DAPHNIS, *avec joie.*

« Ah ! tout t'encourage, Daphnis.

L'ÉCHO.

« Courage Daphnis !

DAPHNIS.

« Descends !

L'ÉCHO.

« Descends.

DAPHNIS, *avec la plus vive joie.*

« Mes maux sont-ils finis ?

L'ÉCHO.

« Finis.

DAPHNIS, *descendant de la barque, transporté de joie.*

« Oui, je cours où l'Amour m'appelle ;
« Tout semble ici servir mes vœux....
« Que vois-je ! une bergère y repose !.... Ah ! c'est elle ;
« J'en crois plus mon cœur que mes yeux.

(*il s'avance vers Chloé.*)

« Elle sommeille, hélas ! la Beauté que j'adore.
« Impatiens desirs, cessez de m'agiter ?....
« Les plaisirs que je dois goûter,
« Eussent-ils pour mon cœur plus de charmes encore,
« Au prix de son repos dois-je les acheter ?....
« A son réveil, quelle surprise extrême !....
« Je verrai ses beaux yeux m'exprimer son ardeur....
« Sa bouche au même instant me dira qu'elle m'aime....
« Tout en Elle à la fois enchantera mon cœur....
« Hélas !... l'attente du bonheur
« Flatte autant que le bonheur même.

(*On entend des concerts d'oiseaux.*)

« Petits oiseaux, qui sur ces bords
« Chantez l'amour qui vous rassemble,
« Taisez-vous !.... suspendez un moment vos transports !

ACTE III, SCÈNE II.

« Les plaisirs feront nos accords;
« Nous les célébrerons ensemble.

CHLOÉ, *en rêvant.*

« Hélas!

DAPHNIS.

« Quelque objet séducteur
« Semble, en rêvant, occuper ma bergère.

CHLOÉ, *toujours endormie.*

« Daphnis!

DAPHNIS.

« C'est moi!.... Songe flatteur!

CHLOÉ, *toujours endormie.*

« A vous aimer je mets tout mon bonheur.

DAPHNIS, *transporté de joie, et lui baisant la main.*

(*très-vivement.*)

« Et moi, Chloé, tout le mien à vous plaire;
« Si vous m'aimez, tous mes vœux sont remplis.
Elle s'éveille! hélas! l'amant voulait se taire,
   Mais l'Amour ne l'a pas permis.

CHLOÉ, *s'éveillant.*

Cher Daphnis!.... ah! c'est vous! puis-je en douter encore?

DAPHNIS.

Reconnaissez l'amant qui vous adore,
Aux plaisirs, aux transports dont il est agité!

CHLOÉ, *avec transport.*

C'est vous ?... tout m'annonçait la fin de mes alarmes,
Un songe vous offrait à mon cœur enchanté ;

DAPHNIS, *avec joie.*

Je le sais.

CHLOÉ.

Songe heureux !

DAPHNIS, *avec joie et ingénuité.*

      Connaissez tous ses charmes !
Chloé, j'étais témoin de ma félicité.

CHLOÉ.

Vous m'entendiez, que mon cœur est flatté !

DAPHNIS.

Que vous m'avez coûté de larmes !
« Oui, l'Amour vous laissa maîtresse de mes jours,
« Chère Chloé ! je meurs quand vous m'êtes ravie ;
« Mais quand je vous revois.... quel bien pour nos amours !
« Je reprends à la fois les plaisirs et la vie...
  Eh ! quel dieu vous rend à mes feux ?

CHLOÉ.

C'est sans doute l'Amour.... j'ai vu former l'orage ;
Et la foudre, en grondant sur des audacieux,
Les saisir tour à tour de terreur et de rage
Croyant que notre sort intéressait les Dieux,
  A chaque instant, ces monstres furieux

ACTE III, SCÈNE II.

Semblent plus touchés de nos plaintes....
Le même flot portait aux cieux
Et leurs prières et leurs craintes....
On s'occupe à l'envi de changer notre sort;
Dans une barque on met chaque bergère;
Le Dieu qui conduisait cette troupe légère,
L'Amour connaissait mon transport,
Il m'a fait devancer mes compagnes au port.

TOUS DEUX.

« Plus de peines !
« Serrons ses chaînes !
« Goûtons désormais
« Des plaisirs parfaits.
« Amour, sur nous lancez vos traits !
« Serrez nos chaînes !
« Mais
« Ne les brisez jamais !

(*On entend des concerts de chalumeaux et instrumens champêtres.*)

DAPHNIS.

Dieux ! de quels sons retentit cet asile ?...
(*Il va voir sur la mer, et en revenant :*)
Ah ! ce sont nos bergers réunis dans cette île !

DAPHNIS ET CHLOÉ.

SCÈNE III.

DAPHNIS, CHLOÉ, SILVIE, CÉPHISE, AMINTHE; PATRES ET BERGÈRES, qui débarquent dans l'île et y trouvent leurs bergères.

CHŒUR.

Rassemblons-nous sur ces bords fortunés,
Et volons aux plaisirs qui nous sont destinés!

DAPHNIS.

« Heureux amans! hâtez-vous de descendre!
« Partagez le bonheur qu'Amour nous donne au port!
« Qu'il règne dans vos cœurs! qu'il y soit aussi fort
    « Que dans nos yeux il paraît tendre.

CHŒUR.

Rassemblons-nous sur ces bords fortunés,
Et volons aux plaisirs qui nous sont destinés!

La réunion des amans, leur empressement à cueillir des fleurs pour en orner les statues des Nymphes leurs protectrices, forment un petit divertissement.

QUATUOR DE BERGERS ET BERGÈRES.

Nymphes! peut-on voir votre image
    Sans se rappeler vos bienfaits!
Ah! souffrez que l'Amour dans nos cœurs satisfaits
    Partage avec vous notre hommage!

ACTE III, SCÈNE III.

Comme lui vous servez nos vœux,
Et procurez à nos bergères
Les soupirs, les tendres aveux,
Présages de faveurs plus chères.

TOUS.

Et vous daignez encor, dans ces lieux fortunés,
Animer les plaisirs qui nous sont destinés!

(*Danse.*)

CHLOÉ.

La douceur de nous voir a pour nous bien des charmes;
Mais nous avons des cœurs à rassurer :
Mon père sur mon sort ne cesse de pleurer.

AMINTHE, *à son berger.*

Et le mien?

SYLVIE.

Et ma mère?

DAPHNIS, *en regardant tristement Chloé.*

Allons sécher leurs larmes!

SYLVIE.

Chaque moment qu'ici nous donnons à l'Amour
Pour les objets chéris dont nous tenons le jour,
Est un moment de plus de tristesse et d'alarmes....

CÉRISE, *à son berger.*
(*à Chloé.*)

Eh bien? m'en croirez-vous? tenez, nous y pensions;
C'est ce qu'à nos bergers toutes deux nous disions.

DAPHNIS ET CHLOÉ.

CHLOÉ, à Daphnis.

Partons!

DAPHNIS.

Sitôt? hélas!

SYLVIE, avec Chloé.

Oui, quittons ce bocage!

(*Tous s'acheminent tristement.*)

AMINTHE, *très-vivement.*

Quelle barque s'arrête?

CÉPHISE.

Un vieillard en descend!

SYLVIE, *à Chloé, avec joie.*

C'est ton père!...

AMINTHE, *avec Céphise, avec joie.*

Et le mien!

CHLOÉ.

Quoi! les glaces de l'âge
N'ont pu les retenir?

TOUS, *allant au-devant des vieillards, et avec la plus vive joie.*

Nous voici!... quels momens!

CHLOÉ, *avec Céphise.*

Mon père!...

SCÈNE IV.

LES PRÉCÉDENS, DRIAS, GNATHON, PHILOTAS.

AMINTHE ET CHLOÉ, *embrassant leur père.*

En quels périls votre cœur vous engage!

CHLOÉ, *embrassant Drias.*

(*avec joie.*)
C'est vous?

DRIAS, *serrant Chloé dans ses bras.*

Oui, ma Chloé!

GNATHON, PHILOTAS ET DRIAS.

Mes enfans! oui, c'est nous...

DRIAS.

Qui bénissons l'instant qui nous rejoint à vous.

TRIO DES TROIS PÈRES.

« Quels momens! filles chéries!
« Et qu'il flatte nos désirs!
« Dans nos âmes attendries
« Vous ranimez les plaisirs;
« Vos bergers sur ce rivage
« Ont déjà séché vos pleurs....
« C'est que l'Amour à leur âge
« Doit ses premières faveurs.

DAPHNIS ET CHLOÉ.

« Mais heureuse est la vieillesse
« Qui peut, au gré de son cœur,
« Voir, luire après la jeunesse,
« Un rayon de son bonheur !

UN BERGER.

De nos hameaux les Nymphes protectrices
Ont exaucé nos vœux présentés par Daphnis ;
Lui seul à notre espoir sut les rendre propices.

CHLOÉ, *à Drias.*

Lui seul !

DRIAS.

J'entends.

SYLVIE, *à Drias.*

(*montrant Daphnis.*)
Par lui tous nos maux sont finis.

LES DEUX PÈRES, *en désignant Daphnis à Drias.*

Heureux berger !

CHLOÉ, *avec les trois jeunes bergères à Drias.*

Comment payer de tels services ?

LES DEUX PÈRES, *à Drias.*

(*montrant Daphnis.*)
Doux, tendre, bienfaisant.

DRIAS.

Je le sais, mes amis !

ACTE III, SCÈNE IV.

Vous ne m'étonnez pas; sa vertu m'est connue,
Et tout autant que son bon cœur.

DAPHNIS, à Drias.

Moins d'éloge! et moins de rigueur!
Cruel! et pourquoi donc votre âme prévenue,
Plus inflexible que les Dieux?...

DRIAS, tristement.

Eh! ton bonheur ne peut venir que d'eux.

SYLVIE.

Mais, Drias, de vous seul sa Chloé doit dépendre?

AMINTHE.

Quand il sèche vos pleurs, le forcer d'en répandre!

MORCEAU D'ENSEMBLE.

CHLOÉ.

« Mon père!

DRIAS.

« Chère enfant, dans ce titre flatteur,
« Vois le droit que le ciel me donne!

CHLOÉ.

« Celui de faire mon bonheur.

DAPHNIS.

« Heureux soin qu'il vous abandonne.

DAPHNIS ET CHLOÉ.

DRIAS.

« Et qu'il a gravé dans mon cœur.

LES DEUX PÈRES, à *Drias*.

Ah ! pourquoi donc tant de résistance ?

DAPHNIS.

« Craindriez-vous mon inconstance ?

DRIAS.

« Mille fois moins que ton ardeur.

CHLOÉ.

« Craindriez-vous son inconstance ?

LES DEUX PÈRES ET CHLOÉ.

« Je vous réponds de son ardeur.

DRIAS, à *Chloé*.

« Plus que de ton obéissance ?

LES DEUX PÈRES.

« Quand l'amour...

LES BERGERS ET LES BERGÈRES.

« La reconnaissance,
« Tout ici parle en sa faveur.

TOUS, à *Drias*.

« Mettre le comble à sa douleur !
« C'est abuser de ta puissance.

DRIAS.

« Mais, Thaler au hameau presse notre retour.

ACTE III, SCENE IV.

LES BERGERS, *avec joie.*

« Thaler est arrivé ?
DRIAS. } pour nous, quel heureux jour !
Est arrivé ?

DAPHNIS, *transporté de joie.*
(*à Drias.*)
« Chloé, séche tes pleurs !... m'y forcez, barbare !...

CHLOÉ, *retenant Daphnis dans son emportement.*
(*avec douleur.*)
« Ciel !

DAPHNIS, *d'un ton ferme aux deux pères.*
(*montrant Drias.*)
« Thaler unira ce que l'ingrat sépare.
« Il punit l'injustice, et je n'oublierai rien...

CHLOÉ, *se jetant aux genoux de Drias.*
« Il s'oublie ! excusez, grace ! grace, ô mon père !

DAPHNIS.
(*à part.*)
« Qu'ai-je dit ? je m'égare.

TOUS DEUX, *à genoux, implorant les dieux.*
« Dieux ! témoins de nos maux, soyez notre soutien !

DRIAS.
« On excuse aisément le cœur qu'on désespère.

LES TROIS PÈRES.
« Mais tout presse votre retour.

DAPHNIS ET CHLOÉ.

« Allons, dans notre heureux séjour
« Dont on a banni l'esclavage,
« Mêler à ces bienfaits les douceurs de l'amour !

Tous répètent ce chœur.

(*Ils préparent les nacelles pour l'embarquement.*)

« Fuyez, fuyez de ce rivage,
« Vents orageux, éloignez-vous !
« Quand nous avons les Dieux pour nous,
« Nous ne craignons point de ravage ;
« Fuyez, réservez votre rage
        « Pour les jaloux.
        « Dont le courroux
« Voudrait troubler notre voyage !

Un of, apercevant des brebis à la nage.

« Ah ! je vois loin du rivage
« Plus d'une brebis qui nage,
« Voyez, voyez leurs ardeurs
« A venir sécher nos pleurs !
        (*Elle le chœur.*)
« Tout cherche à fuir l'esclavage.

Tandis que l'embarquement se fait de manière que chaque bateau contient une bergère, son père et son amant, Daphnis se jette à la mer pour ramener les brebis de Chloé.

LE CHŒUR, *voyant Daphnis se jeter à la nage.*

« Ciel ! à quels périls nouveaux,
« Pour nous, exposer sa vie !

Pendant ce temps, Chloé, sur le bateau avec son père, joue ainsi que les autres bergères de son chalumeau.

ACTE III, SCÈNE IV.

DAPHNIS.

« Viens à moi, brebis chérie,
« Que ta berge attendrie
« Tient souvent près de son cœur!
« Allons revoir ta prairie!
« Joins-tu, bergère chérie!
(en lui rendant sa brebis.)
« Tu manquais à son bonheur!

CHLOÉ, *répète cette chanson en changeant les deux derniers vers par ceux-ci :*

« Oui, c'est moi, brebis chérie!
« Tu manquais à mon bonheur!

Les bergers jouent de leur chalumeau, tandis que les bergères reçoivent leurs brebis.

TOUS, *en faisant route.*

« Le Dieu dont les douces flâmes
« Ont encouragé nos âmes
« Ne veut pas qu'un seul bienfait
« Trouble les biens qu'il nous fait.

FIN DU TROISIÈME ACTE.

ACTE QUATRIÈME.

Même décoration qu'au premier acte.

SCÈNE I.

DAPHNIS, *seul.*

Aimable liberté, doux charme de la vie !
Un mortel bienfaisant te fixe en ces hameaux !
   Les prés, les champs, les vallons, les troupeaux
     Confiés à notre industrie
     Sont les biens dont il gratifie
     Et les vertus et les travaux.
Que m'importent ces biens ! je ne dois plus m'attendre
A l'hymen qui devait couronner notre ardeur :
Le père de Chloé la refuse à mon cœur.
Quand, malgré tout espoir, terminant son malheur,
   A ses vœux je viens de la rendre !
(s'adressant à la statue de Pan.)

   « Deux amans firent tout pour vous,
« Dieu de ces bois, que ferez-vous pour nous !
    « De notre musette champêtre,
   « Je vous consacrais tous les sons ;
   « Vous étiez dieu de nos chansons !
  « Lorsque l'Amour cessait de l'être.
   « Deux amans firent tout pour vous,
« Dieu de ces bois, que ferez-nous pour nous ?

ACTE IV, SCÈNE II.

« C'est pour vous offrir ces guirlandes
« Que Chloé choisissait des fleurs ;
« Elle assortissait les couleurs :
« Nos deux cœurs faisaient les offrandes ;
« Deux amans firent tout pour vous,
« Dieu de ces bois, que ferez-vous pour nous ?...
Mais à mon désespoir tout le hameau sensible
Paraît en ma faveur implorer Thémidor !
Il peut tout sur Thaler ; il peut changer mon sort ;
(il embrasse l'autel de Pan.)
Grand Dieu ! fais que son cœur ne soit pas inflexible !
J'attends à tes autels ou la vie ou la mort.

SCÈNE II.

DAPHNIS, THÉMIDOR, PATRES, BERGERS ET BERGÈRES.

DEUX BERGERS, *à Thémidor, montrant Daphnis.*

Vous voyez sa tristesse ?

DEUX BERGÈRES, *à Thémidor.*

                Et vous devez connaître
Les droits qu'il a sur notre cœur ?
Ah ! par pitié, soyez son protecteur !

THÉMIDOR.

Dites bienfaiteur !.... je veux l'être.
Calme-toi, généreux berger !
Je vois Thaler, ton sort pourra changer.

DAPHNIS ET CHLOÉ.

SCÈNE III.

LES PRÉCÉDENS, **THALER**, HABITANS DU HAMEAU.

CHOEUR.

Thaler !

THÉMIDOR, *à Thaler.*

Tout le hameau t'implore ;

THALER.

Quelle grace attend-t-il de moi ?

THÉMIDOR.

Le bonheur d'un berger....

BERGERS ET BERGÈRES.

Que sa bergère adore.

THALER.

(*à Daphnis.*)

Aurait-il des rivaux ?... parle ! rassure-toi !

DAPHNIS.

« Si je n'avais que des rivaux à craindre,
« Mon sort n'aurait rien de fâcheux ;
« Si je n'avais que des rivaux à craindre,
« Mon amour me ferait bientôt triompher d'eux.
« Ma Chloé partage mes feux,
« Mais je n'en suis que plus à plaindre.

LE CHOEUR.

« Mais il n'en est que plus à plaindre.

ACTE IV, SCÈNE III.

DAPHNIS.

« Son père assure que les Dieux
« L'empêchent de serrer nos nœuds.

THALER ET THÉMIDOR.

« Son père assure que les Dieux
« L'empêchent de serrer leurs nœuds ?

LE CHOEUR.

« Lui qui désarma leur colère
« Et leur fit agréer nos vœux.

THALER ET THÉMIDOR.

« Il faut pénétrer ce mystère !

CHOEUR.

« Son amante se désespère,
« Et quand par ses soins généreux,
« Il rend une fille à son père.

TOUS.

« Eprouver ce retour affreux !

THALER ET THÉMIDOR.

« C'est une ingratitude extrême !

TOUS.

« Celui qui nous rend tous heureux
« Est fait pour être heureux lui-même.

THALER ET THÉMIDOR, *à Daphnis.*

« Nous allons lui parler pour toi.

DAPHNIS ET CHLOÉ.

AVEC LE CHOEUR.

Oui, cher Daphnis, sois sans effroi !

THÉMIDOR, *à Thaler.*

Rassurer l'innocence
Est une jouissance
Dont ton cœur est jaloux,
Quelle reconnaissance
Leurs cœurs te devront tous !

THALLER, *à Thémidor.*

Puisse la bienfaisance
Faire oublier l'offense,
Qui du ciel en courroux
M'attire la vengeance !
Ah ! quel espoir plus doux !

LE CHOEUR.

Ah ! quelle bienfaisance,
Quelle reconnaissance,
Nos cœurs vous devront tous !
L'Amour et l'innocence
Vont être heureux par vous !

THALER, *à Daphnis.*

« Oui, ta félicité me sera toujours chère.

DAPHNIS, *transporté de joie.*

« O ciel !... ah ! mes amis !... quel espoir plus flatteur !

LE CHOEUR. quel espoir plus flatteur !

ACTE IV, SCÈNE III.

THALER AVEC LE CHOEUR.

« Allez tous avec lui prévenir sa bergère
  « Que je desire son bonheur.

LE CHOEUR.

« Allez tous avec lui rassurer sa bergère,
  « Thaler desire son bonheur.

(Ils sortent.)

DAPHNIS, *apercevant Drias, revient sur ses pas.*

Mais j'aperçois Drias... ah ! pour grace dernière,
(à Thaler.)
Oserai-je ?.... oui, daignez exaucer ma prière !
  Ne traitez pas avec trop de rigueur
Ce bon vieillard ! souvent un reproche sévère
  Réussit moins que la douceur ;...
Songez que de Chloé ce vieillard est le père !
Qu'il en a les vertus ! qu'il en a la candeur !
  Que tout le hameau le révère !
Et qu'on n'eût jamais eu de reproche à lui faire,
  S'il eût approuvé notre ardeur !

(Il sort avec le chœur.)

SCÈNE IV.

THALER, THÉMIDOR, DRIAS.

THALER, *à Drias, qui marque quelque surprise de la joie que témoigne Daphnis.*

Approche-toi !

DRIAS.

Je le vois, on m'accuse
Et d'injustice et de sévérité,
Mais croyez-en à ma sincérité !
Quand je viens à vos yeux en exposer l'excuse,
Prêt à parler, je crains que le ciel irrité,

THALER.

Ah ! par de vains détours crois-tu que l'on m'abuse ?

DRIAS.

Non, je vous dis la vérité.

THALER.

Drias ? à la raison je veux qu'on obéisse,
Et qu'un vieillard sensible et vertueux
Cesse de m'affliger, en imputant aux Dieux
La cause de son injustice.

DRIAS.

Mais si Chloé les voit contraires à ses feux ?...

THALER.

Eh ! quand par leur secours le berger le plus tendre

ACTE IV, SCÈNE IV.

Console ce hameau, rend ta fille à tes vœux,
La volonté du ciel s'est assez fait entendre.

DRIAS.

Elle m'impose d'autres lois.

THALER.

Tu désoles mon cœur; quoi! la première fois
　Qu'il s'ouvre aux pleurs de l'innocence!
Cruel! tu veux me rendre insensible à sa voix?

DRIAS, *à part.*

Grand Dieu! pardon, si je t'offense!
Mais c'est mon bienfaiteur; exiges-tu de moi
　Que je l'accable en gardant le silence?

THALER.

Eh! malheureux, tu me glaces d'effroi.

DRIAS.

　Mon âme s'est fait violence
Pour désoler deux cœurs dont je connais l'amour;
Mais... jugez-moi!... Cholé ne me doit point le jour.
　Je la trouvai près de la rive
　Dans un berceau qui flottait sur les eaux;
　　Attendri par sa voix plaintive,
　Ma main la retira des flots;
J'avais perdu ma fille, elle était du même âge;
Chloé nous en tint lieu: ma femme l'éleva
Près d'un an.... jusqu'au jour où la mort l'enleva.
Pour m'éloigner des lieux trop pleins de son image,

Celui dont loin d'ici je soignais l'héritage
A mes soins confia ce paisible séjour,
   Devenu votre heureux partage....
Le Temps sèche les pleurs qu'a fait verser l'Amour....
Puis, ma Chloé me rend ma perte moins amère;
Ce qui me flatte encor, j'y passe pour son père;
Et mes soins, ma tendresse, en cette heureuse erreur,
Ont su bien aisément entretenir son cœur.
Seize ans sont écoulés...

        THALER, *à part.*

        Ciel!

        DRIAS.

              Sans que sa famille
Ait réclamé ce dépôt précieux;
Mais près d'elle je pris ces ornemens.

  THÉMIDOR, *prenant et ouvrant un médaillon.*
  (*à Thaler.*)

              Grands Dieux!
Ton portrait!

        THALER.

      Juste ciel!... vous me rendez ma fille!

     DRIAS ET THÉMIDOR.

« Sa fille? ô ciel!

THALER.   { Ma fille est rendue à mes vœux.
THÉMIDOR. { Ta fille est rendue à tes vœux!

       THALER, *à Drias.*

Vieillard bienfaisant, vertueux!...

ACTE IV, SCÈNE V.

« Vrai modèle des cœurs sensibles !
« Il fallait tes vertus paisibles
« Pour fléchir le courroux des Cieux.
« Toi seul as pu me rendre heureux ;
« Je méritais si peu de l'être !....
« Viens dans mes bras ! viens, ami généreux,
« M'inspirer les vertus que tu me fais connaître !

(Il l'embrasse.)

SCÈNE V.

LES PRÉCÉDENS, DAPHNIS, CHLOÉ, PATRES, BERGERS ET BERGÈRES.

MORCEAU D'ENSEMBLE.

CHŒUR, *aux deux amans.*

« Il embrasse Drias ! { Ah ! quel espoir pour vous !
DAPHNIS ET CHLOÉ. « Ah ! quel espoir pour nous !

LE CHŒUR, *à Thémidor.*

« Le voilà, ce couple fidèle,
« Que la reconnaissance appelle
« Aux pieds de notre bienfaiteur.

THÉMIDOR, *retenant, avec Thaler, Daphnis et Chloé qui veulent se mettre à genoux.*

« Où vous emporte votre zèle ?

THALER.

« L'homme ne doit qu'aux Dieux cet hommage flatteur.

DAPHNIS *avec* CHLOÉ.

« Vous détournez vos yeux?.... Consultez votre cœur,
« Et les plaisirs qu'ici vous faites naître,
« Quand vous couronnez votre ardeur!

CHLOÉ, *à Drias.*

« Seriez-vous inflexible?

THALER.

« Il eut raison de l'être.

DAPHNIS ET CHLOÉ, *à Thaler.*

« Vous vouliez mon bonheur?

THALER.

« Je vous l'ai fait connaître.

DAPHNIS ET CHLOÉ.

« Daignez donc l'assurer! il n'en est qu'un pour nous.

THALER, THÉMIDOR, DRIAS.

« O Ciel! ô mortelles alarmes!

DRIAS, *aux deux amans.*

« Tout est changé.

DAPHNIS ET CHLOÉ.

« Changé?

CHLOÉ.

« Mon père expliquez-vous!

DRIAS.

« Je ne suis plus digne d'un nom si doux.

ACTE IV, SCÈNE V.

DAPHNIS.

« Vous me faites frémir.... Je vois couler vos larmes !

THALER, THÉMIDOR, DRIAS.

« C'est trop prolonger votre erreur !

THALER, *tendant les bras à Chloé.*

« Drias sauva tes jours et te rend à ton père.

CHLOÉ, *à Drias.*

« Quoi ! vous m'ôtez mes droits sur votre cœur?....
   (*à Thaler.*)
« Vous ne voyez en moi qu'une simple bergère,
 « N'abusez pas de ma simplicité !

DRIAS.

« Non, l'on ne trompe pas votre crédulité.

THALER ET DRIAS.

« Reconnaissez la voix de la nature !

DAPHNIS ET CHLOÉ.

« Quoi ! pour troubler la flâme la plus pure,
 « User d'un si cruel détour !
« Ce serait à la fois alarmer la nature,
 « Et dans nos cœurs faire gémir l'amour.

THALER.

Écoutez-moi Daphnis ! Oui j'étais loin de feindre
Quand j'ai pressé Drias de couronner vos feux.

CHLOÉ.

Pensiez-vous qu'un moment suffît pour les éteindre ?

THALER.

Mais l'inviter à vous unir tous deux,
C'était vous annoncer les droits sacrés d'un père,
Gravés par la nature en des cœurs vertueux.
Pour faire de mes droits l'usage qu'elle espère,
Ma Chloé, je te dois le sort le plus heureux!

CHLOÉ.

C'est notre hymen.

THALER.

L'amour trop souvent nous égare.
Qui le sait mieux que moi?

CHLOÉ.

S'il faut qu'on nous sépare,
Pour moi plus de bonheur!

THALER.

Je ne songe qu'au tien:
Ma fille, occupe-toi du mien!
Si tu fus long-temps la victime
De ma faible crédulité,
Veux-tu, quand mes remords font oublier mon crime,
Alarmer ma tranquillité?
J'ai calmé le Ciel irrité,

à Thémidor.

Ne rappelle pas sa vengeance!
En me prouvant son indulgence
Par le bien le plus cher, le plus inattendu?
Apprends que dans mon âme il grave l'assurance,
Thémidor, que ton fils te doit être rendu.

ACTE IV, SCÈNE V.

THÉMIDOR.

Vains détours de l'orgueil !

THALER, *à Thémidor.*

Laisse-moi l'espérance !
Songe au prix que le Ciel réserve à la vertu !
Puisque tu vois qu'il me pardonne.....
A ces nœuds desirés te refuserais-tu ?

THÉMIDOR.

Oui, les droits les plus forts sont ceux que le cœur donne;
L'amour compte pour rien et fortune et grandeur.

CHLOÉ.

« Si la fortune change un cœur,
« Mon obscurité m'est trop chère.

(*à Thaler.*)

« En vous, m'annoncez-vous un père,
« Pour me ravir tout mon bonheur ?
J'aime, et j'aimais Daphnis, quand j'étais sa bergère :
« Si la fortune change un cœur,
« Mon obscurité m'est trop chère,

DAPHNIS.

« Non, nous ne devons plus songer
« A cette ardeur qui nous était si chère;
« Tout est changé pour nous ; mais ma bergère,
« Comment ferons nous pour changer ?

THALER, *à Daphnis.*

De la perte que tu vas faire
Mon amitié, mes biens vont te dédommager.

DAPHNIS.

De mes efforts je puis bien vous répondre....
D'abord je vais la fuir.

THALER.

Trop généreux berger!..
Je te plains;

DAPHNIS.

Vos bontés sont faites pour confondre
Un ingrat que son cœur force à vous outrager ;
Mais croyez que ma mort va bientôt vous venger !

CHLOÉ, *à Thaler.*

Mon père ! et vous pouvez l'entendre ?

THALER.

Malheureux Daphnis, laissez nous!
Eloignez-le !...

CHLOÉ, *retenant Daphnis.*

Mon père !... et l'amour le plus tendre
(*à Thaler.*)
En un moment perd tous ses droits sur vous ?

THALER.

Je sens encor pour toi les transports les plus doux.

CHLOÉ.

Et vous m'en refusez la preuve la plus sûre ?
Vous me faites voir en ce jour
Qu'on peut braver la voix de la nature,
Mais je sens qu'on ne peut résister à l'amour.

(*Elle veut sortir.*)

ACTE IV, SCÈNE V.

THALER.

(à Chloé, qu'il retient.) (à Thémidor.)
Arrête ! Eh ! tu me fuis, cher Thémidor ? rassure
Un ami tour à tour attendri, révolté.....
    (à Thémidor, qui veut encore s'éloigner.)
    Ah ! tu crains ma faiblesse extrême ?
    Elle alarme l'amitié même !....

THÉMIDOR, *d'un ton ferme et sévère.*

Qui craint que, par l'orgueil, constamment emporté,
    (en l'interrompant.)
Pour la seconde fois Thaler me sacrifie....

THALER, *l'embrassant avec la plus vive satisfaction.*

    Ah ! mon ami me justifie ?....
Ton aveu, la raison, tout dessille mes yeux.
Rends-moi ton cœur, Chloé ! je ne vois dans tes feux
    Rien qui m'afflige et m'humilie,
    Quand je songe qu'avec les Dieux
        (désignant Daphnis.)
    Sa vertu me reconcilie;
        (prenant la main de Daphnis.)
Tu rends à la raison un cœur ambitieux,
    Qui vous rend tous deux à la vie.
Allons à ces autels faire approuver vos nœuds !

DAPHNIS ET CHLOÉ, *baisant la main de Thaler.*

Quel bonheur !

THALER.

Mais j'entends les sons harmonieux

Dont la douceur appelle à cet autel champêtre
Les mortels empressés d'y présenter leurs vœux.

(*Tous se rassemblent pour présenter leurs vœux à Pan, et l'on accourt de toutes les parties de la forêt.*)

CHŒUR *des ministres des autels.*

« Oui, Pan lui-même va paraître ;
« Il vient présider à vos nœuds.

DAPHNIS ET CHLOÉ.

A vos autels c'est l'Amour qui nous mène ;
Que sa flâme à vos yeux nous tienne lieu d'encens !

THALER ET THÉMIDOR.

A vos autels c'est l'Amour qui les mène ;
Que sa flâme à vos yeux leur tienne lieu d'encens !

SCÈNE VI.

LES PRÉCÉDENS, PAN.

PAN.

Rassurez-vous, bergers intéressans !

DAPHNIS ET CHLOÉ.

Vos faveurs tant de fois ont calmé notre peine !
Daignez faire à l'Hymen agréer nos sermens,
 De ne jamais briser sa chaîne !

THALER ET THÉMIDOR.

Daignez faire à l'Hymen agréer leurs sermens,
 De ne jamais briser sa chaîne !

SCÈNE VII.

LES PRÉCÉDENS, LES TROIS NYMPHES: PROTECTRICES DES BERGERS *et dont les grottes s'ouvrent.*

PAN ET LES TROIS NYMPHES.

Il ne saurait unir de plus tendres amans.

PAN.

Thaler! toi dont l'erreur fit gémir la nature,
Apprends qu'on n'est heureux qu'en écoutant sa voix ;
  Apprends encor qu'en vengeant son injure,
Qu'en prévenant son vœu, si tu t'acquis des droits.
    Au bonheur que le Ciel t'assure,
Il gardait au mortel qui décida ton choix
    Une jouissance aussi pure.

(*à Thémidor, avec les Nymphes.*)
Tendre consolateur, en obligeant Daphnis,
  Ton cœur te parlait pour ton fils.

THÉMIDOR.

Ciel!

THALER ET DAPHNIS.

Qu'entends-je ?

PAN.

            Enlevé, dès sa plus tendre enfance,
Il ne connut jamais l'auteur de sa naissance ;

Et crut l'avoir perdu, quand la mort sous ses yeux
    Le ravit à la bienfaisance
    Du berger tendre et vertueux
A qui son ravisseur le vendit en ces lieux.

PAN ET LES NYMPHES.

Méritez les faveurs que le ciel vous dispense,
    En rendant vos enfans heureux!
    C'est leur vertu qu'il récompense.
    Thaler, désormais apprends d'eux
    Qu'il n'est jamais de jouissance
    Pour les mortels ambitieux,
Que souvent un remords peut apaiser les Dieux,
    Mais que les vœux de l'innocence
    Sont sûrs d'arriver jusqu'aux cieux!

CHOEUR DES PÈRES ET DES ENFANS.

Ah! mon bonheur passe mon espérance.

THALER ET THÉMIDOR.

    Aux douceurs de la liberté
    Loin d'opposer des vœux contraires,
    Candeur, Franchise, Humanité,
    Entre nos enfans et leurs pères
    Fixez notre félicité!
    Voilà mes vœux.

LE CHŒUR.

           Voilà les nôtres;
Peut-on former d'autres desirs?

ACTE IV, SCÈNE VII.

THALER ET THÉMIDOR, *montrant leurs enfans.*

Amour, prends soin de leurs plaisirs!

PAN, LES NYMPHES, DAPHNIS ET CHLOÉ, *à Thaler et Thémidor.*

La nature aura soin des vôtres.

DIVERTISSEMENT.

UN BERGER, *tour à tour avec le chœur.*

« C'est dans nos bois
« Que l'on soupire,
« L'Amour, le Zéphire
« Soufflent l'air qu'on y respire.
« C'est dans ces bois
« Que l'on soupire ;
« Tout n'aspire
« Qu'à faire un choix ;
« Tout est sincère ;
« L'amant, sans mystère ;
« Sans art,
« Sans fard,
« La timide bergère,
« Jamais n'est légère,
« Se plaît à lui plaire ;
« Jamais le bonheur
« N'affaiblit leur ardeur.
« C'est, etc...., choix.

« Point de rigueur ;
« Point de cœur

« Trop sévère ;
« Heureux
« Dans ces lieux,
« L'amant sait se taire ;
« Le Plaisir dispense
« Ses biens, en silence ;
« Le bruit l'offense,
« Il vole et s'enfuit.
« C'est, etc..... choix.

BALLET GÉNÉRAL.

FIN DE DAPHNIS ET CHLOÉ.

SPECTACLES
DES PETITS CABINETS
DE LOUIS XV.

Comme l'époque de ces spectacles est éloignée de la nôtre, comme tout ce qui a trait à ces différens amusemens est très-peu connu, j'ai cru qu'on pourrait en voir avec plaisir les détails.

Ce fut dans les derniers mois de l'année 1747 que se réunirent les acteurs qui composèrent *la troupe* (car c'est le nom technique que l'on donne à ces réunions d'acteurs de société), jalouse de produire ses talens sous les yeux du roi.

Louis XV avait entendu citer très-souvent, et toujours avec éloge, les talens de madame la marquise de Pompadour pour la comédie, pour le chant, et qui s'était rendue célèbre à *Etioles* [1], sur le théâtre de M. de Tournehem, son oncle, et sur celui de madame de Villemure (dont elle était l'amie particulière) à *Chantemesle*. Plu-

[1] C'était dans la société de gens de lettres et d'artistes distingués que rassemblait à Étioles M. de Tournehem, riche, fastueux, et *passionné pour les arts*; c'était-là, dis-je, que sa nièce, en formant son goût, apprit à aimer les talens. Le premier usage qu'elle fit de son crédit fut pour procurer à l'oncle qui les lui avait fait connaître et apprécier la place de leur surintendant.

sieurs des courtisans de S. M., et entre autres M. le maréchal de Richelieu, y avaient assisté; M. le duc de Nivernois et M. le duc de Duras y avaient été acteurs; en fallait-il davantage pour exciter la curiosité du Roi, et pour seconder madame de Pompadour dans le desir qu'elle avait de développer à ses yeux tous ses moyens de plaire? desir que partageaient avec elle les deux acteurs que je viens de citer. Quand on a des talens, on juge aisément de leur prix par la peine que l'on s'est donnée pour les acquérir : aussi son ardeur à les obliger, s'est-elle rarement démentie.

On choisit le cabinet des médailles pour le *théâtre*. A peine était-il construit, que le choix des acteurs fut fait.

La troupe n'avait pas tardé à se compléter, quoique pour s'y voir admis il fallût justifier d'avoir joué précédemment avec quelque succès sur des théâtres de société.

Voici les noms des acteurs choisis pour celle-ci.

MESSIEURS.

Le duc d'Orléans.

Le duc d'Ayen.

Le duc de Nivernois.

Le duc de Duras.

Le comte de Maillebois.

Le marquis de Courtanvaux.

Le duc de Coigni.

Le marquis d'Entraigues.

MESDAMES.

La duchesse de BRANCAS.
La marquise de POMPADOUR.
La comtesse d'ESTRADES.
La marquise de LIVRY.
De MARCHAIS[1].

Telle fut la première composition de la *troupe*, avant qu'elle se permît de jouer l'*opéra*.

Dans sa première assemblée, on choisit pour directeur M. le duc de LA VALIÈRE.

Pour secrétaire et souffleur, l'abbé de LA GARDE, secrétaire de madame de Pompadour, et son bibliothécaire.

Ensuite on s'occupa des statuts.

STATUTS.

1.er, relatif à l'*admission*. Pour être admis dans la troupe, comme sociétaire, il faudra prouver que ce n'est pas la première fois que l'on a joué la comédie, pour ne pas faire son noviciat dans cette troupe.

2.e Chacun y désignera son *emploi*.

3.e On ne pourra, sans avoir obtenu le consentement de tous les sociétaires, prendre un emploi différent de celui pour lequel on a été agréé.

4.e On ne pourra, en cas d'absence, se choisir un double : (droit expressément réservé à la société, qui le nommera à la majorité absolue).

5.e A son retour, le remplacé reprendra son même emploi.

---

[1] Parente de madame de Pompadour.

6.° Chaque sociétaire ne pourra refuser un rôle affecté à son emploi, sous prétexte que le rôle est peu favorable à son jeu, ou qu'il est trop fatigant.

(Ces six premiers articles sont communs aux *actrices* comme aux *acteurs*.)

Voici les articles réservés uniquement aux *actrices*.

7.° Les *actrices* seules jouiront du droit de choisir les ouvrages que la *troupe* doit représenter.

8.° Elles auront pareillement le droit d'indiquer le jour de la *représentation*, de fixer le nombre des *répétitions*, et d'en désigner le *jour* et l'*heure*.

9.° Chaque *acteur* sera tenu de se trouver à l'heure *très-précise* désignée pour la répétition, sous peine d'une amende que les *actrices* seules fixeront entre elles.

10.° L'on accorde aux *actrices seules* la *demi-heure de grace*, passé laquelle l'amende qu'elles auront encourue sera décidée par elles seules.

Copie de ces *statuts* sera donnée à chaque sociétaire, ainsi qu'au *directeur* et au *secrétaire*, qui sera tenu de les apporter à *chaque répétition*.

On voit par ces statuts arrêtés unanimement que le projet était de donner quelque suite à ces spectacles. C'était beaucoup pour madame de Pompadour de se procurer la facilité de retrouver et de suivre ses amusemens les plus chers, de les faire adopter dans cette *société nouvelle*. Les sociétaires qui s'y trouvaient réunis, moins habitués à ce genre de talens, et par conséquent plus timides, ne pouvaient offrir de rivalité dangereuse.

Madame de Pompadour, annoncée par des talens tant de fois éprouvés, en avait acquis plus de confiance; mais les succès précédens n'avaient flatté que sa vanité, et ceux auxquels elle aspirait étaient bien plus attrayans. Ils intéressaient son cœur; c'était peu pour elle de plaire au plus grand nombre des spectateurs, le suffrage d'un seul suffisait à son ambition. Elle ne devait qu'au charme de sa figure une conquête dont chaque jour lui faisait sentir le prix, elle n'attendait, que de ses talens, le bonheur de la fixer.

En justifiant aux yeux du Roi le goût qu'elle avait toujours eu pour les talens, elle se ménageait le droit de s'intéresser en leur faveur, et s'en occupait.

Le souvenir agréable qu'elle avait conservé des auteurs dont la célébrité répandait plus d'éclat dans la société de M. de Tournehem, était encore trop récent pour être effacé de sa mémoire; son orgueil avait été flatté d'y compter tour à tour pour habitués, Voltaire, Crébillon (qu'on y voyait plus assidûment, par la précaution qu'on avait prise d'éviter qu'ils s'y trouvassent ensemble), et presque toujours Gresset, alors dans toute la force de son talent. La nièce n'était pas moins impatiente que l'oncle de leur prouver sa reconnaissance; Crébillon, leur ami, fut le premier qui s'en ressentit [1].

Voltaire était devenu plus difficile à obliger; il avait contre lui toute la famille royale; la lutte était dangereuse pour madame de Pompadour, mais elle osa la tenter.

[1] Madame de Pompadour obtint de faire imprimer aux dépens du Roi, par l'imprimerie royale, les œuvres dramatiques de Crébillon.

Jalouse de s'attacher les talens, elle ne pouvait en donner de preuve plus éclatante qu'en obligeant un auteur célèbre à tant de titres. Elle n'avait qu'un moyen de faire cesser sa disgrace, et le saisit, même à son insu.

Voltaire ne s'était annoncé dans le genre de la comédie que par celle de l'*Enfant prodigue*, sur laquelle les suffrages de la Cour lui avaient été favorables : ce fut cette pièce que madame de Pompadour proposa, et fit agréer pour début de la nouvelle troupe.

L'auteur de la pièce n'en apprit le succès que quelques jours après la première représentation, en ce que les acteurs n'appelaient pas aux répétitions les auteurs des ouvrages qui avaient déjà paru sur des théâtres publics.

On crut cependant qu'il était juste de procurer aux auteurs la satisfaction et l'honneur de paraître devant le Roi, quand leur ouvrage aurait contribué à ses plaisirs; madame de Pompadour qui avait eu cette idée qu'on avait adoptée, y ajouta celle de donner les entrées à chacun des spectacles, aux auteurs dont les ouvrages auraient été donnés, ou le seraient par la suite. Cette proposition ne dépendait pas de la troupe ; il fallait que le Roi y donnât son consentement. Madame de Pompadour l'obtint, et se pressa de l'annoncer à Voltaire, qui ne manqua pas de se trouver à sa seconde représentation, et qui sentit bien qu'il devait à madame de Pompadour non-seulement la satisfaction d'avoir eu son ouvrage représenté le premier devant Sa Majesté, mais encore la facilité d'être plus souvent sous ses yeux.

Il avait donc appris à la fois son succès et les suites

heureuses qui pouvaient le lui rendre plus précieux. C'était le seul théâtre où l'on se fût permis de témoigner par battemens de mains la satisfaction que procuraient les ouvrages dramatiques donnés devant le Roi[1]. La comédie de l'*Enfant prodigue* était donc la première que l'on eût honorée de cette faveur éclatante.[2]

La lettre qui en informa Voltaire fut pour lui l'annonce d'une jouissance dont tout jusques-là s'était réuni pour le priver. Laissons-le un moment se reposer sur cette nouvelle agréable, et préparer les remercîmens qu'il doit à Celle qui les lui procure. Il aura le temps d'y réfléchir.

Sa bienfaitrice, pour fournir des alimens nouveaux à la curiosité du Roi, avait senti la nécessité de ne lui donner jamais deux fois de suite le même spectacle. Elle profita donc de l'intervalle de la *première* représentation de l'*Enfant prodigue* à la *seconde*, pour s'occuper de *Gresset*.

[1] Mais madame de Pompadour jouait dans la pièce ; et n'est-ce donc qu'à la cour qu'un amant ait découragé plutôt vingt auteurs que d'oser une seule fois décourager sa maîtresse ?

[2] L'amour avait fait à Louis XV une loi de se débarrasser de l'étiquette ennuyeuse que lui prescrivait sa grandeur ; et il le prouvait par ses applaudissemens, qui servaient de signal au petit nombre de spectateurs qu'il avait admis à jouir de ce spectacle, et qui se disputaient d'empressement pour l'imiter. Lui seul donnait la permission d'y assister. Il s'en était réservé le droit à l'exclusion des auteurs, et même des acteurs, qui ne pouvaient y faire entrer leurs parens sans avoir obtenu son consentement. Les femmes en étaient absolument exclues pendant les deux premières années.

Sa comédie du *Méchant* disputait encore son succès. Cette pièce qu'elle choisit pour second spectacle eut le succès le plus complet. M. le duc de Nivernois excella dans le rôle de *Valère*; dans sa première scène (qui avait pour objet d'annoncer l'adresse habituelle du *Méchant*, toujours occupé de séduire), le ton *ingénu* que M. de Nivernois prêtait à *Valère*, sa promptitude à céder sans réflexion à l'homme dont l'esprit lui paraissait bien supérieur au sien, l'orgueil de se rapprocher de lui, présenté avec une franchise faite pour rendre Valère intéressant, en offrant en lui plus de faiblesse que de penchant pour le vice; voilà ce qui avait échappé à l'acteur qui, le premier, jouait ce rôle sur le Théâtre Français. L'effet que produisit cet ouvrage sur le petit théâtre fut tel, que madame de Pompadour, occupée d'obliger Gresset, obtint du Roi de faire venir à la seconde représentation *Roseli*[1], qui, surpris de voir tout le parti que tirait de ce rôle M. de Nivernois, en profita, et se modela si bien sur lui, qu'à Paris l'ouvrage dut à cet heureux changement tout le succès qu'on a depuis cessé de lui disputer.[2]

[1] Cette seconde représentation eut lieu le même jour que ma seconde représentation d'*Æglé*. Je m'y trouvais (près de l'orchestre, place assignée aux auteurs), et j'étais à côté de Roseli. Le monologue de Valère y fit verser des larmes; et je fus témoin et de la joie de Gresset de voir son idée si bien rendue, et de la surprise que causait à Roseli le caractère noble et attendrissant que M. de Nivernois donnait à ce rôle.

[2] Ce fut cette pièce qui décida peu de temps après l'admission de Gresset à la Comédie Française.

Les chasses de Louis XV, et d'autres circonstances pareilles, décidaient de l'intervalle que l'on mettait d'une représentation à l'autre.

On avait commencé par jouer la comédie, on s'occupait d'y adjoindre des actes d'opéra. L'orchestre avait été formé dès le début de la troupe; il était composé d'un tiers d'amateurs et de deux tiers d'artistes de la musique du roi. En voici la liste, dans laquelle on distinguera les amateurs par ce signe *.

Clavecin........ M. FERRAND.*

Violoncelles.... { MESSIEURS
JÉLIOTTE.
L'ABBÉ l'aîné.
CHRÉTIEN.
PICOT.
DUPONT.
ANTONIO.
DUBUISSON. }

Bassons........ { MESSIEURS
Le prince de DOMBES.*
MARLIÈRE.
BLAISE. }

* Parent de madame de Pompadour, et qui fit représenter l'année d'après, sur ce théâtre, l'acte de *Zélie*, dont il avait fait la musique, et dont M. Curis avait fait les paroles.

	MESSIEURS
Hautbois........	DESELLES.
	DESJARDINS.

	MESSIEURS
Violes.........	Le comte de DAMPIERRE.*
	Le marquis de SOURCHES.*

	MESSIEURS
Violons premiers dessus...	MONDONVILLE.
	LALANDE.
	LE ROUX.
	DE COURTAUMER.*
	MAYER.

	MESSIEURS
Violons seconds dessus..	GUILLEMAIN.
	CARAFFE l'aîné.
	MARCHAND.
	FAUCHET.*
	BELLEVILLE.*

Trompette..... M. CARAFFE cadet.

Cor de chasse... M. CARAFFE troisième.

Quand il fut question de jouer des actes d'opéra, Dehesse, acteur de la Comédie Italienne et son maître de ballet, fut choisi pour celui de la troupe.

DES PETITS CABINETS. 81

La danse, dont il était chargé de choisir les sujets, était composée de jeunes personnes des deux sexes, depuis l'âge de neuf à dix ans jusqu'à celui de douze inclusivement. Passé cet âge, ils se retiraient et jouissaient du droit d'être placés selon leurs talens, mais sans autre début, soit à l'Opéra, soit dans les ballets du Théâtre Français ou Italien.

Voici les noms de celles et de ceux qui ont joui de cet avantage.

Figurans.	*Figurantes.*
MESSIEURS	MESDEMOISELLES
La Rivière.	Puvigné.
Beat.	Dorfeuille.
Gougis.	Marquise.
Rousseau.	Chevrier.
Berteron.	Astraudi.
Lepy.	Durand.
Caillau.	Foulquier.
	Camille.

Il n'y avait de *danseurs seuls* que les sociétaires désignés ci-après.

1.re année. { M. le marquis de Courtanvaux, 1.er *danseur*.
M. le comte de Langeron, en double et 2.e *danseur*.

2.ᵉ année. { M. le duc de Beuvron.
{ M. le comte de Melfort.

La 3.ᵉ année, la troupe renonça à jouer la comédie, pour composer son spectacle entier d'opéras et de ballets.

Les répétitions se faisaient chez madame de Pompadour, et commençaient pendant le voyage de Fontainebleau : on disposait à Versailles le théâtre sur lequel on faisait en arrivant les répétitions générales.

Les spectacles continuaient jusqu'au carnaval inclusivement.

La troupe n'offrit, dans ses premiers débuts lyriques, de ressources en acteurs pour le chant, que madame la duchesse de Brancas, madame de Pompadour et M. le duc d'Ayen.

Ainsi, tous les actes ne devaient réunir que ce même nombre de personnages.

Le premier acte qu'on joua sur ce petit théâtre était intitulé *Bacchus et Érigone*, de La Bruère et Blamont.

Le second, *Ismène*, de Moncrif et Rebel.

Le troisième, *Églé*, de Lagarde[1] et de moi.

Dans ce seul genre d'ouvrages on n'admettait aux répétitions que les auteurs des paroles et de la musique; en leur absence, ils étaient remplacés, savoir : celui des paroles, par le souffleur ; celui de la musique, par Rebel.

Chaque auteur de la musique avait le droit de battre

---

[1] Auteur d'un Receuil très accrédité de Duos de la charmante Cantade d'Énée et Didon, de Monsieur le Duc de Nivernois.

la mesure dans l'orchestre quand on jouait son ouvrage. Il est peu de ces auteurs qui cédassent ce droit : mais s'il survenait quelque obstacle qui les empêchât d'en user, Rebel était chargé de remplacer les absens.

Sur le théâtre, Bury était chargé de la conduite du spectacle chantant et de la surveillance des chœurs, dont voici la composition en hommes et en femmes, et *choisis tous dans les différens artistes de la musique du Roi et de la Reine.* L'ancienneté avait la préférence : pour éviter toute jalousie sur la prééminence des talens, on ne consultait que la date de leur réception.

Dessus. . . . . $\begin{cases} \text{MESDAMES} \\ \text{DE SELLES.} \\ \text{GODONESCHZ.} \\ \text{CANAVAS.} \\ \text{FRANCISQUE.} \end{cases}$

Dessus. . . . . $\begin{cases} \text{MESSIEURS} \\ \text{CAMUS.} \\ \text{GÉROME.} \\ \text{FALCO.} \\ \text{FRANCISQUE.} \end{cases}$

Hautes-contre. . . . $\begin{cases} \text{MESSIEURS.} \\ \text{LEBEGUE.} \\ \text{POIRIER.} \\ \text{BAZIRE.} \\ \text{DUGUÉ.} \end{cases}$

SPECTACLES

Tailles........ { MESSIEURS
DAIGREMONT.
RICHER.
CARDONNE.
TRAVERSIER. }

Basses...... { MESSIEURS
BENOIT.
DUCROS.
GODONESCHE.
DUPUIS.
JOGUET.
DUBOURG. }

De la totalité de ceux et celles qui complétaient ces chœurs, il n'en paraissait sur le théâtre que deux femmes et deux hommes de chaque côté; les autres chanteurs, en dehors du théâtre, en bordaient les coulisses.

Les acteurs, soit qu'ils jouassent ou ne jouassent point dans la pièce, avaient leur entrée dans la salle, et les conservèrent tant que ces petites fêtes particulières eurent lieu. J'ai dit que les femmes n'y étaient pas admises; mais les actrices qui ne jouaient pas étaient placées dans une loge située le long des coulisses, et dans laquelle madame de Pompadour s'était réservé deux places, dont l'une était toujours remplie par madame la maréchale de Mirepoix, amie du Roi.

Les comédies que je viens de citer furent les seules qu'on joua sur ce petit théâtre. En les choisissant de préférence sur nombre d'autres pièces, le but de madame de Pompadour avait été de saisir le seul moyen qu'elle avait d'obliger *Voltaire* et *Gresset*.

A la suite de la seconde représentation de l'*Enfant prodigue*, à laquelle Voltaire eut la permission d'assister, et qui lui assurait à l'avenir ses entrées à tous les spectacles qu'on y représenterait, on donna l'acte lyrique de *Bacchus et Erigone*. Madame de Pompadour jouait le rôle d'*Erigone*, pour lequel elle avait marqué quelque répugnance. Enfin, soit qu'il ne fût pas favorable à sa voix, soit que l'ouvrage lui déplût, ce fut le seul qui n'y fut joué qu'une fois. *La Bruère*, auteur des paroles, alors secrétaire de l'ambassade de M. de Nivernois, eût pu sans doute réconcilier madame de Pompadour avec ce rôle, s'il eût assisté à ses répétitions, mais il était parti pour retourner à son poste.

A cette époque, les actes d'opéras n'étaient point imprimés ; M. le duc de La Valière, comme directeur, présentait au Roi l'auteur des paroles, qui les remettait manuscrites à S. M. On dit que l'acte d'*Érigone* fut cause qu'on ne les imprima pas cette année et ceux qui devaient y être joués y furent soumis à l'examen du directeur et de ce qui composait alors la *troupe* on les imprima les autres année après avoir subi cette espèce de censure.

Le désagrément qu'avait éprouvé l'acte d'*Erigone* procura donc à Voltaire la satisfaction d'être le seul auteur dont l'ouvrage eût contribué au succès de la représentation et soutenu l'honneur de la *troupe*; aussi adressa-t-il à madame de Pompadour les vers suivans, dont elle fut enchantée, et qu'elle se hâta de faire circuler, ne présumant pas assurément qu'ils pussent jamais devenir funestes à leur auteur.

>   Ainsi donc vous réunissez
>   Tous les arts, tous les dons de plaire,
>   Pompadour! Vous embellissez
>   La cour, le Parnasse et Cythère.
> Charme de tous les yeux, trésor d'un seul mortel!
>   Que votre amour soit éternel!
>   Que tous vos jours soient marqués par des fêtes!
> Que de nouveaux succès marquent ceux de Louis!
>   Vivez tous deux sans ennemis!
>   Et gardez tous deux vos conquêtes!

Ces vers parvinrent bientôt dans les sociétés les plus brillantes de la cour et les plus animées contre Voltaire. Celle de madame la duchesse de Talard, où la Reine passait ses soirées, les sociétés de Mesdames ses filles, avaient eu presqu'en même temps copie de ces vers, contre lesquels on ne pouvait, disaient-elles, trop tôt sévir, puisque leur auteur qui venait d'obtenir ses entrées au théâtre, où cette faveur était si marquante et si difficile à se procurer, n'avait cherché qu'un titre nouveau pour se les assurer, et pour reproduire avec plus davantage ses talens sous les yeux du Roi.

Ces sociétés anti-voltairiennes s'étaient donc réunies;

les frondeurs les plus habituels d'une célébrité qui les désolait s'étaient pressés de s'y rendre; c'était à qui citerait le premier dans ses vers des idées plus captieuses et plus malignes, leur prêterait des applications plus scandaleuses, fixerait sur elles toute l'attention de l'assemblée, et se montrerait enfin le plus jaloux de publier et d'accréditer leurs critiques. Ce fut en effet par eux que l'on sut que, « le vœu formé par l'auteur pour « la constance perpétuelle des deux amans avait été « regardé généralement dans ce comité comme le « comble de la témérité et de l'audace; qu'on avait été « indigné de la comparaison des conquêtes du Roi dans « ses premières campagnes avec la conquête du cœur « de sa maîtresse; que Mesdames avaient regardé comme « attentatoire à l'honneur de leur pere cette parité de « gloire qu'on attachait à ces deux succès; que c'était « enfin un crime impardonnable ».

Elles avaient conservé du crédit sur le cœur de leur père, qui les avait habituées aux mêmes égards, à la même tendresse. Et dès le lendemain de l'assemblée que je viens de citer, quand le Roi, selon son usage journalier, vint recevoir leurs embrassemens, elles l'entourèrent, redoublèrent de caresses, et profitèrent de ces épanchemens mutuels pour l'amener à sentir la nécessité d'éloigner de lui un auteur qui venait d'ajouter aux premiers torts qu'elles lui connaissaient, en se permettant des vers scandaleux que S. M. ne pouvait laisser impunis, sans prouver que la gloire était moins intéressante pour sa personne que sa maîtresse. Le Roi était faible; l'exil de Voltaire fut signé avant que madame de Pompadour pût le savoir. Elle l'apprit avec quelque surprise; mais elle avait trop d'esprit pour ne pas sentir le danger de s'opposer à cette disgrace. Quoique sa faveur parût assurée, elle n'ignorait pas qu'elle lui avait fait beaucoup d'ennemies, et c'eût été le moyen sûr d'aigrir les plus dangereuses. Elle dissimula donc le chagrin qu'elle ressentait intérieurement de la disgrace de son protégé; elle s'accusa même d'en être cause, par la publicité qu'Elle avait donnée à des vers que leur auteur n'avait destinés qu'à être lus par elle; ce qui fit que la Reine et la famille royale, qui craignaient qu'elle n'opposât son crédit au leur, lui surent gré de n'y avoir pas mis d'obstacle, et le dirent publiquement. Le Roi avait paru trop flatté de l'empressement de sa favorite à s'entourer des talens célèbres, pour se dissimuler la peine qu'il venait de lui causer; et pour consoler l'affligée, il la nomma, quelque temps après, surintendante de la maison de la Reine, qui ne s'en plaignit pas.

Que la nouvelle surintendante ait eu l'adresse d'allier les intérêts de son amour avec les soins et les égards pour sa respectable maîtresse, qu'elle ait trouvé le secret de les lui rendre agréables en lui ménageant un peu de crédit auprès du Roi; c'est, je crois, mon cher lecteur, ce qu'il vous importe peu de savoir. Ce qui vous intéresse beaucoup plus, je le sens comme vous, c'est la position fâcheuse dans laquelle se trouve un auteur pour avoir trop exalté sa bienfaitrice, afin de lui donner les preuves les plus marquées de sa reconnaissance. Je reviens donc à Voltaire. Il avait cru de si bonne foi ne pas excéder les licences qu'autorise la poésie, que, pour laisser le temps d'examiner et mieux saisir tout le mérite de son hommage, il l'avait adressé un jour avant de venir s'assurer de la sensation qu'il avait produite. Il voulait par-là se ménager la double jouissance et d'en recevoir des remercîmens, et de profiter pour la première fois des entrées qu'il devait au succès de son *Enfant prodigue*. Il n'arriva de Paris que le même jour où le jugement qu'on avait fait de ses vers ne s'était pas encore répandu. J'étais à dîner chez M. de Tournehem, qui ne savait rien du motif qui lui amenait ce nouveau convive. « Vite, dit « notre Amphitrion, le dîner de M. de Voltaire »! On ne le fit pas attendre, et, ce qui me parut singulier, son dîner se bornait à sept à huit tasses de café à l'eau et deux petits pains. Cela ne l'empêcha pas de défrayer la société par nombre de saillies piquantes. Je me rappelle qu'on vint à parler de l'impôt qu'on venait d'établir sur les cartes, qu'il approuvait très-fort, et qui lui donna lieu de citer nombre de projets sur le luxe, tous, disait-il, plus importans l'un que l'autre, et faits pour fixer l'attention du Gouvernement; ce qui annonçait une tête ardente et féconde, à laquelle nul objet et de politique et d'administration n'était étranger. Après être sorti de table, il était entouré de convives qui ne se lassaient pas de lui faire questions sur questions; je regrettai de ne pouvoir être du nombre, mais c'était le jour de la première représentation d'*Æglé*, j'étais obligé

SPECTACLES, etc.

de rejoindre mon musicien, et de me rendre chez M. le duc de La Vallière, pour qu'il m'indiquât le moment où je remettrais au Roi le manuscrit de mon ouvrage.

ÆGLÉ,

PASTORALE HÉROÏQUE,

Représentée pour la première fois devant le Roi, sur le théâtre des petits appartemens, qu'on nommait plus familièrement petits Cabinets, le 13 janvier 1748.

AVERTISSEMENT.

Comme les seuls auteurs *lyriques* acquéraient leurs *entrées* au spectacle des petits Cabinets *dès le jour de leur première répétition générale*, j'avais déjà profité des miennes, à la précédente représentation de l'acte d'*Ismène*.

J'avais remarqué qu'après la comédie l'entr'acte était très-long, tant par le peu de ressources qu'offrait le local pour les changemens de décorations, que par la nécessité de donner, surtout aux acteurs qui jouaient dans les deux pièces, le temps de s'habiller pour la seconde.

J'avais vu le Roi, suivi de quelques courtisans, passer de la salle au théâtre, pour causer avec les principaux acteurs, et pour leur faire des complimens. Il avait commencé par en faire à *Gresset*, qui se trouvait sur son passage, et avait fini par lui dire : « Vous de- « vez être content de la manière dont votre pièce a été « jouée ».

AVERTISSEMENT.

En redescendant du théâtre pour reprendre sa place, S. M. fit signe à *Rebel*, auteur de la musique, et qui conduisait l'orchestre, de commencer.

Ce qui me frappa, et que je n'eus garde d'oublier, ce fut de ne pas voir sur la banquette destinée aux auteurs, *Moncrif*, auteur des paroles d'*Ismène*. Mais, après la représentation et son succès, le Roi fit compliment à *Rebel*, et demanda *Moncrif*. C'était ce que le duc de La Vallière, comme directeur, attendait, pour le faire descendre dans la salle, et pour lui procurer des assurances aussi flatteuses de son succès. Les acteurs étaient restés sur le théâtre, quand le Roi dit en sortant : « Voilà un charmant spectacle ! » Et l'assemblée ne cessa comme lui de répéter : « Voilà un charmant spectacle ! Voilà un « charmant spectacle. »

Je jugeai, par l'envie que je portais au bonheur de *Moncrif*, et par l'excès de sa joie, qu'il n'était pas de jouissance plus pure que celle de recevoir, de la bouche de son souverain, une marque publique de satisfaction. Je sentais au fond de mon cœur redoubler la crainte qu'elle ne m'échappât, et l'impatience d'arriver au moment qui pouvait me la procurer. Je ne pouvais l'attendre que du petit buvetage, que je ne présumais pas être un jour dans le cas de soumettre à votre examen, mon cher lecteur.

AVERTISSEMENT.

N'allez donc pas juger avec trop de sévérité ce que mon premier juge a vu peut-être avec trop d'indulgence, et me punir, sur mes vieux ans, des succès de ma jeunesse!

PERSONNAGES.

APOLLON, sous l'habit d'un berger, et sous le nom de Misis. M. le duc d'Ayen.
ÆGLÉ. Mme la marq. de Pompadour.
LA FORTUNE. Mme la duch. de Brancas.
GÉNIES, suivans de la Fortune.
BERGERS et BERGÈRES.
DIVINITÉS CHAMPÊTRES.
FAUNES et DRYADES.
FAUNE. M. le marq. de Coutanvaux.
BERGER. M. le comte de Langeron.

ÆGLÉ.

SCENE PREMIÈRE.

*Le théâtre représente d'un côté un verger, de l'autre une forêt;
le fond est occupé par le palais de la Fortune.*

ÆGLÉ, *seule.*

Ah! que ma voix me devient chère
Depuis que mon berger se plaît à la former!
Amour, rends mes accens dignes de le charmer!
   C'est peu, c'est trop peu de lui plaire;
   Ne pourrai-je point l'enflammer?

   Lorsque Misis dans ce bocage
Vint prêter à mes chants un charme plus flatteur,
   Amour, c'était le plus doux esclavage
   Que tu préparais à mon cœur.
   Ah! que ma voix me devient chère
Depuis que mon berger se plaît à la former
Amour, rends mes accens dignes de le charmer!
   C'est peu, c'est trop peu de lui plaire,
   Ne pourrai-je point l'enflammer?
   (Une symphonie annonce l'arrivée de la Fortune.)
La Fortune paraît! cher amant que j'adore,
Le plaisir de te voir s'éloigne donc encore!

                      (Elle sort.)

ÆGLÉ,

SCÈNE II.

LA FORTUNE; CHŒUR DE GÉNIES,
SUIVANS DE LA FORTUNE.

LE CHŒUR.

Fortune, écoutez nous! répondez à nos vœux!
Nos cœurs, où règne l'inconstance,
Ne peuvent plus long-temps se fixer en ces lieux.
Volons, éloignons-nous; répondez à nos vœux!
Servez mieux notre impatience!

(*Les suivans, par leurs danses, expriment leur impatience.*)

LA FORTUNE.

O vous que le Destin enchaîne sur mes pas,
Esprits impatiens, troupe aveugle et volage!
Ne murmurez pas davantage
De me voir si long-temps habiter ces climats!
Je ne suis plus cette fière Déesse,
Maîtresse de changer à mon gré l'univers;
Un berger me donne des fers;
Et le cruel encor résiste à ma tendresse!

LE CHŒUR.

D'une funeste flamme il faut vous dégager;
Le plaisir sur vos pas règne avec l'abondance
Fuyez l'ingrat qui vous offense!
C'est le punir, c'est vous venger;
Fuyez l'ingrat qui vous offense!

PASTORALE HÉROÏQUE.

LA FORTUNE.

Pour être ingrat, en sait-il moins charmer ?
  Le doux espoir de l'enflâmer
Me fait trouver mille appas dans ma peine.
Pour être ingrat, en sait-il moins charmer ?

  Malgré les rigueurs de ma chaîne,
Je fais encor mon bonheur de l'aimer :
Pour être ingrat, en sait-il moins charmer ?

(à part.)

Mais il vient... Ah ! l'amour peut-être le ramène.

(à sa suite.)

Éloignez-vous.

(La suite de la Fortune se retire.)

SCÈNE III.

LA FORTUNE, MISIS.

MISIS, à part.

La Fortune en ces lieux !
Sous cet habit rustique et peu fait pour les Dieux,
Apollon à son cœur n'offre que trop de charmes.

LA FORTUNE.

Tu crains de paraître à mes yeux !
Tu vas renouveler mes mortelles alarmes.
Ah ! si tu ne viens point répondre à mon ardeur,
  A mes regards pourquoi t'offrir encore !
Ta vue est trop funeste au repos de mon cœur;

ÆGLÉ,

Elle va redoubler le feu qui me dévore.
Ah! si tu ne viens pas répondre à mon ardeur,
   A mes regards pourquoi t'offrir encore?

MISIS.

   Pourquoi chercher à m'engager?
C'est un plaisir pour vous de devenir volage!
   L'inconstance est votre partage;
   L'amour constant est celui d'un berger;
   Pourquoi chercher à m'engager?

LA FORTUNE.

Cette légèreté dont ton amour s'offense
Est un titre nouveau qui te parle pour moi.
Je vois tous les mortels avec indifférence;
   Ils éprouvent mon inconstance.
Cœur ingrat! je ne suis constante que pour toi.
Cette légèreté dont ton amour s'offense
Est un titre nouveau qui te parle pour moi.

MISIS.

Ah! c'est trop feindre! j'aime, et ne dois plus le taire.
Lorsque vous quittez tout pour l'Objet de vos feux,
Ne me dites-vous pas ce que mon cœur doit faire?
   Ah! consultez les yeux de ma bergère!
   Ils vous le diront encor mieux.
Æglé tient tous ses biens des mains de la Nature;
   Sa richesse, c'est la beauté:
L'art ne relève point l'éclat de sa parure;
Des fleurs sont l'ornement de sa simplicité;
Et son cœur, qui jamais ne connut l'imposture,

PASTORALE HÉROÏQUE.

Que rien encor n'a pu charmer,
Est le prix que l'Amour assure
Au berger trop heureux qui pourra l'enflâmer.

LA FORTUNE.

C'est trop entendre un ingrat qui m'offense !
C'est assez ; je dois vaincre une inutile ardeur !
C'est désormais aux traits de ma vengeance
Que tu reconnaîtras les transports de mon cœur.

(*Elle sort.*)

MISIS, *à part.*

Va! je crains ton courroux bien moins que ta constance.

SCÈNE IV.

MISIS, *seul.*

Paisibles bois ! vergers délicieux !
J'abandonne pour vous le séjour du tonnerre.
J'ai laissé mon rang dans les cieux ;
Tous mes plaisirs sont sur la terre.
Æglé me croit berger... que mon cœur est flatté !
Mon rang est un secret qu'il faut que je lui cèle,
Même après ma félicité.
Comme berger, je goûterai près d'Elle
Les plaisirs de l'amour et de l'égalité ;
Et si je me souviens de ma divinité,
Ce sera pour brûler d'une ardeur éternelle.
Paisibles bois, etc.
Mais Elle porte ici ses pas...

SCÈNE V.

ÆGLÉ, MISIS.

MISIS.

Ah! je vous attendais, bergère.

ÆGLÉ.

Hélas! dans ces vergers je ne vous croyais pas.

MISIS.

J'y viens quand le jour les éclaire,
Animé par l'espoir d'entendre votre voix.

ÆGLÉ.

C'est vous qui la formez. Oui, si ma voix peut plaire,
C'est à vous seul, Misis, que je le dois.
Un jour que je chantais sous ces naissans ombrages,
Tous les oiseaux de ces bocages
Formèrent à l'envi les concerts les plus doux;
Je crus qu'ils imitaient, dans leurs tendres ramages,
Les leçons que je tiens de vous.

MISIS.

Que mon cœur est flatté d'un si charmant langage!
Quand je ne vous vois pas,
Des airs que j'ai choisis je vous offre l'hommage;
D'un tendre souvenir je goûte les appas,
Mon cœur ainsi se dédommage
Des douceurs que je perds quand je ne vous vois pas.

ÆGLÉ.

Et... quand vous me quittez, je m'occupe sans cesse

A répéter les airs dont vous avez fait choix.
Mais, quelque doux qu'ils soient, j'y trouve une tristesse
Qu'ils n'ont pas, quand tous deux nous unissons nos voix.

MISIS.

Nos bergers l'autre jour m'apprirent un air tendre,
Un air simple et touchant; il semble fait pour nous;
Il convient à nos voix : ce qui peut vous surprendre,
J'y place votre nom.

ÆGLÉ.

Mon nom?

MISIS.

Daignez m'entendre !
Je chante toujours mieux quand je chante pour vous...
Mais non ; suivez plutôt une route plus sûre !
Avant d'imiter l'art, consultez la nature !
Chantez !... ne craignez rien ! tout par vous s'embellit.

(Il lui donne la chanson.)

ÆGLÉ, *chante d'une voix timide.*

Que je vous aime !
Je vous instruis enfin de mon amour extrême.
Il est temps de parler, lorsque tout me trahit ;
Le trouble de ma voix, mes yeux...., ah ! tout vous dit
Que je vous aime !
Æglé que je vous aime !

MISIS, *lui donnant leçon.*

Que je vous aime !
Æglé que je vous aime !

AEGLÉ.
Vous n'êtes pas content ? Vous blâmez, je le vois,
Mes sons mal assurés?... le trouble de ma voix?...

MISIS.
Ils m'enchantent.

ÆGLÉ.
Misis, parlez-moi sans mystère!

MISIS.
Cette timidité me paraît nécessaire :
On doit être timide en avouant ses feux.

ÆGLÉ.
Ah! vous me rassurez.

MISIS.
Je me plains de vos yeux.
Les miens expriment mieux, Æglé, que je vous aime!

ÆGLÉ.
Je les regarderai pour m'exprimer de même.

MISIS, *continuant la leçon.*
Que je vous aime!
Æglé que je vous aime!

ÆGLÉ prononce le nom de son amant au lieu de celui de la chanson.

Que je vous aime!
Misis....

MISIS.
Dieux!

ÆGLÉ.
Ciel! qu'ai-je fait?

MISIS, *à ses genoux.*

Mon bonheur.

ÆGLÉ

Ah! je vous regardais, vous paraissiez sincère:
Comment ne pas trahir le secret de mon cœur?

MISIS.

Que ma félicité m'est chère!

ENSEMBLE.

Vous m'aimez! Quel aveu charmant!
  Que je vous aime!
  L'Amour lui-même
Ne peut aimer plus tendrement.
ÆGLÉ. Misis,⎫
MISIS. Æglé,⎬ que je vous aime!

MISIS.

Pour former votre voix l'art est-il nécessaire?
 C'est votre cœur que je voulais former.

ÆGLÉ.

Eh! je n'apprenais l'art de plaire
Que pour apprendre à vous charmer.
Vous m'aimez, etc.

(*On entend une symphonie qui sort du palais de la Fortune.*)

Dieux! quels sons pleins d'attraits!...

ÆGLÉ,

SCÈNE VI.

Le temple de la Fortune s'ouvre ; cette Déesse y paraît au milieu de sa suite, qui offre aux yeux des bergers les trésors les plus éclatans.

LA FORTUNE, ÆGLÉ, MISIS,

CHŒUR DE BERGÈRES ET DE SUIVANS DE LA FORTUNE.

CHŒUR DE BERGÈRES.

Courons, volons dans ces forêts !
Que d'aimables concerts ! quel éclat nous enchante !

CHŒUR DE SUIVANS DE LA FORTUNE.

Triomphez, Fortune brillante !
Des plaisirs la troupe riante
Embellit le séjour où vous portez vos pas,
Et vole loin des lieux où vous ne régnez pas.

(Danse des suivans de la Fortune.)

LA FORTUNE, *aux bergères.*

Je dispose à mon gré des trésors de la terre :
Si mes biens vous sont chers, je les offre à vos cœurs ;
Abandonnez pour moi tout ce qui peut vous plaire !
Bergères, à ce prix on obtient mes faveurs.

(On danse.)

CHŒUR DE BERGÈRES.

Soumettons-nous à sa puissance!
Que de biens elle dispense!
Qu'elle règne à jamais
Sur nos cœurs satisfaits!

(*Elles se rendent au palais de la Fortune. Æglé seule reste.*)

LA FORTUNE, *à part.*

Æglé ne les suit point!

MISIS.

Dieux! que vois-je?

LA FORTUNE, *à Æglé.*

Bergère?
L'éclat de mes bienfaits n'éblouit point vos yeux!

ÆGLÉ.

Il en est de plus chers.

LA FORTUNE, *à part.*

De plus chers? Justes Dieux!

ÆGLÉ.

J'ai le cœur d'un berger sincère;
Nos troupeaux sont nos biens; nous vivons sans désirs;
Bien aimer, voilà mes plaisirs :
Misis, ma gloire est de vous plaire.

LA FORTUNE.

Triomphe, ingrat, vois mon dépit affreux!
Oui, je voulais ravir ta bergère à tes feux.....
Il est un cœur constant, et l'Amour te le donne!

(A sa suite.)
Portons loin de ces lieux ma honte et ma douleur !
(aux bergères.)
Vous ? ne me suivez pas ! témoins de mon malheur,
Bergères ? je vous abandonne ;
Vous pourriez de mes maux me retracer l'horreur.

(Elle sort, et son temple disparaît.)

SCÈNE VII.

MISIS ÆGLÉ, DIVINITÉS CHAMPÊTRES

MISIS.

Dans ces hameaux vivez tranquilles !
Ils offrent à vos cœurs des biens plus précieux.
Et vous, qu'elle exilait de ces charmans asiles,
Dieux des bois, revenez ; célébrez par vos jeux
L'Amour qui pour jamais s'éloigne de ces lieux.

Danse de Divinités champêtres.

ÆGLÉ.

Du Dieu qui règne sur nos âmes
La gloire est de nous rendre heureux :
Jeunes cœurs qui craignez ses flâmes,
Voyez nos plaisirs dans nos yeux !

ÆGLÉ ET MISIS.

Que notre chaîne sera belle !
Vous m'aimez, je vous suis fidèle.

PASTORALE HÉROÏQUE.

MISIS.

L'Amour comble tous nos désirs ;
Il va nous rendre heureux sans cesse.

ÆGLÉ.

Que nous importe la richesse ?
Les vrais biens sont les plaisirs.

ENSEMBLE.

Du Dieu qui règne sur nos âmes
La gloire est de nous rendre heureux ;
Jeunes cœurs qui craignez ses flâmes,
Voyez nos plaisirs dans nos yeux !

On danse.

MORCEAU D'ENSEMBLE.

ÆGLÉ, MISIS.

Aimons ! aimons ! est-il un sort plus doux !

LE CHŒUR.

Amour ! tu rends les Dieux jaloux
Des biens que tu répands sur nous.

MISIS ET ÆGLÉ.

Fierté, Raison, qu'attendez-vous ?
Nos cœurs heureux vous disent tous
Aimez !

LE CHŒUR.

Aimons ! qu'attendez-vous ?

MISIS ET ÆGLÉ.

L'indifférence est un sommeil
Dont l'Amour presse le réveil :
Au vrai plaisir, au vrai bonheur,
Préférez-vous tiédeur, froideur?

LE CHŒUR.

Tiédeur!....
Froideur!....
Amour, tes feux
Nous rapprochent des Dieux.

MISIS ET ÆGLÉ.

Notre encens brûle à tes autels
Avec l'encens des immortels.
Ont-ils des plaisirs plus réels
Que ceux de nos feux mutuels?

LE CHŒUR.

Non, non.

MISIS ET ÆGLÉ.

Non, non.
Dieu des plaisirs, dieu des amours,
Sur nos deux cœurs régnez toujours!

LE CHŒUR.

Toujours.

MISIS ET ÆGLÉ.

Toujours.

LE CHŒUR.

Amour, tes feux

PASTORALE HEROÏQUE,

Nous rapprochent des Dieux :
Notre encens brûle à tes autels
Avec l'encens des immortels.

Ont-ils des plaisirs plus réels
Que ceux de nos feux mutuels ?
Non.

LE CHŒUR.

Non ?

MISIS ET ÆGLÉ.

Non.

LE CHŒUR.

Non ?

MISIS ET ÆGLÉ.

Non.

LE CHŒUR.

Non, non.

TOUS.

Dieu des plaisirs, Dieu des amours,
Sur tous nos cœurs régnez toujours !

CHŒUR D'HOMMES.

Toujours ?

CHŒUR DE FEMMES.

Toujours.

ÆGLÉ.

LE CHŒUR.

Au son de nos chalumeaux
Rions, chantons sous ces ormeaux !
Vole, Amour, vole en ces lieux ;
Règne en nos jeux !

FIN D'ÆGLÉ.

NOTE

SUR

LA REPRÉSENTATION D'ÆGLÉ.

A présent que vous avez jugé par vous-même en dernier ressort et sans appel mon second ouvrage lyrique, je puis, mon cher Lecteur, vous dire, sans être taxé de séduction, que sa représentation a procuré à mon musicien, comme à moi, les mêmes faveurs dont s'étaient mutuellement honorés les auteurs de l'acte d'Ismène.

Vous saurez de plus que, dans son assemblée générale, *la Troupe* avait décidé qu'elle choisirait pour sa *capitation*[1], la *comédie* et l'*acte d'opéra* qui auraient réussi le plus complètement.

Gresset réunit tous les suffrages en faveur de *la comédie* ; mais sur l'*opéra* ? le choix fut long-temps indécis entre l'*acte d'Ismène* et *celui d'Æglé*. Nous avions *Lagarde* et *moi* des rivaux redoutables ; on faisait valoir fortement pour nos anciens, nombre de succès antérieurs au dernier. Croirait-on que ce titre incon-

---

[1] La capitation était une représentation bénéficiaire au profit des artistes de l'opéra, des statuts desquels on voit que la troupe des petits cabinets avait cherché à se rapprocher.

testable fut précisément celui qui fit pencher la balance de notre côté, et, contre toute apparence, leur enleva la palme? « Un honneur de plus, dit-on alors, n'est pas « nécessaire à leur gloire; il est peu pour eux, il est « tout pour de jeunes auteurs à qui l'habitude des suc- « cès n'est pas aussi familière, et que l'on doit encou- « rager ». Ainsi donc la cause de la jeunesse l'emporta sur celle de l'expérience. Il fut définitivement arrêté que la *Troupe* donnerait pour sa *capitation* la comédie *du Méchant* et l'acte d'*Æglé*. Ce furent en effet les seules pièces qu'elle donna *trois fois*, cette première année, et qui firent la clôture de son spectacle [1].

[1] La seconde commençait aux derniers mois de 1748. Cette seconde année augmenta les ressources pour l'Opéra. Mesdames Trusson et de Marchais complétèrent le nombre des actrices dans ce genre; M. le vicomte de Rohan et M. le marquis de la Salle y débutèrent dans le chant, et la danse s'y recruta de deux nouveaux sociétaires, MM. le duc de Beuvron et le comte de Melfort. On abandonna la petite salle, construite dans l'intérieur des petits Appartemens, pour en établir une infiniment plus grande, et dont le théâtre offrait plus de facilités aux changemens de décorations qu'exigeaient les grands ouvrages lyriques. Les sociétaires, également flattés d'avoir infiniment plus de spectateurs de leurs talens, renouvelèrent d'émulation. Le goût pour la comédie se ranima; madame de Pompadour, à qui les rôles de mademoiselle Dangeville avaient été très-favorables dans l'*Enfant prodigue* et dans *le Méchant*, fit exécuter tour à tour sur ce théâtre *le Tartuffe*, les *Dehors trompeurs*, la *Mère co-*

SUR LA REPRÉSENTATION D'ÆGLÉ

Nous pouvons, mon musicien et moi, regarder cette époque comme celle d'un bonheur auquel nous étions loin d'aspirer. On créa pour *Lagarde* la place de maître d'orchestre de l'Académie royale de Musique, fonction quette et le *Philosophe marié*, à la suite desquels on donnait presque toujours un acte d'opéra ou un ballet en pantomime. L'ardeur était telle dans les sociétaires, que les auteurs d'opéra que je viens de citer auraient eu peine à y suffire, si l'on n'eût pris le parti de jouer d'anciens opéras. On y représenta donc *Acis et Galatée*, de Campistron et Lulli; le *Prologue de Phaéton*, de Quinault et Lulli; *Tancrède*, en cinq actes, de Danchet et Campra; *Ragonde*, en trois actes, de Destouches et Mouret; l'acte de *Philémon et Baucis*, de Roi et Mouret; et la *Fête de Thétis*, acte nouveau des mêmes; les *Surprises de l'Amour*, en 3 actes et un prologue, de Bernard, musique de Rameau; le *Prince de Noisy*, en trois actes, des mêmes; *Zélie*, de Curris et Fernand; *Issé*, de Lamothe et Destouches; l'acte de *Cléopâtre*, de Fuselier et Blamont; l'acte de *Léandre et Héro*, et le Divertissement de la *Toilette de Vénus*, réunis à mon acte d'*Æglé*; l'opéra de *Sylvie* en quatre actes, de Lagarde et de moi; *Almazis*, de Malezieu et Mouret; plusieurs ballets-pantomimes de Debesse, dont un intitulé *Mignonette*, canevas français, par l'abbé de Lagarde. Voilà l'énumération exacte des ouvrages donnés de 1747 à 1750, qui complétèrent trente-trois représentations. Quel directeur oserait proposer pareille tâche à des acteurs de profession? Voilà pourtant ce qu'a seul effectué le desir d'obtenir un mot, un regard favorable. Aussi n'a t'on jamais peut-être mieux désigné le caractère national que dans ce vers de Destouches.

Tenez! j'aimerais mieux deux mots que deux pistoles.

NOTE, etc.

qu'on détacha de celles de ses directeurs[1]; et mon sérénissime prince réalisa pour moi ce que je vous ai fait pressentir dans ma préface. Le jour même de l'acte d'*Æglé* m'avait attiré des complimens de la bouche du roi; M. le comte de Clermont, dont je n'étais que le premier secrétaire, me nomma secrétaire de ses commandemens[2] en 1750, dernière année des spectacles des petits Appartemens, il joignit à cette place celle de secrétaire-général du gouvernement de Champagne et de Brie, que le Roi venait de lui accorder.

[1] Rebel et Francœur.

[2] Place qu'avaient occupée avant moi Moncrif, Cahusac, Pellétier, Duhamel, et dans laquelle j'eus alors pour confrère Drongold.

LÉANDRE ET HÉRO.

PERSONNAGES.

HÉRO, prêtresse de Vénus. Mme de POMPADOUR.
LÉANDRE, amant d'Héro. M. le vicomte de ROHAN.
NEPTUNE. M. le marquis de la SALLE.
PRÊTRESSES DE VÉNUS.
HABITANS de l'île de Sestos.
MATELOTS.
DIVINITÉS de la Mer.

PERSONNAGES DANSANS.

M. le marquis de COURTANVAUX
M. le comte de LANGERON.
M. le comte de MELFORT.
HABITANS de l'île de Sestos.
DIVINITÉS de la Mer.

LÉANDRE ET HÉRO.

Le théâtre représente d'un côté l'île de Sestos, de l'autre le temple de Vénus; on voit la mer dans l'enfoncement. — La scène se passe la nuit.

SCÈNE PREMIÈRE

LÉANDRE, HÉRO.

LÉANDRE.

Le flambleau de l'Amour dans cette nuit obscure
  Éclaire et guide notre cœur;
Tout dort, et pour nous seuls, dans toute la nature,
  L'Amour fait veiller le bonheur.
  Aimable Héro, j'ai su vous plaire !
Est-il pour un mortel un bien plus précieux ?

HÉRO.

  Dans la nature entière
  En est-il un qui le mérite mieux ?
O toi de nos secrets seule dépositaire,
  Nuit dont le voile officieux,
Pour servir à la fois les mortels et les Dieux,
  Egale celui du mystère !...

LÉANDRE.

Tu sais de nos parens les complots odieux.

HÉRO.

Tu sais que, divisés par des haines cruelles.....

ENSEMBLE.

Leurs cœurs ne sont d'accord que pour briser nos nœuds?
Tu nous fais oublier nos craintes mutuelles
  Par des momens délicieux!

HÉRO.

Léandre!...

LÉANDRE.

 Héro!...

ENSEMBLE.

   Tous deux sont dignes de te plaire;
En prolongeant pour eux ta course tutélaire,
  Diffère leurs tristes adieux!

LÉANDRE.

Songe que si Vénus la choisit pour prêtresse,
  Cette faveur enchanteresse
Fut réservée au cœur qui sut aimer le mieux!...

HÉRO à *Léandre*.

Vos feux seuls me rendaient digne de la Déesse;
Je devins par son choix digne de vous charmer.

LÉANDRE.

 Un cœur si tendre et si fidèle
 Doit aux amans les plus parfaits

Servir en tout temps de modèle.
L'Amour vous réservait pour chanter ses bienfaits,
   Quand il unit à tant d'attraits
  Un cœur si tendre et si fidèle.

HÉRO.

Quel amant comme vous, pour me prouver sa foi,
Braverait chaque jour et les vents et l'orage?

LÉANDRE.

  Tout mortel aimé comme moi.
Quand pour voler vers vous je quitte le rivage,
Un moment me suffit; plus léger que les vents,
Je traverse les flots.... la mer m'ouvre un passage....
   Il est une force, un courage
   Que l'Amour seul donne aux amans.
   Que le trajet est difficile,
Quand il faut m'arracher des lieux où je vous voi !
Eh ! de tous les écueils, le plus cruel pour moi,
C'est le port où je vais retrouver mon asile.

ENSEMBLE.

Pourquoi vous opposer sans cesse à nos amours,
   Trop cruels auteurs de nos jours?
  Ne jouissez-vous pas d'une gloire plus pure
   Quand notre bonheur vous assure
   Des droits que vous avez sur nous,
Et quand par votre accord l'Amour et la Nature
   Sur nos cœurs vous les donnent tous ?

    (On voit l'aurore qui commence à paraître.)

LÉANDRE ET HÉRO.

LÉANDRE.

Mais, ô ciel! quel supplice extrême!
L'impatiente Aurore annonce nos malheurs.

HÉRO.

Elle nous apprend par ses pleurs
Ce qu'il doit en coûter à quitter ce qu'on aime.

ENSEMBLE.

Il faut nous séparer; quel moment pour nos cœurs!

HÉRO.

Adieu, tourne vers moi tes yeux baignés de larmes!
J'aime à les voir couler.... dans ces momens d'effroi,
Mon cœur, tendre et cruel, sent je ne sais quels charmes
   A te voir aussi triste que moi.

LÉANDRE.

Accompagne mes pas pour calmer mes alarmes!

HÉRO.

Hélas! je te verrai partir.

LÉANDRE.

Tes yeux vont me guider.

(Il se jette à la mer.)

HÉRO.

Ne les prends pas pour guides!
Ils te rameneraient aux lieux que tu dois fuir.
  Léandre?.... ô Ciel! les flots rapides
    Te dérobent à mes vœux.

SCÈNE II.

HÉRO, *seul.*

Te verrai-je sans cesse abandonner la rive?
Ne pourrai-je jamais te suivre que des yeux?
Tout mon bonheur, ainsi qu'une ombre fugitive,
S'attache à son objet et le suit en tous lieux.
  (On entend les concerts des oiseaux à leur réveil.)
Quel est le sort de deux oiseaux heureux,
  Qu'un même amour engage l'un à l'autre!
Un même ormeau sert d'asile à tous deux:
Ah! que leur sort est différent du nôtre!
  Si l'absence a coûté des soupirs
    A l'un de ces amans fidèles,
  En un instant le secours de ses ailes
    Le rejoint à ses plaisirs.

CHOEUR DE PRÊTRESSES DE VÉNUS.

  Vous que l'Amour tient dans ses chaînes?
Venez tous l'implorer aux premiers feux du jour!

HÉRO, *avec douleur.*

On va forcer mon cœur occupé de ses peines
A chanter les plaisirs que fait goûter l'Amour!...

SCÈNE III.

LES PRÉCÉDENS, **LES HABITANS** DE L'ISLE DE SESTOS, *qui arrivent en dansant.*

LE CHOEUR.

Les oiseaux
Ont éveillé les échos ;
Sortons de nos bocages !
Comme eux,
Sous nos ombrages
A l'Amour offrons nos vœux !
Tous nos cœurs
Enivrés de ses faveurs,
En ces lieux, comme à Cythère,
Chaque jour,
Chantent Vénus et l'Amour.
Si notre encens,
Si nos accens
Sont dignes de te plaire,
Tendre Amour !
Les Dieux
Dans leur séjour
Sont moins heureux.

(*On danse.*)

HÉRO.

Quand dans ce charmant séjour
L'Aurore nous éclaire,

LÉANDRE ET HÉRO.

Nos cœurs, pour plaire à l'Amour,
  Viennent chanter sa mère.
Dans nos feux que de rigueur
  Souvent il fait paraître !
Il est le dieu du bonheur,
  Doit-il se faire méconnaître !

(*On danse.*)

(*La fête est interrompue par une tempête.*)

SCÈNE IV.

LES PRÉCÉDENS, CHOEUR DE MATELOTS.

CHOEUR DE MATELOTS *sur la mer.*

Nous périssons....

CHOEUR D'HABITANS *de l'île de Sestos.*

Ciel ! ô Ciel ! quel orage !

(*Ils sortent.*)

CHOEUR DE MATELOTS.

La foudre éclate dans les airs !
Tous les vents déchaînent leur rage !
Ils ouvrent sur notre passage
Les vastes abîmes des mers !

SCÈNE V.

HÉRO, LÉANDRE.

LÉANDRE, *qu'on ne voit point.*

Je vais périr.

HÉRO.

Qu'entends-je! c'est Léandre!...
O Vénus! ô mère de l'Amour!
Souffriras-tu que l'onde où tu reçus le jour
Soit le tombeau de l'amant le plus tendre?

LÉANDRE *sur un rocher où l'a jeté la tempête.*

Ma chère Héro!...

HÉRO.

Le Ciel te rend-il à mes feux?

LÉANDRE.

Préparons-nous plutôt à nos derniers adieux!

HÉRO.

La mort d'un même coup va frapper deux victimes.

LÉANDRE.

Entends gronder les vents! vois ces flots furieux
Tout prêts à m'engloutir dans leurs vastes abîmes!

HÉRO.

Ah! je frémis....

LÉANDRE.

Héro! je péris à tes yeux.

(*Les flots l'engloutissent.*)

SCÈNE VI.

HÉRO, seule.

Il périt... Ah ! guidé par l'ardeur la plus pure,
Mon cœur est entraîné vers l'objet de ses feux ;
　　La Mort favorable à mes vœux,
　Malgré l'Amour, les Dieux et la Nature,
Dans le même tombeau va nous unir tous deux.
　　　　　(*Elle se précipite dans la mer.*)

SCÈNE VII.

NEPTUNE, *sur les flots.*

Que les vents déchaînés rentrent dans l'esclavage !
Et vous ? tendres amans, dont j'ai sauvé les jours ?
Venez vous réunir au gré de vos amours !
Que mes flots jusqu'à moi vous ouvrent un passage !

(*Le théâtre change, et représente le palais de Neptune, où Léandre paraît conduit par des Tritons, et Héro, conduite par des Néréides, tandis que les Divinités de la mer chantent, pour les recevoir, le chœur qui suit.*)

SCÈNE VIII.

HÉRO, LÉANDRE, NEPTUNE; CHŒUR DE DIVINITÉS DE LA MER.

CHŒUR DE DIVINITÉS DE LA MER.

Triomphez, amans heureux!
Recevez de vos feux la juste récompense!
Pour couronner votre constance,
L'Amour vous appelle en ces lieux.

LÉANDRE ET HÉRO.

Je revois enfin ce que j'aime;
J'en crois à peine et mon cœur et mes yeux.

(à Neptune.)

Dieu puissant! vos soins généreux
Nous mènent au bonheur, mieux que l'Amour lui-même.

NEPTUNE.

Que ces mortels, admis au rang des Dieux,
Cessent d'être soumis à la Parque cruelle!
Ainsi que sur la terre, ils doivent en ces lieux
Du plus fidèle amour nous offrir le modèle.
Formez une chaîne éternelle,
Tendres amans! une épreuve cruelle
N'a point affaibli vos amours.
Quand on sent tout le prix d'une ardeur mutuelle,
Qu'il est doux de songer qu'on doit s'aimer toujours!

LÉANDRE ET HÉRO.

NEPTUNE.

{ Formez une chaîne éternelle !

LÉANDRE ET HÉRO.

Formons une chaîne éternelle !

LÉANDRE, *à Neptune.*

Si désormais, admis au rang des immortels,
De notre premier sort nous gardons la mémoire,
 C'est pour vous devoir des autels.
 Plus les Dieux élèvent les mortels,
Plus ils font éclater leur puissance et leur gloire.

HÉRO.

ARIETTE.

Triomphe Amour ! nos cœurs sont unis pour jamais,
 Règne sur tout ce qui respire !
 Tu n'as d'objet dans ton empire
 Que le bonheur de tes sujets.

LÉANDRE.

Pour oublier les plus cruelles peines,
S'il ne faut aux amans qu'un seul moment heureux,
Que nous allons goûter de plaisirs dans nos chaînes !
 Nous sommes immortels tous deux.

ENSEMBLE.

Triomphe, Amour, etc.

FIN DE LÉANDRE ET HÉRO.

LATONE :

Rendez une chaîne chérie !

CHŒUR :

Formons un chaîne éternelle !

LATONE ET APOLLON :

Et désormais, admis au rang des immortels,
Le nôtre premier sera nous gardera la mémoire ;
C'est pour vous devoir des autel.
Puis les Dieux dirent les mortels
Plus de tant valeur leur puissance d'leur gloire.

DIANE.

APOLLON.

Triomphe Amour ! nos cœurs sont unis pour jamais.
Règne sur tout ce qui respire !
Tu n'as d'égal dans ton empire
Que le bonheur de tes sujets.

LATONE.

Pour oublier les plus cruelles peines
Il ne faut qu'aimer qu'un seul donné un bienfait.
Que nos chants gôter de plaisirs dans nos Chaînes
Nous sommes immortels tous deux !

ENSEMBLE.

Triomphe, Amour, etc.

SILVIE,

OPÉRA

EN TROIS ACTES ET UN PROLOGUE.

Représenté devant leurs Majestés sur le théâtre de Fontainebleau en 1765, et sur celui de l'Académie royale de Musique en 1766.

Cet Opéra, avant d'être représenté sur les théâtres de Fontainebleau et de Paris, l'avait été, en 1749 et 1750, sur celui des petits Appartemens à Versailles, avec la musique de *Lagarde* [1]; et voici quelle fut à cette première époque la distribution des rôles.

ACTEURS DU PROLOGUE.

VULCAIN.	M. le chev. de Clermont.
DIANE.	Mme de Tresson.
L'AMOUR.	Mme de Marchais.

DANSE.

CYCLOPE.	M. le marq. de Courtanvaux.
CYCLOPES, RIS ET JEUX.	

ACTEURS DE L'OPÉRA.

SILVIE, nymphe de Diane.	Mme la marq. de Pompadour.
HILAS, faune.	M. le marq. de Lasalle.
AMINTAS.	M. le duc d'Ayen.
UN CHASSEUR.	M. le vicomte de Rohan.
L'AMOUR.	Mme de Marchais.

Pour le chant et la danse, les mêmes sujets employés à ces spectacles particuliers.

[1] Voyez la note mise à la fin de cet ouvrage.

ACTEURS DES CHŒURS.

MESDEMOISELLES

Canavas.
Bertin.
Favier.
Dubois, c.
Camus.
De Chevremont.
Aubert.

Bouillon.
Desjardins.
Daigremont.
Mézières.
Lemonier.
Dumas.

MESSIEURS

Ducroc.
Joguet.
L'Évêque.
Cochois.
Bosquillon.
Guérin.
Abraham.
Roisain.
Cachelièvre.
Caze.
Lécuyer.
Daigremont.

Charles.
Joly.
Méon.
Bolson.
Le Bègue.
Bazire.
Camus, l'aîné.
Besche 3°.
Féret.
Favier.
Puceneau.

PERSONNAGES DU PROLOGUE.

VULCAIN.	M. L'Arrivée.
DIANE.	M.lle Avenaux.
L'AMOUR.	M.me L'Arrivée.
SUITE DE DIANE.	
SUITE DE L'AMOUR.	
CHOEUR DE CYCLOPES.	
CHOEUR DE RIS ET DE JEUX.	
LES PLAISIRS.	
LES GRACES.	

PERSONNAGES DANSANS.

CYCLOPES.

M. DAUBERVAL.

MM. Leger, Lelièvre, Rogier, Rivier, Trupty, Lani cadet, Dubois, Allard, Cezeron, Dossion, Grenier, Giguet.

LES GRACES.

M.lles Guimard, Petitot, Godeau.

PLAISIRS.

MM. Beaulieu, Francisque, Simonet.
M.lles Adélaïde, Odinet, Le Roy.

SILVIE.

PROLOGUE.

Le théâtre représente l'antre de Vulcain.

SCÈNE I.

VULCAIN, CHŒUR DE CYCLOPES.

LE CHŒUR.

Sous l'effort de nos coups que l'enclume gémisse !
Que des ruisseaux d'airain coulent de nos fourneaux !
Faisons voler la flame, et que tout retentisse
    Du bruit terrible des marteaux !
Sous l'effort de nos coups que l'enclume gémisse !

VULCAIN.

Mais ces concerts mélodieux
M'annoncent le Dieu de Cythère.

SCÈNE II.

VULCAIN, LE CHŒUR, L'AMOUR.

L'AMOUR, *qui descend des cieux avec sa suite.*

Vulcain ? je descends des Cieux,
Où je viens d'enflammer le Maître du tonnerre :
Il brûle pour Hébé des plus aimables feux.
Leur bonheur est parfait, je l'ai lu dans leurs yeux ;

Il est temps de songer au bonheur de la Terre.
C'est le dessein qui m'amène en ces lieux.
Vulcain, tu vois l'Amour sans armes?
Et c'est le fruit de mes exploits;
A blesser ces deux cœurs j'ai trouvé tant de charmes,
Qu'il ne me reste plus un trait dans mon carquois.
Diane veut ravir une Nymphe à mes lois.
(aux Cyclopes.)
Hâtez-vous, vengez mon injure!
Vulcain! je veux un trait dont l'atteinte soit sûre.

VULCAIN, *aux Cyclopes.*

Cyclopes, suspendez vos travaux en ce jour!
L'Amour se sert de nous pour venger son injure;
Que l'Olympe en vain en murmure!
Cessez tout! quittez tout! travaillez pour l'Amour!

CHŒUR *des Cyclopes.*

Que l'Olympe en vain en murmure!
Cessons tout! quittons tout! travaillons pour l'Amour!

VULCAIN.

Pour punir les mortels qui bravent sa puissance,
Jupiter s'arme de nos traits;
Pour le bien des mortels ceux de l'Amour sont faits :
On est toujours trop prompt à servir la vengeance;
L'est-on jamais assez pour hâter les bienfaits?
(avec le chœur.)
Que l'Olympe en vain en murmure!
Cessez tout! quittez tout! travaillez pour l'Amour!
(On danse.)

PROLOGUE.

Les Cyclopes débarrassent les enclumes des différens ouvrages qu'ils fabriquaient pour les Dieux, et s'occupent à forger des traits pour l'Amour.

L'AMOUR, *aux Cyclopes.*

Cyclopes, à mes lois j'aime à vous voir fidèles :
Mais pour rendre à mes traits le pouvoir d'enflammer,
    C'est aux Ris, aux Jeux d'animer,
    Par le mouvement de leurs ailes,
    Le feu qui sert à les former.

(On danse.)

Les Ris et les Jeux tournent autour des fourneaux, font naître les feux qui servent à forger les traits de l'Amour, et aident les Cyclopes dans leurs travaux.

L'AMOUR, *aux Plaisirs et aux Jeux.*

Plaisirs, en vain la Raison gronde,
  Le cœur vole au-devant de mes traits ;
  Seuls vous dispensez mes bienfaits,
Mon bonheur est le bonheur du monde.
  Sous mes lois fixez la beauté,
  Par des faveurs toujours nouvelles !
  Rassurez la timidité
  Qui nuit souvent aux cœurs fidèles !
  Servez-vous toujours de vos ailes
  Pour fuir l'audace et la fierté !

Plaisirs, en vain, etc.

Pendant cette ariette, Vulcain va visiter les travaux des Cyclopes, et donne la dernière main à leurs ouvrages.

SCÈNE III.

LES PRÉCÉDENS, DIANE; SUITE DE DIANE.

DIANE, *à part.*

Dieux! rien n'est égal à ma peine!
Quoi! l'Amour en ces lieux?...

VULCAIN.

Quel dessein vous amène?

DIANE.

De tes soins industrieux
J'espérais en ce jour obtenir une Egide,
(*montrant l'Amour.*)
Qui pût défendre un cœur des traits de ce perfide.
Osera-t-il toujours avec témérité
Porter dans tous les cœurs le trouble et le ravage?
C'est trop céder au Dieu qui nous outrage!
Défendons notre liberté!

VULCAIN.

J'arme Bellone et le Dieu de la guerre :
C'est dans cet antre ténébreux
Que je prépare, au Souverain des Dieux,
La foudre dont il sait épouvanter la Terre.
(*montrant l'Amour.*)
Cet Enfant, dont les Dieux révèrent le pouvoir,
De ma main tient les traits qui servent sa vengeance;
Mais en défendre un cœur n'est pas en ma puissance.

PROLOGUE.

L'AMOUR, *en souriant.*

Tout l'Olympe doit le savoir.

Un Cyclope dispute, à une suivante de l'Amour, l'honneur de lui présenter ses traits; il s'y blesse lui-même, et la presse de reprendre le trait qui l'a blessé et d'exécuter l'ordre de l'Amour.

(*On danse.*)

DIANE.

Que vois-je? à quels exploits destines-tu ces traits?

L'AMOUR.

A triompher des cœurs que tu soumets.

TRIO.

L'AMOUR.

Je vais remporter la victoire....
(*à Diane.*)
Non, tu vas redoubler ma gloire :
Les cœurs que je poursuis ne m'échappent jamais.

DIANE.

Non, tu vas redoubler ma gloire.
Je vais disputer la victoire :
Les cœurs que j'ai soumis ne m'échappent jamais.

VULCAIN ET LE CHŒUR, *à Diane.*

Non, tu vas redoubler sa gloire.
(*à l'Amour.*)
Tu vas remporter la victoire :
Les cœurs que tu poursuis ne t'échappent jamais.

SILVIE

VULCAIN, *à Diane.*

Déesse, il faut aimer, quand l'Amour veut qu'on aime.

DIANE, *à Vulcain.*

Sans le secours de ton pouvoir
Je saurai me servir moi-même.

L'AMOUR, *en souriant.*

Je pourrais tromper votre espoir.

FIN DU PROLOGUE.

PERSONNAGES CHANTANS
DE L'OPÉRA.

SILVIE, nymphe de Diane.	M.lle Arnould.
AMINTAS, jeune chasseur.	M. Le Gros.
HILAS, faune.	M. L'Arrivée.
DIANE.	M.lle Avenaux.
I.re NYMPHE de Diane.	M.lle Dubois 1.
II.e NYMPHE.	M.lle Dubrieul.
L'AMOUR.	Mme L'Arrivée
UN CHASSEUR.	M. Durand.

CHOEURS { DE NYMPHES de Diane.
DE FAUNES.
DE CHASSEURS.

Dryades.
Nayades.
Chasseurs.
Faunes.
Graces, Plaisirs.
Divinités du ciel.
Divinités de la mer.
Divinités de la terre.
Divinités des enfers.
Bergers et Bergères.

PERSONNAGES DANSANS.

ACTE PREMIER.

NYMPHES.

M.lle Vestris.

M.lles Allard, Peslin.

Nymphes *portant javelots.*

M.lles Petitot, Saint-Martin, Godeau, Rey.

Nymphes *portant cors et javelots.*

M.lles Grandi, Lacroix, Basse, Lafont.

Nymphes *portant carquois et arcs.*

M.lles Adélaïde, Le Clerc, Le Roi, Pichart, Odinot, Dervieux.

PERSONNAGES DANSANS.

ACTE SECOND.

CHASSEURS.

M. Gardel.

M. Dauberval.

MM. Rogier, Lelièvre, Rivier, Trupty, Grenier, Dubois.

NAYADES.

Mlle Guimard.

Mlles Villette, Lahaye, Buart.

DRYADES.

Mlle Geslin.

Mlles Dumirey, Clairval, Pages.

PERSONNAGES DANSANS.

ACTE TROISIÈME.

VÉNUS.	M.lle PESLIN.
ADONIS.	M. VESTRIS.
APOLLON.	M. GARDEL.
ISSÉ.	M.lle GUIMARD.
BACCHUS.	M. DAUBERVAL.
ARIANE.	M.lle ALLARD.
ZÉPHIRE.	M. LEGER.
FLORE.	M.lle PETITOT.
NEPTUNE.	M. ROGIER.
AMIMONE.	M.lle REY.

PLAISIRS.

MM. Beaulieux, Francisque, Simonet,
M.lles Odinot, Dervieux, Pichart.

GRACES.

M.lles Adélaïde, Le Clerc, Le Roy.

BERGERS.

MM. Beat, Cezeron, Dossion, Giguet.

BERGÈRES.

M.lles Lafont, Grandi, Buart, Saint-Martin.

SILVIE,
BALLET HÉROÏQUE.

ACTE PREMIER.

Le théâtre représente une forêt et des bocages consacrés à Diane : on voit dans le lointain le temple de cette Déesse. — La scène se passe au point du jour.

SCÈNE I.
AMINTAS, SILVIE.

AMINTAS.

La chasse vous appelle à de brillans exploits ;
Chaque jour vous annonce une gloire nouvelle ;
　　Vous imitez bien l'immortelle
　　Qui vous enchaîne sous ses lois !
On ne connaît le pouvoir de vos charmes
Que par les maux qu'ils causent à l'Amour ;
　　Vous n'embellissez chaque jour,
　　Que pour lui coûter plus d'alarmes.

SILVIE.

Rien ne m'est cher comme la liberté ;
Chaque jour m'en fait mieux connaître l'avantage :

Sous ses loix Diane m'engage;
Je fais tout mon bonheur d'imiter sa fierté.

AMINTAS.

Vous n'avez point de reproche à vous faire;
L'Amour sans cesse éprouve vos rigueurs :
Ce dieu lit si bien dans les cœurs !
Devait-il donc vous donner l'art de plaire ?

SILVIE.

Pour se venger du mépris de ses feux,
Il offre à mes regards, sous des traits dangereux,
Notre amitié dont la douceur le blesse;
Il me dit qu'il est dans vos yeux :
Pour ne pas me livrer à ces soupçons fâcheux,
J'ai besoin de vous voir sans cesse.

AMINTAS.

Si l'Amour m'enflammait pour vous;
Eh! pourriez-vous répondre à ma tendresse,
Sans vous exposer au courroux
D'une inexorable Déesse?
Loin de voir à ce prix combler tous mes désirs,
A vaincre mon penchant je trouverais des charmes;
J'aimerais mieux cent fois perdre tous mes plaisirs,
Que de les payer de vos larmes.

SILVIE.

En vous justifiant que vous flattez mon cœur !
Les Dieux vous ont formé pour faire mon bonheur,
Et non pour me causer des peines.

ACTE I, SCÈNE I.

Notre amitié m'est chère, et des alarmes vaines
  N'en troubleront plus la douceur;
Les Dieux vous ont formé pour faire mon bonheur,
  Et non pour me causer des peines.

  Non, vous n'êtes point amoureux;
Je ne vois point en vous l'air sombre et dangereux
  Que l'Amour donne à ce Faune qui m'aime.
Mon cœur, qui connaît bien le danger de ses feux,
Me dit qu'il faut le fuir avec un soin extrême.
De ce coupable amour, si vous brûliez, hélas!
Mon cœur me dirait bien qu'il faut vous fuir de même;
  Et mon cœur ne me le dit pas.

ENSEMBLE.

  Amour sous tes lois tout est peine;
  Qu'un cœur se dérobe à ta chaîne,
Sans cesse tu te plais à troubler son repos.

SILVIE.

Alarmer l'amitié paisible....

AMINTAS.

Intimider un cœur sensible....

SILVIE.

Dans le sein du bonheur nous préparer des maux!

ENSEMBLE.

(Silvie seule.)

Ce sont là de tes jeux, Dieu cruel! que je brave.
Mais va, jamais son cœur ne sera ton esclave;
  Lance tes traits, épuise ton carquois:

SILVIE.

Les soupirs...

AMINTAS

Les rigueurs...

ENSEMBLE.

Font bien connaître aux âmes
L'abus que tu fais de tes droits;

AMINTAS

Et jusqu'à l'embarras de parler de tes flâmes,

ENSEMBLE.

Oui, tout est peine sous tes lois.

AMINTAS.

On vient...

SILVIE.

Dans nos bois solitaires
Les Nymphes vont se rassembler.

AMINTAS.

Je me dois éloigner de vos secrets mystères?

SILVIE.

Non, l'Amour seul peut les troubler.

SCÈNE II.

SILVIE, AMINTAS, NYMPHES DE DIANE.

(Les Nymphes arrivent en dansant, et s'arrêtent en voyant Amintas.)

SILVIE.

Chantez, Nymphes ! chantez sans craindre la présence
    Du mortel qui s'offre à vos yeux !
    Il peut assister à nos jeux ;
Il brave, comme nous, l'Amour et sa puissance.

(On danse.)

Les différens exercices des Nymphes forment le sujet de ce divertissement ; les unes mettent leurs armes en faisceaux, pour danser au son du cor de leurs compagnes ; d'autres se défient à la course, au javelot ; d'autres s'exercent à tirer de l'arc. Silvie préside à leurs exercices, les encourage tour à tour, et fait admirer à Amintas leur adresse et leur légèreté.

SILVIE.

Ces oiseaux voltigeans de feuillage en feuillage,
    Avant d'éprouver l'esclavage,
Par les plus doux concerts chantent leur liberté ;
Ils cessent de chanter quand l'Amour les engage.

AMINTAS.

    Peut-être leur félicité
    Leur fait oublier leur ramage.

SILVIE, *avec le chœur.*

Quand l'amour serait un plaisir?
Diane nous dit de le fuir;
A sa voix il faudrait nous rendre:
Pour un seul bien qu'Elle veut nous défendre,
Il en est tant dont nous pouvons jouir.

DEUX NYMPHES DE DIANE, *alternativement.*

C'est pour charmer nos yeux qu'on voit cette verdure
Se parer chaque jour des plus vives couleurs;
Et pour nous, des Zéphirs l'haleine toujours pure
Répand dans nos vergers le doux parfum des fleurs.
Du soleil voulons-nous éviter les ardeurs;
Nous trouvons dans nos bois une retraite sûre.
Cherchons-nous le repos; cette onde qui murmure
Invite à le goûter sur ses bords enchanteurs.

(*avec le chœur.*)

Riches des biens de la Nature,
N'en cherchons point de plus flatteurs!

(*On danse.*)

SILVIE ET LA PREMIÈRE NYMPHE, *alternativement*
avec le chœur.

Dans ces forêts,
Séjour de la paix,
La même ardeur nous appelle;
Soutiens nos cœurs, toi qui les soumets,
Puissante immortelle,
Guide nos traits!

ACTE I, SCÈNE II.

Docile à tes lois,
Le cœur les suit par choix ;
Et chaque jour, à la fierté,
Par toi-même excité,
Il sait forcer au silence,
Braver le dieu qui t'offense,
Tyran des dieux et des mortels,
Et dont nos traits défendent tes autels.

Dans ces forêts, etc.

Dès que le jour luit à nos yeux,
Le bruit du cor nous rassemble en ces lieux,
Et jusqu'aux Cieux
Porte les vœux
Que tu reçois de nos cœurs heureux,
Soumis à ta puissance,
Et faits
Pour goûter tes bienfaits :
L'indifférence
Tient lieu de tout bien ;
A l'innocence
Tu sers de soutien.
Daigne, invincible Déesse,
Nous inspirer ton adresse !
Guide nos traits !

SILVIE.

Armez-vous !

SILVIE.

LE CHOEUR.

Armons-nous !
Courons !
Volons !

Dans ces forêts, etc.

(*Les Nymphes s'arment et partent pour la chasse, précédées de Silvie.*)

SCÈNE III.

AMINTAS, seul.

Amour, laisse mon cœur en paix !
Quel triomphe pour toi ! quelle gloire cruelle,
D'accabler un amant fidèle
Sous la rigueur de tes traits !
Chaque jour, dans ces bois je devance l'Aurore ;
Toujours plus empressé, toujours plus amoureux,
J'attends la Nymphe que j'adore ;
Et tu me vois forcé de dévorer des feux
Que le secret redouble encore.

Amour, laisse mon cœur en paix ! etc.

Hilas vient ! quel dessein dans ce séjour l'appelle ?...
Ah !... je veux l'observer, sous ce feuillage épais.

(*Amintas sort.*)

ACTE I, SCÈNE IV.

SCÈNE IV.

HILAS et FAUNES DE SA SUITE.

HILAS.

Gémirons-nous toujours sous le poids de nos chaînes ?
Sans cesse verrons-nous, infortunés amans,
    Croître, aux yeux de nos inhumaines,
    Et notre amour, et nos tourmens ?
Dans ces bois où Diane exerce sa puissance
    On voit régner l'indifférence :
    Éloignons de ce fatal séjour
    Les objets de notre constance ;
Que la ruse nous serve au défaut de l'Amour.

(avec le chœur.)

    C'est trop gémir ! c'est trop nous plaindre !
Le dépit et l'Amour doivent nous animer ;
    Nous n'avons su nous faire aimer ;
    Sachons du moins nous faire craindre !

HILAS.

    Oui, c'est assez verser de pleurs,
  Pour nous l'instant du bonheur doit éclore ;
    A Diane enlevons des cœurs
Pour les soumettre au Dieu que l'Univers adore,
    Au Dieu qui gémit des rigueurs,
Et qu'un amant timide outrage et déshonore !

(Hilas sort avec sa suite).

SCÈNE V.

AMINTAS *seul, quand Hilas et sa suite sont partis.*

Téméraire, tu périras!
Sers un amant fidèle, Amour! arme mon bras!

(*Il sort.*)

La symphonie de l'entre'acte peint une chasse interrompue par le bruit des armes.

FIN DU PREMIER ACTE.

ACTE SECOND.

Le théâtre représente la forêt de Diane; le fond est occupé par des rochers escarpés; de distance en distance sont des grottes consacrées aux Nayades.

SCÈNE I.

On voit des Nymphes descendre précipitamment des rochers: elles sont poursuivies par des Faunes qui le sont eux-mêmes par des chasseurs qui viennent au secours des Nymphes; les Faunes sont occupés alternativement à désarmer les Nymphes et à faire face aux chasseurs.

CHOEUR.

LES NYMPHES, *Silvie à leur tête.*

Diane c'est vous qu'on offense,
Tonnez sur ces audacieux!
Guidez-nous. Vengeance! vengeance!
Tremblez, ravisseurs odieux!

LES FAUNES, *Hilas à leur tête.*

Nous vengeons l'Amour qu'elle offense,
L'Amour vaut pour nous tous les Dieux.
Hâtons-nous! Vengeance! vengeance!
Fuyez! tremblez, audacieux!

LES CHASSEURS, *Amintas à leur tête.*

Nous volons à votre défense;
Immolons ces audacieux!
Hâtons-nous! Vengeance! vengeance!
Tremblez, ravisseurs odieux.

SILVIE, *à part.*

Veillez sur Amintas, protégez-nous, grands Dieux!

(*Des Faunes paraissent attaquer vivement Amintas, et l'empêchent de joindre Hilas, contre lequel Silvie lance son trait sans le blesser.*)

SCÈNE II.

HILAS, SILVIE.

(*Quatre Faunes veillent sur Hilas pendant cette scène.*)

SILVIE.

Mon bras a mal servi la fureur qui m'anime;
Mais ne t'applaudis point! le Ciel, vengeur du crime,
Aux traits que j'ai lancés, ne t'a fait échapper
    Que pour mieux frapper sa victime :
On peut braver les Dieux, on ne peut les tromper.

HILAS.

Vos yeux, pour m'accabler, ont d'assez fortes armes;
La céleste vengeance est moins à redouter :
Les Dieux à mon tourment ne pourraient ajouter;
Vous trouvez chaque jour, ingrate, dans vos charmes,
    Le secret sûr de l'augmenter.

SILVIE.

Oses-tu te flatter que je daigne t'entendre?
Téméraire! tu viens jusques dans ce séjour
Troubler l'hommage pur qu'à Diane on doit rendre!

HILAS.

Je n'en dois qu'à vos yeux, je n'en rends qu'à l'Amour.
Ce Dieu, sous vos tristes ombrages,
Ne vient que pour verser des pleurs;
Un froid mortel saisit les cœurs,
A l'aspect de ces lieux sauvages:
Il faut les fuir! il faut un terme à vos rigueurs!
Venez dans mes forêts, par des liens flatteurs
Assurer à l'Hymen deux cœurs et des hommages!...
Vous, qui m'obéissez, répondez à mes vœux!

(*Les Faunes amènent, pendant le duo, un char attelé de tigres pour l'enlèvement de Silvie.*)

HILAS.

L'Amour le veut, vous fuirez de ces lieux.

SILVIE.

Non, non, n'espère pas m'éloigner de ces lieux!

SILVIE.

O Dieux! protégez-moi!....

(*Un nuage épais la dérobe au Faune, et la terre engloutit le char.*)

HILAS.

Ciel! quel épais nuage!....
Le char s'abîme! elle échappe à mes yeux!....
Amour!.... Eh! toi que l'on outrage,
Tu n'oses triompher d'un pouvoir odieux!
Tu m'abandonnes à la rage!
Que fais-tu dans mon cœur, si tu trahis mes feux?

(*Il sort.*)

SCÈNE III.

AMINTAS, seul.

Ah! j'ai cru voir Hilas. J'ai donc perdu Silvie!
  Eh! que me sert d'être vainqueur?
En vain j'ai triomphé, la Nymphe m'est ravie;
La fuite a dérobé le Faune à ma fureur.

Tout inspire en ces lieux l'épouvante et l'horreur!
Auteur de tous nos maux, Amour, vois ton ouvrage!
Et s'il t'en faut encore une plus vive image,
  Tu la trouveras dans mon cœur.
Désespéré, je perds la beauté que j'adore:
Que le jour m'est cruel! justes Dieux que j'implore?
Quoi! vous me laisserez survivre à ma douleur!
En perdant ce qu'on aime, on peut donc vivre encore!
Je ne connaissais pas l'excès de mon malheur.
Tout inspire, etc.

SCÈNE IV.

HILAS, AMINTAS.

AMINTAS.

Je vois Hilas!... cruel, rends-moi Silvie:
Reconnais un rival que tu viens d'accabler.
Seul tu sais mon secret; je puis le révéler,
Sûr de te l'arracher bientôt avec la vie.

ACTE II, SCÈNE V.

ENSEMBLE.

Tremble ! l'Amour jaloux arme et conduit mon bras ;
Tu vas le reconnaître à ma fureur extrême.
Quand on perd un objet qu'on aime,
Ah ! que la vengeance a d'appas !
Tremble ! l'Amour jaloux arme et conduit mon bras.

(*Amintas combat le Faune, et le précipite des roches.*)

SCÈNE V.

NYMPHES ET CHASSEURS.

(*On entend un bruit de victoire.*)

MARCHE *de Nymphes et de Chasseurs qui amènent des Faunes enchaînés.*

UN CHASSEUR, *avec le chœur.*

Nous remportons la victoire,
Nous triomphons de ces audacieux ;
Que tout célèbre dans ces lieux
Et leur défaite et notre gloire.

(*aux Faunes enchaînés.*)

L'audace n'a jamais désarmé la rigueur :
Malheureux, vos fureurs à l'Amour font outrage ;
De ces Nymphes lui-même il serait le vengeur.

(*aux Nymphes.*)

Qu'ils portent loin de nous et leur honte et leur rage !

Eh ! laissez-leur la liberté ;
Sont-ils faits pour porter les fers de la beauté ?

(*On leur arrache leurs fers et on les renvoye.*)

UNE NYMPHE.

Venez régner dans nos bocages ;
Plaisirs accourez à nos voix !
Oiseaux, revenez dans nos bois !
Rien n'y troublera plus vos innocens ramages ;
Vous, Dryades ! sortez de ces chênes épais
Où l'effroi vous retient captives !
Et vous, Nymphes des eaux ! paraissez sur vos rives !
Que nos jeux suspendus reprennent leurs attraits !

Venez régner dans nos bocages ! etc.

(*Les Nayades sortent de leurs grottes, et les Dryades du creux des chênes où elles s'étaient renfermées pendant le combat des Faunes.*)

UN CHASSEUR.

Cœurs ingrats, trouvez-vous des charmes
A braver le plus charmant des Dieux ?
Pour nous vaincre a-t-il d'autres armes
Que celles qu'il prend dans vos yeux ?
La beauté l'enchaîne sur ses traces ;
Pourra-t-il quitter ce séjour ?
Croyez que l'asile des Graces
Fut toujours celui de l'Amour.

ACTE II, SCÈNE V.

CHŒUR.

LES CHASSEURS.

Cœurs ingrats, trouvez-vous des charmes
A braver le plus charmant des Dieux!
Pour nous vaincre a-t-il d'autres armes
Que celles qu'il prend dans vos yeux?

LES NYMPHES.

Eh! pourquoi trouvez-vous des charmes
A servir le plus cruel des Dieux?
Son nom seul cause nos alarmes;
Pourquoi nous l'offrir dans vos yeux?

UN CHASSEUR.

Pourquoi se donner tant de peine
Pour se dérober au plaisir,
Quand il est aisé de choisir
Entre le penchant et la gêne?

LES CHASSEURS.

Cœurs ingrats, etc.

LES NYMPHES.

Eh! pourquoi, etc.

SCÈNE VI.

LES PRÉCÉDENS, DIANE, *descendant de son char.*

DIANE.

Quels odieux concerts me faites-vous entendre ?
Jusques dans mon empire, audacieux mortels,
Croyez-vous à l'Amour élever des autels ?
 (*aux Nymphes.*)
Et vous, à leurs discours vous laissez-vous surprendre ?
 (*aux Chasseurs.*)
Ennemis de mes lois, redoutez mon courroux !
 Tremblez !...

LE CHŒUR.

Fuyons, tous ! fuyons tous !

 (*Les chasseurs sortent.*)

SCÈNE VII.

DIANE, LES NYMPHES, AMINTAS.

DIANE.

Par de nouveaux sermens ranimez votre zèle !

AMINTAS *derrière le théâtre.*

Belle Silvie, en vain je vous appelle....
(*à Diane qu'il prend pour Silvie.*) (*reconnaissant Diane.*)
Est-ce vous que je vois, Nymphe ?... Diane ! ô Dieux !

ACTE II, SCÈNE VII.

DIANE.

Tu l'appelles en vain, elle échappe à tes vœux ;
Contre le Faune et toi j'ai servi l'innocence.

AMINTAS.

Croyez-vous que l'Amour ?...

DIANE.

      Crois-tu tromper mes yeux ?
Je ne connais que trop l'ennemi qui m'offense :
Ce Dieu veut par tes feux triompher en ce jour ;
Mais je vais te forcer à servir ma puissance.
 Nymphes, commencez ma vengeance !
Dans le cœur d'un amant faisons gémir l'Amour !
 Jurez une éternelle haine
 A l'Amour, ainsi qu'aux amans !

CHŒUR DE NYMPHES.

 Jurons une éternelle haine
 A l'Amour, ainsi qu'aux amans !
Les douceurs que l'on goûte en évitant sa chaîne
T'assurent de nos cœurs bien mieux que nos sermens.

DIANE, *à Amintas.*

Apprends qu'à mes autels, la mort la plus cruelle,
 Punirait la Nymphe rebelle
 Qui de ses vœux pourrait se dégager !...
Silvie est dans mon temple, et tu peux l'y chercher.
 Sûr des périls où tu l'exposes,
 Cherche à l'enflammer, si tu l'oses !

SILVIE.

(Pendant que Diane remonte au ciel, les Nymphes reprennent le chœur, et amintas s'éloigne d'elles.)

Jurons une éternelle haine
A l'Amour, ainsi qu'aux amans!
Les douceurs que l'on goûte en évitant sa chaîne
T'assurent de nos cœurs, bien mieux que nos sermens.

FIN DU SECOND ACTE.

ACTE TROISIÈME.

Le théâtre représente l'intérieur du temple de Diane.

SCÈNE I.

L'AMOUR, *sous la figure d'un jeune chasseur,*
SILVIE.

L'AMOUR, *à part.*

Diane, des mortels reçoit ici les vœux;
Pour y trouver accès, je suis réduit à feindre;
Sous ce déguisement dérobons à ses yeux
Le Dieu qu'elle a raison de craindre!

(*à Silvie.*)

Qu'avec plaisir je me vois en ces lieux!
Sans vous, j'aurais été victime de la rage
De ces audacieux,
Qui portaient dans nos bois le trouble et le ravage.
La chasse occupe mes loisirs;
J'ai signalé mes traits par plus d'une victoire;
J'ai trouvé l'épouvante où je cherchais la gloire :
On s'égare aisément sur les pas des plaisirs.

SILVIE.

Jeune enfant! c'est l'Amour qui cause nos alarmes.

L'AMOUR, *avec ingénuité.*

L'Amour ? eh ! nos plaisirs ont pour lui tant de charmes !

SILVIE.

Puissiez-vous à jamais ignorer ses rigueurs !

Quand l'Amour a blessé nos cœurs,
Il sourit en voyant nos larmes :
Le cruel badine avec les armes
Qui nous font verser des pleurs.

L'AMOUR.

On me l'avait dépeint sous des traits plus flatteurs.

SILVIE.

Il sait se déguiser pour tromper l'innocence :
Nous sommes dans un temple, où ce Dieu dangereux
N'osa jamais signaler sa puissance.

L'AMOUR.

Qu'avec plaisir je me vois en ces lieux !
Souffrez que ma reconnaissance
Consacre à ces autels mon offrande et mes vœux !

(*Il porte ses armes en offrande sur l'autel de Diane.*)

Reçois, Déesse tutélaire,
Les armes que j'offre à tes yeux !
Si mon hommage peut te plaire,
Que je vais être glorieux !

SILVIE.

Du destin d'Amintas ne pourriez-vous m'instruire ?

ACTE III, SCÈNE I.

L'AMOUR.

Plaignez cet amant malheureux!

SILVIE.

Que dites-vous? l'Amour a-t-il pu le séduire?

L'AMOUR.

L'ignorez-vous encore?

SILVIE.

Amintas amoureux!

L'AMOUR.

Il aimait une ingrate; il adorait.... Silvie.

SILVIE.

O Ciel!

L'AMOUR.

J'ai vu cet amant généreux
Pour elle immoler sa vie;
J'ai vu son rival furieux
Le joindre, l'accabler.... Vous frémissez!...

SILVIE.

O Dieux!

L'AMOUR.

Je dois de ce récit vous épargner le reste,
Et m'arracher au spectacle funeste
Des larmes qu'il coûte à vos yeux.

(Il sort.)

SCÈNE II.

SILVIE, *seule.*

Amintas a perdu la vie !
C'est pour toi qu'il périt, malheureuse Silvie ;
Dans l'éternelle nuit tu viens de le plonger....
　Amintas a perdu la vie !
Et je respire encore ! ah ! c'est pour le venger...
Immolons son rival à ma fureur extrême !
　Cherchons cet odieux vainqueur !
(elle prend le trait que l'Amour a déposé sur l'autel.)
Armons-nous..... juste Ciel ! que deviens-je moi-même ?
Je m'affaiblis.... la mort est déjà dans mon cœur.
Ah ! je sens qu'à ton sort je ne saurais survivre :
Je ne puis te venger, du moins je vais te suivre.
(Elle va pour se frapper du trait de l'Amour.)

SCÈNE III.

SILVIE, AMINTAS.

AMINTAS *l'arrêtant.*

Qu'allez-vous faire ! ô Dieux !......

　　　　　　　SILVIE.
　　　　　　　　　Je vous revois
Cher Amintas !

AMINTAS.

Quelle fureur, Silvie !

ACTE III, SCÈNE III.

SILVIE.

Et qu'aurais-je fait de la vie ?
Je vous croyais perdu pour moi.

AMINTAS.

Au sort d'un malheureux vous êtes trop sensible.
L'honneur de combattre pour vous
A rendu mon bras invincible ;
Le Faune est tombé sous mes coups :
Je viens armer votre courroux
Contre un ennemi plus terrible.

SILVIE.

Du plaisir de nous voir occupons notre cœur !

AMINTAS.

Je n'y trouve que trop de charmes.

SILVIE.

Partagez donc tout mon bonheur !

AMINTAS.

Arrêtez ! chaque mot redouble mes alarmes...
Sortez enfin de votre erreur.
Tout ce que peut l'Amour inspirer de tendresse,
Je le ressens pour mon malheur :
Pour mieux cacher sa flâme enchanteresse,
Ce Dieu, dans mon perfide cœur,
Prenait de l'amitié le voile séducteur.
Mais j'en jure à vos yeux qui causent ma faiblesse,
Ma mort vous vengera d'une coupable ardeur.

SILVIE.

Ta mort! quelle aveugle furie?....
Tu vengerais Diane, et punirais Silvie.
(Le tonnerre gronde, la terre tremble.)
On arme contre nous et la Terre et les Cieux.

ENSEMBLE.

O Diane, suspends ton courroux redoutable!
Si l'objet le plus amoureux
A tes yeux est le plus coupable,
C'est sur moi que tu dois te venger de nos feux.

LES NYMPHES *derrière le théâtre.*

Epargnez-nous, ô justes Dieux!
Ciel! ô Ciel! où trouver un asile?

SCÈNE IV.

SILVIE, AMINTAS, CHŒUR DE NYMPHES.

SILVIE *ouvrant la porte du temple.*

(Aux Nymphes.)
En ces lieux,
N'adressez point aux Cieux une prière vaine!
Que vos cœurs soient saisis d'une fureur soudaine!
Une Nymphe a trahi ses vœux.

LE CHŒUR.

Périsse l'infidèle!

ACTE III, SCÈNE IV.

AMINTAS.

Ô Dieux !

SILVIE.

Diane la poursuit.

LE CHŒUR.

Sa haine est légitime ;
Nommez cet objet odieux !

SILVIE.

Vengez-vous ! le remords ne trouble point mes feux :
Plus je vois Amintas, plus j'augmente mon crime.
Il est temps que j'offre à vos yeux
Et la coupable et la victime.

(*Elle prend le trait sur l'autel, et va pour s'en frapper.*)

AMINTAS *l'arrêtant.*

Ah ! Silvie, arrêtez...

(*Le silence succède au bruit.*)

LE CHŒUR.

Quel calme dans les airs !

SILVIE.

Dieux ! je ne puis servir la fureur qui m'anime !
Quel prodige !

AMINTAS.

Arrêtez !...

LE CHŒUR.

D'où naissent ces concerts ?

SCÈNE V.

LES PRÉCÉDENS, L'AMOUR.

L'AMOUR.

L'Amour vient dissiper le trouble de votre âme,
Ne craignez point les coups que ce trait peut porter!
Il ne pourrait servir qu'à redoubler ta flâme,
  Si je la pouvais augmenter.
  Diane demandait vengeance;
  L'Amour, prompt à te protéger,
Dans son carquois a puisé ta défense.
  Ce trait qui devait la venger
T'a pour jamais soumise à ma puissance.

  Temple, où régnait l'indifférence,
Disparaissez, au gré de mes desirs!
  Par un effet de ma présence,
Devenez à l'instant l'asile des plaisirs!

ACTE III, SCÈNE VI.

SCÈNE VI.

LES PRÉCÉDENS, DIEUX ET DÉESSES, BERGERS ET BERGÈRES.

Le temple de Diane est remplacé par celui de l'Amour, au fond duquel on voit deux groupes, l'un représentant le dieu du Silence, qui couvre d'un voile les Plaisirs qui lui présentent des fleurs; l'autre, les Graces prêtes à couronner les amans: les Dieux s'y rassemblent, les bergers et bergères y accourent; Apollon y trouve Issé; Vénus, Adonis; Bacchus, Ariane; Zéphire, Flore, etc.; et les hommages que l'Amour reçoit, et les chaînes que les amans forment à ses autels, font le sujet de ce divertissement. (*On danse.*)

L'AMOUR, *aux Nymphes.*

De mon pouvoir tout vous offre l'image;
Embellissez ma cour! offrez-moi votre hommage!
Des Dieux et des mortels je comble les desirs;
Mon triomphe s'étend sur tout ce qui respire;
    Et vous voyez que les Plaisirs
    Marquent les rangs dans mon empire.

LES NYMPHES, *avec le chœur.*

Par tes bienfaits tu soumets l'univers;
Tu triomphes des cœurs qui te faisaient la guerre:
L'Amour porte ses feux jusqu'au fond des Enfers,
Et souvent d'un coup d'aile il éteint le tonnerre.

(*On danse.*)

SILVIE.

L'AMOUR, *à Silvie et à son amant.*

Que vos cœurs chérissent mes chaînes!
Que les Plaisirs sans cesse en assurent les nœuds!
Loin de vos yeux regrets et peines!
Aimez, brûlez à jamais de mes feux!
Que vos cœurs chérissent mes chaînes!
Recevez-les des mains des Plaisirs et des Jeux!
Loin de vos feux, regrets et peines!

(*à Silvie.*)

Brillez à jamais dans ces lieux!

(*On danse.*)

Les plaisirs distribuent aux amans des guirlandes de fleurs, emblême des chaînes de l'Amour, et tout se réunit pour célébrer le triomphe de ce Dieu.

FIN DE SILVIE.

NOTE
SUR L'OPÉRA DE SILVIE.

En 1751, les *nouveaux* ouvrages lyriques qui avaient contribué le plus à l'amusement du Roi furent donnés à l'Opéra, d'après la permission que M. le duc de la Valière en obtint de S. M. Paris ne confirmait pas toujours les jugemens de la Cour. Il ne déploya toute sa sévérité que sur la *Fête de Thétis*, de *Roi*; ce fut le seul ouvrage qu'il ne voulut voir qu'une fois. Voici, selon l'ordre de leur représentation, ceux qu'il jugea favorablement : *Ismène*, *Æglé*, *Almasis*, de *Malezieu*; l'acte d'*Anacréon*, de *Bernard*; *Silvie*, en quatre actes, mais qui ne fut donné que long-temps après. *Lagarde* avait obtenu, après le succès de cet ouvrage, la nouvelle grace d'être nommé à la survivance de maître de musique des enfans de France, place qu'il exerçait concurremment avec *Mion*, auteur de la musique de *l'Année galante*, opéra de *Roi*.

Les occupations attachées à ces deux places étaient si multipliées, que *Lagarde* avait peine à y suffire. Aussi quand on donna son acte d'*Æglé*, pour mieux en assurer le succès, il emprunta, tant en chœurs qu'en divertissemens, ce qu'il avait de plus saillant dans nos ouvrages derniers : il les avait donc tellement appauvris, que lorsqu'il fut question de les donner, il lui était impossible de dérober un seul instant à ses deux places, dont la dernière était d'autant plus assujettissante, qu'il en avait acquis tout l'exercice par la mort de *Mion*. Leurré toujours dans l'attente de quelques momens favorables, j'employais mes instans à réparer les brèches que mon musicien avait faites à nos ouvrages, surtout à celui de *Silvie* ; à renforcer les rôles que madame de Pompadour avait voulu que j'énervasse pour donner au sien plus d'éclat ; à ménager enfin à cet ouvrage toute la pompe dont il était susceptible ; pompe à laquelle ne pouvait se prêter le dernier théâtre des petits Cabinets, et qui ne pouvait avoir lieu que sur le théâtre de Fontainebleau, et plus facilement encore sur celui de Paris : ce ne fut guères qu'après trois ans au moins de patience, ou, pour mieux dire, d'impatience, de ma part, que *Lagarde*, confus lui-même, et désolé de ne pouvoir l'abréger, me pria de confier mon opéra de *Silvie* à *Trial* et *Berton*, qui s'en occupèrent alors et furent long-temps à le finir, puisque ce ne fut qu'en 1765 que l'on pût le représenter, d'abord à Fontainebleau, où le Roi, pour marque de satisfaction, voulut bien, après sa seconde représentation, en donner les habits à l'Académie royale de Musique. Ce ne fut cependant qu'en 1766 qu'elle le fit représenter sur son théâtre. L'époque en est assez singulière par les changemens que j'amenai sur ce théâtre; j'exigeai, je dirai plus, j'obtins d'abord, la suppression des *masques*, (ce qui m'avait été accordé dès le voyage de Fontainebleau), l'introduction des costumes nécessaires à *tous les personnages*, sans excepter la danse et les chœurs. Antérieurement à cette époque, les chœurs arrivaient sur la scène en *marche* réglée; les hommes d'un côté, les femmes de l'autre, se croisaient en arrivant, descendaient ainsi, en longeant les coulisses, et par ordre d'ancienneté, venaient repasser devant le théâtre, pour se mettre en file de chaque côté, chantant, les hommes les bras croisés, et les femmes un éventail à la main: tous enfin ne se permettant aucun geste. Les amener à faire ceux qu'exigeait la scène, obtenir d'eux tous, de prendre part à l'action, fut l'objet le plus difficile, mais j'en vins à bout. Les chœurs, qui n'avaient été jusque-là que des automates, ne se regardaient plus que comme des acteurs; les danseurs donnèrent à leurs situations différentes, l'expression que les masques ne leur permettaient pas d'indiquer; et l'effet en fut si prompt, qu'un pas de deux, dansé par mademoiselle Allard et Dauberval, d'après l'impression qu'ils firent, fut gravé. Voici même les vers qu'ils me demandèrent pour en marquer l'époque, et qui furent mis en bas de la gravure.

Sur sa fierté la Nymphe se repose;
Son amant perd déjà l'espoir de l'attendrir;

Nymphe, qui rêve aux tourmens qu'elle cause,
Touche au moment de les guérir.

Convenez, mon cher lecteur, que vous m'avez appliqué plus d'une fois le vers de Baliveau :

« Il ne vous fera pas grace d'une laitue. »

GRESSET.

Mais je m'aperçois (un peu tard, à la vérité,) que j'abuse de votre patience ; je vais au moins la laisser en repos pendant le cours de ce volume. Je n'ose pas vous répondre des autres ; car si le bavardage peut s'excuser, c'est quand on est comme moi, dans sa quatre-vingt-troisième année.

ISMÈNE ET ISMÉNIAS,

TRAGÉDIE

EN TROIS ACTES;

Représentée devant le Roi et la Reine, à Choisy, le lundi 13 juin 1763; et pour la première fois, par l'Académie royale de Musique, le mardi 11 décembre 1770.

MUSIQUE DE M. DE LABORDE.

AVERTISSEMENT.

Ce sujet est tiré des amours d'*Ismène* et d'*Isménias*; la fête de Jupiter, *Isménias* choisi pour la célébrer, *Ismène* chargée de le recevoir et de lui rendre des honneurs au nom du peuple, leur amour mutuel, époque de leurs malheurs, sont les incidens que l'on a choisis, comme les plus propres à conserver, dans ce sujet, l'unité de lieu : ce qu'on a donc emprunté du roman se réduit à l'extrait suivant, où le traducteur dit, en parlant des peuples d'Euricôme : « Jupiter « les protège, tous les Dieux les chérissent; par une « ancienne coutume, ou par une loi inviolable, ils « assemblent, tous les ans, dans le temple de Jupiter, « les jeunes garçons de leur ville qui n'ont point encore « aimé; on en choisit au sort parmi eux pour aller « annoncer sa fête aux villes voisines : il faut que, maî- « tres de leurs cœurs, ils reviennent indifférens, comme ils « sont partis; si quelqu'un manque à ce devoir essentiel « de son emploi, un châtiment sévère attend le prévari- « cateur à son retour ».

Il n'est point mention, dans le roman, d'*Azaris*, roi d'Euricôme; mais en resserrant l'action dans les bornes de la fête de Jupiter, on a cru devoir donner à *Isménias* un rival qui le mît dans la nécessité, ou de perdre ce qu'il aime, ou de faire son aveu à *Ismène*, dans le

AVERTISSEMENT.

jour prescrit pour la fête et choisi par le Roi pour son hymen ; c'est aussi ce qui a déterminé à substituer au personnage de *Cratisthène*, ami d'*Isménias*, celui de *Thémistée*, comme plus intéressé à veiller sur la gloire de son fils, et plus éclairé sur ses périls ; les conseils de la nature sont toujours plus pressans que ceux de l'amitié.

Enfin l'auteur a cru pouvoir se permettre moins d'exactitude sur les faits, dans un sujet tiré d'un roman, qu'il ne s'en serait permis dans un sujet historique.

ACTEURS CHANTANS

DANS LES CHOEURS.

CÔTÉ DU ROI.		CÔTÉ DE LA REINE.	
MESSIEURS	MESDEMOISELLES	MESSIEURS	MESDEMOISELLES
Héri.	Du Puis.	L'Écuyer.	Reich.
Cailteau.	D'Hautrive.	Albert.	Floquet.
Candeille.	Garrus.	Tourcati.	Hebert.
Van-Hecke.	D'Avantois.	Pâris.	L'Étienne.
Vatelin.	Le Bourgeois.	Lagier.	D'Agée.
Beghaim.	De Laurette.	Ghuiot.	Des Rosières.
Larssure.	Durand.	Capoi.	Jouette.
Larlat.	Fontenet.	Martin.	De l'Or.
Robin.	Renard.	Marniesse.	Chenais.
Méon.	Girardin.	Boi.	Denis.
Botson.	Veron.	Laurent.	Rouxelin.
Cleret.	Le Queulx.	Huet.	Thibaut.
Tacusset.	Beauvernier.	Parant, &c.	S. Julien.
Royer.	Héri.	Itasse.	
Fradelle.		Baillion.	
Cazal.		Jalaguier.	
		Jouve.	
		Noelle.	

PERSONNAGES.

AZARIS, roi d'Euricôme.   M. Gelin.
ISMÉNIAS, envoyé des Dieux.   M. Le Gros.
THÉMISTHÉE, père d'Isménias, et
    grand sacrificateur.   M. L'Arrivée.
ISMÈNE, princesse d'Euricôme.   M.lle Beaumesnil.
LA PRÊTRESSE du temple de
    l'Indifférence.   M.lle Rosalie.
L'AMOUR.   M.lle Rosalie.
UNE BERGÈRE.   M.lle Vincent.
Chœur des filles d'Euricôme.
Chœur de Sacrificateurs.
Chœur de Prêtres de l'Hymen.
Ombres d'amans malheureux, de Médée, de Jason, de Créuse ; la Jalousie, le Désespoir, la Vengeance, leur suite.
Peuples de Corinthe.
Nymphes de Diane.
Bergers et bergères.
Ministres de Jupiter.
Plaisirs et Jeux.

La scène est à Euricôme.

PERSONNAGES DANSANS.

ACTE PREMIER.

PREMIER DIVERTISSEMENT.

JEUNES FILLES D'EURICOME.

Mlles Dupérey, d'Ervieux, Niel.

Mlles Louison, Le roi, De Lorme, Thevenet, Granier, Sidonie, Buré, Lalin.

SECOND DIVERTISSEMENT.

PEUPLES D'EURICOME.

M. Gardel.

MM. Gallet, Beaulieu, Rivet, Aubry, Duchesne, Fay, Guillet, Henry.

Mlles Perseval, Duchesnois, Le Bel, Henriette, Dumesnil, D'Auvillier, Sophie, Isoire.

ACTE SECOND.

MÉDÉE. — M.lle ALLARD.
JASON. — M. VESTRIS.
CRÉUSE. — M.lle GUIMARD.
LA JALOUSIE. — M.lle PESLIN.
LA VENGEANCE. — M.lle ASSELIN.
LE DÉSESPOIR. — M. DUPRÉ.
TROIS DIVINITÉS INFERNALES, qui apportent
   LE FER. — M. DELAISTRE.
   LE FEU. — M. LEGER.
   LE POISON. — M. ROGIER.

PEUPLES DE CORINTHE; SUIVANS DE JASON.

MM. Duchaisne, Abraham, Hennequin l'aîné, Hennequin cadet, Le Fevre, Trupti, Le Roi, 2.e, Simonet.

M.lles Auberte, Martin, Rosé, de Miré, Hidou, d'Auvilliers, Adeline, Desforges.

SUITE DE CRÉUSE.

MM. Beaulieu, Gallet, Granier, Dossion.

M.lles Delfevre, Blondeval, Le Fort, Le Clerc.

LES DEUX ENFANS DE MÉDÉE.

M. MONGAULTIER.   M.lle GRANIER.

SUITE DE LA JALOUSIE.

MM. Huart, Fay, Rivet, Martinet, Liesse, Giguet, Balderoni, Henri, Le Roi, 1.er, Danguy, Caster, Guillet.

ACTE TROISIÈME.

PREMIER DIVERTISSEMENT.

BERGERS ET BERGÈRES.

M. Gardel, M.lle Guimard.

M. Simonin, M.lle Duperey.

MM. Dossion, Hennequin l'aîné, Habraham.

M.lles Lafond, Le Clerc, Desforges.

PASTRES ET PASTOURELLES.

M. De Laistre, M.lles Allard, Peslin.

M. Malter, M.lle Pitrot.

MM. Giguet, Liesse, Hennequin cadet.

M.lles Louisson, Le Roi, Sidonie.

PEUPLES.

M.lle Asselin.

MM. Leger, Rogier, Granier.

M.lles Delfevre, Rose, Buart.

SECOND DIVERTISSEMENT.

PLAISIRS ET JEUX, *qui se joignent aux Peuples et aux Bergères.*

MM. Le Monnier, Le Doux, Giroux.

M.lles de Lorme, Thevenet, Buré.

ISMÈNE ET ISMÉNIAS.

ACTE PREMIER.

Le théâtre représente le palais des ministres de Jupiter, à Euricôme.

SCÈNE I.

THÉMISTHÉE, ISMÉNIAS.

THÉMISTHÉE.

A de nouveaux honneurs cet heureux jour t'appelle,
  Ministre du maître des Dieux,
Tu viens nous annoncer sa fête solennelle:
  Les peuples voisins de ces lieux
Ont déjà, par tes soins, vu couronner leur zèle.
Du fruit de tes vertus nous jouirons comme eux.

ISMÉNIAS.

A mes sermens vous me verrez fidèle.
Ce jour va terminer mes travaux glorieux;
Dût l'Amour en courroux, sur mon âme rebelle,
  Venger un jour le mépris de ses feux!
Dût mon cœur en gémir, je remplirai vos vœux!

THÉMISTHÉE.

Triompher de l'Amour est un effort extrême,
Je redoutais pour toi ses charmes dangereux;

Mais qu'il m'est doux de voir un fils que j'aime
Préférer le plaisir de faire des heureux,
    A celui de l'être lui-même !

ISMÉNIAS.

    Choisi pour offrir votre encens,
C'est à moi d'ignorer si l'amour a des charmes ;
Je ne dois point aimer, je le sais ; et je sens
Ce qu'un moment d'oubli me coûterait de larmes.

THÉMISTHÉE.

Sûr de ton cœur, le mien est sans alarmes.
Nos peuples empressés vont te combler d'honneurs ;
Je m'éloigne à regret dans ces momens flatteurs :
Mais au temple Azaris va nommer notre reine.
Quel présage pour nous, pour notre souveraine,
Qu'un jour où Jupiter nous promet ses faveurs !

(Il sort.)

SCÈNE II.

ISMÉNIAS, seul.

Pourquoi, cruel Amour, t'opposer à ma gloire ?
    Vois ce qu'elle coûte à mon cœur !
    Lui-même te sert de vengeur,
    Il me fait pleurer ma victoire.

Ismène d'un regard avait su m'enflammer ;
    Le devoir, ou plutôt l'absence,
Avait éteint ces feux qui devaient m'alarmer,

ACTE I, SCÈNE III.

Mon retour en ces lieux détruit mon espérance;
Ma flâme, malgré moi, semble s'y rallumer.
Pourquoi, etc.

Ismène vient. Mon cœur contraignez bien vos feux !
Dans le secret du moins retenez-les encore !
Vous ne sentez que trop combien il est affreux
De s'offrir en coupable à des yeux qu'on adore.

SCÈNE III.

(Ismène vient à la tête de la jeunesse d'Euricôme rendre hommage à Isménias.)

ISMÈNE, TROUPE DE FILLES D'EURICÔME, ISMÉNIAS, CHŒUR.

ISMÈNE, *avec le chœur.*

(*à Isménias.*)

De nos cœurs
Recevez l'hommage !
(*aux filles d'Euricôme, montrant Isménias.*)
Sur ses pas répandons des fleurs !
Notre bonheur doit être son ouvrage,
Peut-on lui rendre trop d'honneurs ?
Des Dieux c'est partager le plus doux avantage,
Que de dispenser leurs faveurs.

(*On danse.*)

ISMÉNIAS.

Je ne mérite pas les honneurs qu'on m'adresse ;
Hélas ! puissent vos justes vœux

S'élever par ma voix jusqu'au trône des Dieux !
S'ils n'aidaient à notre faiblesse,
Qui pourrait leur offrir un encens digne d'eux ?

(La suite d'Ismène se retire.)

SCÈNE IV.

ISMÈNE, ISMÉNIAS.

ISMÈNE.

Isménias, vous semblez peu flatté
Des honneurs que vous rend un peuple qui vous aime ?

ISMÉNIAS.

Rien n'est égal à ma gloire suprême ;
Couronné dans ce jour des mains de la beauté,
L'excès de ma félicité
Séduirait Jupiter lui-même.
Mais quand il faut toujours songer
A se garder, à se défendre
Du plaisir trop flatteur que le cœur peut y prendre,
La gloire est bien près du danger.

ISMÈNE.

Vous trouvez dans l'indifférence
Le seul bien qui flatte vos vœux.

ISMÉNIAS.

Hélas ! l'Amour, qui s'en offense,
M'a fait pressentir sa vengeance

ACTE I, SCÈNE IV.

Dans l'image d'un songe affreux.
Dans son temple j'ai cru voir ce Dieu redoutable
Environné d'amans heureux.
L'image du bonheur allait faire un coupable.
Je veux fuir : l'Amour gronde, et son courroux m'accable.
A peine, à pas tremblans je reviens à l'autel,
Que je vois Jupiter armé par la vengeance....
Dieux puissans ! qui de vous va punir un mortel ?

ISMÈNE.

O Ciel !

ISMÉNIAS.

Je frémissais... l'Amour prit ma défense.
Je crois le voir encor pénétrer dans les Cieux,
Désarmer Jupiter, me blesser à ses yeux,
Et me dire en vainqueur : « Adore ma puissance
« A la face même des Dieux ! »

ISMÈNE.

L'Amour voudrait en vain vous inspirer sa flâme,
Vous bravez tous les traits dont il pourrait s'armer.
Il ne peut soumettre votre âme ;
Il voudrait au moins l'alarmer.

(*On entend une symphonie.*)

Mais quels concerts ?

ISMÉNIAS.

Le peuple en ces lieux vient se rendre.

ISMÈNE, *à part.*

Ciel ! quels pressentimens !

ISMÈNE ET ISMÉNIAS.

ISMÉNIAS.

Viendrait-il vous apprendre
Que le roi vous élève au trône de ces lieux?
Il doit vous couronner, si son choix est le nôtre.

ISMÈNE.

N'alarmez pas un cœur qui rassurait le vôtre!
L'éclat n'est pas toujours ce qui remplit nos vœux.

SCÈNE V.

(Les peuples d'Euricôme viennent annoncer à Ismène qu'elle est choisie pour reine.)

ISMÈNE, ISMÉNIAS, LES PEUPLES, THÉMISTHÉE, AZARIS, *qui arrive sur la fin du divertissement.*

THÉMISTHÉE, *avec le chœur.*

Ismène! on vous appelle au trône;
Le Ciel nous fait déjà ressentir ses faveurs:
Au gré de nos desirs recevez la couronne.

THÉMISTHÉE ET ISMÉNIAS, *avec le chœur.*

Eh! qui peut mieux que vous régner sur tous les cœurs?

ISMÈNE, *aux peuples.*

L'honneur que je reçois a de quoi me confondre;
Mais sur un choix qui réunit vos vœux,
C'est au roi que je dois répondre.

ACTE I, SCENE V.

(à part, regardant Isménias.)

Isménias partage-t-il mes feux ?
Pour éprouver son cœur, laissons finir les jeux !

(On danse.)

Pendant cette fête, Ismène et Isménias paraissent plongés dans une rêverie dont ils ne sortent que pour s'observer mutuellement.

AZARIS, *en arrivant.*

Célébrez votre souveraine,
   Peuples soumis à mes lois !
Tous vos cœurs étaient pour Ismène ;
Et l'Amour dans le mien avait gravé leur choix.
   Célébrez votre souveraine !

AZARIS, *en montrant Ismène.*

   Que la Beauté
Reçoive en ces lieux notre hommage !
   De la divinité
Est-il un plus heureux ouvrage
   Que la Beauté ?

De l'univers, quand on fit le partage,
L'Amour n'eut point d'empire limité ;
   Il ne voulut pour apanage
   Que la Beauté.

ISMÈNE, *au roi.*

Honorez moins mes faibles charmes !
Choisissez un Objet digne de vos bienfaits !

(Laissant échapper un regard sur Isménias.)

La seule indifférence a pour moi des attraits :
L'Amour à mes regards n'offre que des alarmes ;
Permettez que mon cœur se consacre à la paix !

(Elle sort.)

AZARIS, *en la suivant.*

N'espérez pas que je vous abandonne !

LE CHŒUR, *en la suivant.*

Ismène ! on vous appelle au trône, etc.

SCÈNE VI.

THÉMISTHÉE, ISMÉNIAS.

ISMÉNIAS.

Croyez-vous qu'Ismène s'engage...

THÉMISTHÉE.

L'hymen de ces amans doit combler tous tes vœux.
Conçois-tu quels honneurs ce beau jour te présage ?
Tu dois présider à leurs nœuds.

ISMÉNIAS, *à part.*

Dieux !

THÉMISTHÉE.

On ne peut te ravir l'avantage
D'unir à nos autels ce couple glorieux.

ACTE I, SCÈNE VI.

ISMÉNIAS, *à part.*

Je frémis.

THÉMISTHÉE.

D'où naît ta tristesse?

ISMÉNIAS.

Craignez de le savoir.

THÉMISTHÉE.

Que dis-tu, malheureux?

ISMÉNIAS.

Oui, je le suis, connaissez ma faiblesse;
Ne voyez plus en moi qu'un ministre odieux
    Qu'une trop fatale tendresse
Va livrer au courroux des mortels et des Dieux!

THÉMISTHÉE.

Ignores-tu les maux où ta flâme t'entraîne?
    Faut-il rappeler à tes yeux
Le jour qui t'engagea, par des sermens affreux,
    A braver le Dieu qui t'enchaîne?

ISMÉNIAS.

Il n'est que trop présent à mon cœur amoureux;
    C'est le jour où je vis Ismène.
    On la choisit dans ce funeste jour
    Pour s'assurer de mon indifférence;
Quand sa bouche me dit qu'il fallait fuir l'Amour,
Ses regards de ce Dieu m'annonçaient la puissance:

Je jurai de le fuir ; hélas ! dans ces instans
    Ma défaite était déjà sûre.
  Ismène enfin reçut en même temps
    Et le serment et le parjure.

THÉMISTHÉE.

  Brise ta chaîne, éteins tes feux !....
      Ton cœur balance !
Déjà j'entends un Dieu rejeter tous nos vœux....
  Un roi jaloux, un peuple furieux,
   Et ne respirant que vengeance....
Déjà la foudre gronde, et le courroux des Cieux
Me force d'immoler l'ingrat qui les offense.
Arrache-moi, cruel, à ce spectacle affreux !
  Brise ta chaîne, éteins tes feux !

ISMÉNIAS, *se précipitant dans les bras de son père.*

  Ranimez mon faible courage !
  De l'Amour détruisons l'ouvrage !
Dans mon cœur agité rétablissez la paix !
   Je ne veux plus trouver d'attraits,
    Dans une flâme criminelle.

THÉMISTHÉE.

  Ranime ton faible courage !
  De l'Amour détruisons l'ouvrage !
Dans ton cœur agité viens rétablir la paix !
   Viens reprendre une âme nouvelle
Dans un temple où l'Amour ne pénétra jamais !

ACTE I, SCÈNE VI.

THÉMISTÉE.

La gloire t'a parlé; vole où sa voix t'appelle !

ISMÉNIAS, *d'un ton ferme et assuré.*

Je vole où la gloire m'appelle.

FIN DU PREMIER ACTE.

ACTE SECOND.

Le théâtre représente des bois consacrés à Diane, sous le titre de Déesse de l'Indifférence. On voit, dans le fond, le temple de cette Déesse.

SCÈNE I.

LA PRÊTRESSE DE L'INDIFFÉRENCE, **CHOEUR** DE PRÊTRES.

LA PRÊTRESSE, *avec le chœur, alternativement.*

Règne sur nous, paisible Indifférence !
Ah! qu'il est doux de vivre sous tes lois!
Tous nos cœurs, ainsi que nos bois,
Servent d'asile à ta puissance.

Règne sur nous, paisible indifférence !
Ah! qu'il est doux de vivre sous tes lois!

L'aveugle enfant que l'univers encense
Gémit sans cesse au pied de tes autels ;
Tu reçois à ses yeux les vœux de l'innocence,
Et tu venges tous les mortels.

Règne sur nous, paisible Indifférence !
Ah! qu'il est doux de vivre sous tes lois!

SCÈNE II.

LES PRÉCÉDENS, ISMÈNE, seule.

ISMÈNE.

O vous, qui de l'Amour savez braver les traits ?
    Sauvez-moi de son esclavage !
Dans des nœuds trop cruels il veut que je m'engage ;
    Il m'arrache à ce que j'aimais ;
Je viens briser mes fers, je viens jouir en paix
    Des biens qui font votre partage.

LA PRÊTRESSE.

    Pour vous admettre dans nos bois,
Il faut qu'à vos désirs la Déesse applaudisse ;
Venez à ses autels, par un prompt sacrifice,
    Mériter l'honneur de son choix !
Puisse-t-elle à vos vœux se déclarer propice,
    Et vous l'annoncer par ma voix !

(*Elles entrent dans le temple de l'Indifférence.*)

SCÈNE III.

ISMÉNIAS, *seul.*

    Cet asile est dans l'univers
Le seul impénétrable à l'enfant de Cythère !
Je suis peut-être, hélas ! le premier téméraire,
Qui conserve en ces lieux l'empreinte de ses fers.

ISMÈNE ET ISMÉNIAS.

    Raison cruelle!
Je veux rentrer sous tes lois;
Pourquoi résister à ma voix,
    Quand je t'appelle?
Que tu me sers avec lenteur!
Ton pouvoir n'est qu'une ombre vaine :
    Aux premiers regards d'Ismène,
Aussi faible que moi, tu fuirais de mon cœur.

    Raison cruelle!
Je veux rentrer sous tes lois;
    Quand je t'appelle,
Pourquoi résister à ma voix?

A vos autels, témoins de ma faiblesse,
Daignez, favorable Déesse,
Rassurer un cœur éperdu!
Ne sauriez-vous qu'alarmer ma tendresse?
Ne pourrez-vous me rendre ma vertu?

SCÈNE IV.

(Le temple s'ouvre, et Ismène paraît prête à prononcer ses vœux au milieu des Prêtresses, qui tiennent le voile qu'elles lui destinent.)

LA PRÊTRESSE DU TEMPLE DE L'INDIFFÉRENCE, CHOEUR DE PRÊTRESSES, ISMÈNE, ISMÉNIAS.

ISMÉNIAS.

Mes vœux sont exaucés, le temple s'ouvre...
O Dieux!... que vois-je? c'est Ismène!

ISMÈNE.

Isménias!... qui peut vous conduire en ces lieux?

ISMÉNIAS, *à Ismène.*

(à part.)

J'y viens chercher la paix... Ah! je tremble à ses yeux!

(à la Prêtresse, avec une assurance forcée.)

Me serais-je flatté d'une espérance vaine?

LA PRÊTRESSE, *avec le chœur.*

Non, non; d'un doux espoir vous pouvez vous flatter.
A l'Amour disputons la victoire!
Qui veut le fuir est sûr de le dompter.

ISMÉNIAS ET ISMÈNE, *à part.*

Non, non.

LE CHŒUR.

Qui veut le fuir est sûr de le dompter.

ISMÈNE ET ISMÉNIAS.

Quand nous travaillons pour ta gloire,
O Déesse, l'Amour peut-il nous résister?

Non, non, etc.

LA PRÊTRESSE.

A ma voix, accourez du ténébreux rivage,
Malheureux que l'Amour fit gémir dans ses fers!
    Venez, de vos malheurs divers,
De l'effet de ses traits, nous retracer l'image!
Puissiez-vous, comme à nous, apprendre à l'univers
    A braver son esclavage!

(*La Prêtresse de l'Indifférence emploie les exemples, de préférence aux leçons, pour ramener le calme dans le cœur d'Ismène et d'Isménias; et pour les éclairer sur les funestes effets de l'Amour, elle en retrace à leurs yeux l'image dans les malheurs de Médée, Jason et de Créuse, qui font le sujet du ballet suivant.*)

SCÈNE V.

Le théâtre représente une place publique de la ville de Corinthe : on voit d'un côté le palais de Créon.

Les efforts que Jason tente pour être fidèle à ses premiers sermens, la tendresse de Créuse qui triomphe de tous ces efforts, la jalousie et les fureurs de Médée, sont les premiers objets de ce tableau. Jason accepte le trône et Créuse, et répudie Médée. La Magicienne, livrée à toute sa douleur, a recours aux ressources de son art ; elle évoque les Enfers ; la Jalousie vient l'animer ; Médée frémit ; le Désespoir s'empare d'elle, la livre à la Vengeance, et ces trois divinités infernales lui offrent le fer, le feu et le poison. La Magicienne répand sur un présent qu'elle veut offrir à sa rivale les venins les plus subtils, et arrache des mains de la Vengeance un poignard qu'elle destine à couronner ses crimes.

Le peuple de Corinthe se rassemble pour célébrer l'hymen de Jason et de Créuse ; Médée, qui paraît étouffer son dépit et pardonner à Jason son infidélité, vient elle-même orner sa rivale du fatal présent qu'elle lui destinait. L'instant où Créuse reçoit la coupe nuptiale est l'instant marqué par la magicienne pour faire éclater sa vengeance. Créuse agitée, sent le poison couler dans ses veines. Médée, sur un char traîné par des dragons, vient se repaître du plaisir de voir sa rivale expirante, jette à Jason un poignard dont elle vient d'égorger ses enfans ; le désespoir s'empare de ce malheureux Prince, tandis que les ministres des fureurs de la magicienne enflamment et détruisent le palais de Créon.

LE CHŒUR.

Les plaintes, les larmes,
Les noires fureurs,

Sont l'effet des armes
Du tyran des cœurs.
Suivez nos exemples,
Aveugles mortels !
Jusques dans ses temples,
Brisez ses autels !

(*La Jalousie, la Vengeance, le Désespoir et leur suite, se retirent.*)

LA PRÊTRESSE.

Gardons un profond silence !
Diane va m'inspirer ;
Mon cœur, rempli de sa puissance,
Sur votre sort va m'éclairer.

(*à Isménias.*)

« Isménias, à l'amour le plus tendre
« Vainement dans ces lieux on voudrait t'arracher ;
« Ismène seule peut te rendre
« Le calme heureux que tu viens y chercher.

(*à Ismène.*)

« De ce cœur enflammé combattez la tendresse !
« Peignez-lui les tourmens de l'empire amoureux !
« C'est l'épreuve que la Déesse
« Exige encor pour recevoir vos vœux !

(*Elle rentre dans le temple avec les Prêtresses.*)

SCÈNE VI.

ISMÉNIAS, ISMÈNE.

ENSEMBLE, *à part.*

Dieux, quel oracle !... est-il possible ?

ISMÉNIAS, *à part.*

Ah ! quand l'Amour l'aurait dicté !....

ISMÈNE.

Eh ! par quelle fatalité
Ce cœur, que j'ai vu si paisible,
A-t-il perdu sa liberté ?

ISMÉNIAS, *d'une voix tremblante.*

Vous frémiriez de sa témérité,
Si je nommais l'objet qui l'a rendu sensible.
Qui croirait que le Ciel vous choisit en ce jour
　　Pour m'inspirer l'indifférence ?
Eh ! qui choisirait-il pour servir sa puissance,
　　S'il voulait m'inspirer l'amour ?

ISMÈNE.

Qu'ai-je entendu ?

ISMÉNIAS.

　　　　　L'aveu de ma faiblesse.
Le devoir, la raison, tout me doit accuser :
　　Armez-vous contre ma tendresse !

ISMÈNE ET ISMÉNIAS.

ISMÈNE.

Votre amour peut-il offenser
Un cœur faible qui le partage ?
Prête à peindre à vos yeux les maux qu'il peut causer,
Je sens, en vous voyant, qu'il nous en dédommage.

ISMÉNIAS.

Vous m'aimez !

ISMÈNE.

Cet aveu doit-il vous rendre heureux ?

ISMÉNIAS.

Ah ! n'arrachez point à mes yeux
Le bandeau qui les couvre encore !
Vous m'aimez !... je vous adore,
Est-il un bien plus précieux ?
Si ma flâme irrite les Cieux,
Pour un moment souffrez que je l'ignore !
Ah ! etc.

ISMÈNE.

Veux-tu trahir nos peuples et les Dieux ?

ISMÉNIAS.

Eh ! mon sang répandu suffit à leur vengeance.

ISMÈNE.

Ton sang ! ah, je frémis ;... quelle est ton espérance ?
Ignores-tu qu'en ces momens affreux
Pour jamais à Diane on consacre mes vœux ?

ACTE II, SCÈNE VI.

ISMÉNIAS.

Vous ne me cachez rien, cruelle,
De ce qui peut me rendre malheureux.

ISMÈNE.

Ne pouvant être à toi, j'ai préféré ces nœuds
A toutes les grandeurs où ton rival m'appelle.

ISMÉNIAS.

Et je perds un cœur si fidèle!
Dieux!

ISMÈNE.

Est-ce là ce calme précieux
Que devait te rendre Ismène?

L'Amour t'éloigna du devoir;
Que sa voix enfin t'y ramène!
Si j'ai sur toi quelque pouvoir,
Hâte-toi de briser ta chaîne!

L'Amour, etc.

Pour t'ôter tout espoir, à la face des Cieux,
Je fais serment...

ISMÉNIAS.

Arrêtez, inhumaine!...
Le roi vient, justes Dieux!

SCÈNE VII.

AZARIS, ISMÈNE, ISMÉNIAS.

AZARIS.

L'Amour au désespoir me ramène à vos yeux;
Ma présence déjà fait naître vos alarmes !
Vous plaisez-vous, cruelle, à voir couler mes larmes ?

ISMÈNE, *d'une voix tremblante.*

Les cœurs vivent en liberté
Dans cette retraite paisible ;
Je viens, s'il est possible,
Partager leur félicité.

AZARIS.

Si Diane agréait vos hommages,
Et vous recevait dans sa cour,
Bientôt ces paisibles bocages
Serviraient de temple à l'Amour.
Croyez que votre indifférence
N'ôte rien à votre beauté !
Et pour avoir plus de fierté,
Vos yeux n'ont pas moins de puissance.

ISMÈNE.

Vous vous opposez vainement
Aux vœux que m'inspire mon zèle.

ACTE II, SCÈNE VIII.

ISMÉNIAS, *vivement à Azaris.*

A ses nymphes, Diane annonce en ce moment
Si son hommage est digne d'elle.

AZARIS.

Ah! je n'écoute plus qu'un transport furieux.
Dans ce temple, guidé par mon ardeur extrême,
Je vais implorer pour mes feux
La Déesse qui veut m'arracher ce que j'aime :
Venez! vous me verrez la fléchir à vos yeux,
Ou m'immoler sur l'autel même
Où vous consacrerez vos vœux.

(*Il va pour entrer dans le temple.*)

SCÈNE VIII.

(*Le temple s'ouvre.*)

**AZARIS, ISMÈNE, ISMÉNIAS, LA PRÊTRESSE
DU TEMPLE DE L'INDIFFÉRENCE, CHŒUR DE
PRÊTRESSES.**

LA PRÊTRESSE, *avec le chœur.*

Téméraires, fuyez! n'armez point la colère
De la Divinité qu'en ce temple on révère!

LA PRÊTRESSE, *seule, à Ismène.*

Et toi, dont l'Amour est vainqueur,
Porte loin de ces lieux ton ardeur criminelle!
« Cours au temple où l'hymen t'appelle!
« Dans les nœuds que tu fuis va chercher ton bonheur!

SCÈNE IX.

AZARIS, ISMÈNE, ISMÉNIAS.

ENSEMBLE.

Qu'entends-je?

AZARIS, *à Ismène.*

Quoi! l'Amour a changé votre cœur?

ISMÈNE.

Seigneur...

AZARIS.

Pourquoi me le cacher, cruelle!
Le Ciel a trahi votre ardeur.

ISMÈNE, *vivement à Azaris.*

Ah! sortons de ces lieux!

AZARIS.

Venez! que rien n'arrête
Les chaînes que nos cœurs vont former aux autels!
(*à Isménias.*)
Et vous? de Jupiter venez chanter la fête,
Et recevoir nos sermens solennels!

ISMÉNIAS, *à part.*

Epargne-moi, maître des immortels!
Ta foudre gronde sur ma tête.

FIN DU SECOND ACTE.

ACTE TROISIÈME.

Le théâtre représente le temple de Jupiter, orné de différens tableaux à la gloire de ce Dieu. On voit un autel pour l'hymen du Roi et d'Isméne.

SCÈNE I.

ISMÈNE, seule.

Tu m'as dicté tes lois, Destin inexorable!
    Je vais en subir la rigueur:
    Du moins donne à mon faible cœur
La force d'accabler un amant misérable,
    Dont je partage le malheur!...
    Mes yeux, il faut donc vous défendre
De chercher désormais mon bonheur dans les siens!
    Que de pleurs vous allez répandre,
    Quand les mains d'un amant si tendre
    Vont serrer mes tristes liens!

Tu m'as dicté tes lois, etc.

Mais il vient!.. cachons-lui mon trouble et ma douleur!

(Elle sort.)

SCÈNE II.

ISMÉNIAS, THÉMISTHÉE

THÉMISTHÉE.

Le ciel enfin dissipe nos alarmes;
Le choix d'Ismène assure ton bonheur;
L'infidélité de son cœur
Eteindra dans le tien l'ouvrage de ses charmes.

ISMÉNIAS.

J'ai peine à croire encor qu'elle puisse changer;
Je juge par mon cœur de celui de l'ingrate;
Redites-moi cent fois qu'un autre amour la flatte!
En croyant vos discours, je crains de l'outrager.

THÉMISTHÉE.

Quand l'Amour nous appelle à la grandeur suprême,
Sans peine il se fait écouter;
Il ne plaît que trop de lui-même;
Quand la gloire le sert, comment lui résister?

ISMÉNIAS, *vivement*.

Non, ce n'est point au rang qu'Ismène sacrifie
L'espoir qui flattait nos amours;
Le seul désir qu'elle a de conserver mes jours
Assure à mon rival un bonheur que j'envie;
Mais c'est une barbarie
Que de vouloir me secourir
Par une telle perfidie:

ACTE III, SCÈNE II.

Il fallait oublier les dangers de ma vie,
M'aimer, me le prouver en me laissant mourir.

THÉMISTHÉE.

Elle obéit aux Dieux.

ISMÉNIAS.

Eh! l'Amour s'en étonne....
Depuis que le Ciel force Ismène à me trahir,
    Je la fuis, elle doit me fuir.
    Malgré l'éclat qui déjà l'environne,
Un regard de l'Amour ferait encor rougir
    Ce front que la gloire couronne.

(On entend une symphonie qui annonce le moment où le peuple se rassemble pour la fête de Jupiter.)

    L'heure approche, l'air résonne
    De mille chants harmonieux.
        La trompette sonne;
    Peuples, accourez en ces lieux!

Venez, des vrais plaisirs, heureux dépositaires,
Bergers! venez sans crainte! approchez des autels!
    Vos cœurs purs, vos vœux sincères,
    Sont sûrs de plaire aux immortels.

SCÈNE III.

LES PRÉCÉDENS; **AZARIS ET ISMÈNE**, *arrivent ensemble, au milieu de la scène.*

(*Les peuples se rendent au temple, ainsi qu'Azaris et Ismène, et chacun présente son offrande et ses vœux aux autels de Jupiter. Cérémonies de la fête de Jupiter.*)

UNE BERGÈRE.

Nous offrons les biens dont la Nature,
    Simple en sa parure,
    Orne nos vergers;
Ce sont les seuls dons qu'elle nous laisse;
    Ils font la richesse
    De tous nos bergers.

(*On danse.*)

Peuples, que vos trésors et nos simples guirlandes
Soient sur un même autel, sans offenser vos yeux!
   Les biens qui nous servent d'offrandes
   Sont l'ouvrage des mêmes Dieux.

(*On danse.*)

ISMÉNIAS.

Au Dieu qui lance le tonnerre
Offrez l'hommage de vos cœurs!

LE CHŒUR.

Au Dieu qui lance le tonnerre
Offrons l'hommage de nos cœurs!

ACTE III, SCENE III

ISMÉNIAS.

Implorez ses justes faveurs !
J'annonce sa gloire à la terre.

LE CHŒUR.

Implorons ses justes faveurs !
Annoncez sa gloire à la terre !

ISMÉNIAS, *avec le chœur, et indiquant le tableau de Jupiter dans l'Olympe.*

Quel éclat l'environne au trône des grandeurs !
   Les Dieux de la terre et de l'onde,
   Lui rendent les mêmes honneurs,
  Le même encens qu'ils reçoivent du monde.

   Au Dieu qui, etc.

ISMÉNIAS, *faisant voir le tableau de Jupiter dans la cabane de Philémon et Baucis.*

   Ce Dieu qui règne sur les Dieux
Est-il, dans ces hameaux, moins grand que dans les cieux ?
    (montrant Philémon et Baucis.)
Cœurs bienfaisans, garans de sa bonté suprême !
Il donne à vos bienfaits le prix qui leur est dû ;
Plus flatté des honneurs qu'il rend à la vertu
   Que de ceux qu'il reçoit lui-même.

AZARIS, *à Ismène.*

Couronnez enfin mon ardeur !
Cédez à mon impatience !

Rien ne manque à ma puissance,
Mais tout manque à mon bonheur.
Mon peuple vous fait connaître
Qu'il applaudit à mon choix;
Et les sujets et le maître,
Tout veut vivre sous vos lois.

ISMÈNE *à Isménias, sans oser le regarder.*

Du Dieu qui dans ses mains tient le bonheur du monde,
Implorez pour moi les bienfaits!
Qu'à mes vœux sa bonté réponde!

ISMÉNIAS.

Vos desirs seront satisfaits.

LE CHŒUR.

(à Azaris et Ismène.)

D'accord avec l'Amour, que l'Hymen vous couronne!

(à Isménias.)

A ces autels unissez deux amans!

ISMÉNIAS, *qui s'est avancé lentement et les yeux baissés vers l'autel, dit d'une voix mal assurée:*

J'attends Ismène.

ISMÈNE, *à part.*

Hélas! la force m'abandonne.

AZARIS, *en lui donnant la main et la conduisant à l'autel.*

Partagez mes empressemens!

ACTE III, SCÈNE III

ISMÈNE.

Je vous suis.

AZARIS, *à l'autel.*

Jurons-nous une ardeur mutuelle,
Isménias, invoquez nos sermens !

AZARIS ET ISMÈNE *montant sur l'autel, et détournant
les yeux et de l'autel et d'Isménias.*

Sur ces autels je jure....

ISMÉNIAS, *à l'autel, n'ayant pas la force d'achever,
tombant de faiblesse entre les bras de Thémisthée, et
interrompant Ismène.*

Osez-vous bien cruelle,
Pour former des coupables nœuds,
Choisir l'amant le plus fidèle?

AZARIS, THÉMISTHÉE, ISMÈNE.

Qu'entends-je, ô ciel!

ISMÉNIAS.

L'aveu d'une ardeur criminelle.

ISMÈNE.

Je me meurs !

O mon fils!

ISMÉNIAS *tombant dans les bras de son père.*
Mon père!

THÉMISTHÉE.

Ah, malheureux!

17.

ISMÈNE, à *Isménias.*

Cruel, tu veux mourir!

ISMÉNIAS.

Jamais... Et pour une infidèle?

ISMÈNE, *vivement.*

Je ne l'étais que pour sauver tes jours.

AZARIS, à *Ismène.*

Perfide! vous osez répondre à ses amours?
C'est l'arrêt de sa mort.

ISMÈNE, à *Azaris*, en l'arrêtant.

C'est l'arrêt de la mienne.

AZARIS.

Il a trahi les Dieux.

ISMÈNE, *très-vivement.*

Ils savent se venger.
Croyez-vous leur puissance vaine?

AZARIS.

Je dois punir qui les ose outrager.

ISMÈNE.

Vous ne le punirez que d'avoir su me plaire.

AZARIS.

Qu'on enchaîne à l'autel cet amant téméraire;
Qu'il périsse!

ACTE III, SCENE IV

ISMÈNE, *aux sacrificateurs et au roi, en se jetant alternativement à leurs genoux.*

(*avec Thémisthée.*)

Arrêtez!.... O Ciel, protégez-nous!

(*On entend gronder le tonnerre.*)

AZARIS ET LE CHOEUR, *au grand sacrificateur.*

Jupiter en courroux,
Demande vengeance.
Que l'ingrat qui l'offense
Tombe sous vos coups!

(*Des sacrificateurs se sont assurés d'Isménias, et l'ont enchaîné à l'autel; ils portent la hache sacrée à Thémisthée, et voyant qu'il n'a pas la force d'obéir aux ordres du roi, ces sacrificateurs lèvent le bras pour immoler Isménias, et sont arrêtés par la suite de l'Amour, qui paraît dans le nuage qui s'entr'ouvre.*)

SCÈNE IV.

LES PRÉCÉDENS, L'AMOUR, SUITE DE L'AMOUR.

L'AMOUR.

(*aux sacrificateurs.*) (*aux peuples.*)

Arrêtez!.... quelle aveugle rage
Anime vos cœurs en ce jour?
Jupiter n'est armé que pour venger l'outrage
Que vous avez fait à l'Amour;
Voulez-vous qu'un mortel me refuse un hommage

Que me rendit cent fois le souverain des Cieux?
De mon pouvoir lui-même il vous offre l'image:
  Servir l'Amour, c'est imiter les Dieux.

  (à Ismène et à Isménias.)

   Formez les plus aimables chaînes!
   L'Amour va combler vos désirs;
   Vous avez trop connu ses peines,
   Connaissez enfin ses plaisirs!

L'AMOUR, *à Azaris.*

Et toi qui de mes traits éprouves la rigueur!
   Je ne veux pas que ton malheur
D'un jour si glorieux ternisse la mémoire;
Dans ton âme mes feux se changeaient en fureur;
   Je les éteins, je te rends à la gloire.

AZARIS.

La raison dans mon cœur fait briller son flambeau;
Du trait qui me blessait quand l'Amour me dégage,
   (à Ismène et à Isménias.)
Pour me rendre insensible aux biens qu'il vous présage,
Il faut que sur mes yeux il ait mis son bandeau.
   (aux peuples, montrant l'Amour.)
Peuples, que vos plaisirs pour lui soient un hommage!

                          (Il sort.)
               On danse.

(Les peuples rendent hommage à l'Amour, et se joignent aux Plaisirs et aux Jeux pour célébrer le bonheur d'Ismène et d'Isménias.)

ACTE III, SCÈNE IV.

L'AMOUR.

Je règne sur les cœurs, leur bonheur fait ma gloire;
(*à Ismène et Isménias.*)
Sur vous j'ai lancé tous mes traits :
Un cœur ignore mes attraits,
Quand il s'oppose à ma victoire.

ISMÉNIAS, *avec le chœur.*

Tu règnes sur les cœurs, leur bonheur fait ta gloire.
Sur nous tu lances tous tes traits :
Un cœur ignore tes attraits,
Quand il s'oppose à ta victoire.

(*On danse.*)

ISMÉNIAS, *à l'Amour.*

Permets qu'un cœur animé par tes flâmes
Célèbre ton triomphe et chante tes bienfaits !
Tu ne vois sous tes lois que des cœurs satisfaits :
Le bonheur, à ta voix, a volé dans nos âmes.

(*aux peuples.*)

Vous aurez pour vous tous les Dieux,
Si le dieu des Plaisirs leur adresse vos vœux;
Il règne dans les cieux, ainsi que sur la terre :
Qui rend heureux le maître du tonnerre,
Doit obtenir pour nous un regard de ses yeux.
Permets qu'un cœur, etc.

THÉMISTHÉE, ISMÉNIAS ET ISMÈNE.

Nous versions des larmes;
Quel moment succède à nos soupirs !

ISMÈNE ET ISMÉNIAS.

Du sein des alarmes,
Naissent nos plaisirs.

ISMÉNIAS, à l'Amour.

Le Ciel, à ta voix,
Suspend ses lois,
Permet que j'aime;
Tu descends des Cieux,
Pour nous rendre heureux,
Pour nous réunir toi-même;
C'est combler nos vœux;
C'est dire,
L'Amour ne desire
Fixer, enchaîner un cœur
Que pour mieux assurer son bonheur.

LE CHŒUR.

Nous versions des larmes, etc.

THÉMISTHÉE, ISMÉNIAS ET ISMÈNE.

Nous versions des larmes, etc.

L'AMOUR.

Vous versiez des larmes,
Quel moment succède à vos soupirs!
Du sein des alarmes
Naissent vos plaisirs.

(*La fête se termine par un ballet général.*)

FIN D'ISMÈNE ET D'ISMÉNIAS.

L'AMOUREUX
DE QUINZE ANS,
OU
LA DOUBLE FÊTE,
COMÉDIE
EN TROIS ACTES ET EN PROSE,
MÊLÉE D'ARIETTES;

Représentée, pour la première fois, par les comédiens italiens ordinaires du Roi, le jeudi 18 avril 1771.

MUSIQUE DE M. MARTINI.

PERSONNAGES.

LE MARQUIS, père de Lindor.	M. Clairval.
LINDOR.	M.me Trial.
LE BARON.	M. Cailleau.
HÉLÈNE.	M.me La Ruette.
JACINTE, gouvernante d'Hélène.	M.me Berard.
M. DUPUIS, précepteur de Lindor.	M. La Ruette.
LE MAGISTER.	M. Nainville.
LA NOURRICE de Lindor.	M.me Favart.
THOMAS, Paysan.	M. Trial.
BABET, jeune Paysanne.	M.lle Beaupré.

PAYSANS et PAYSANNES de la terre du Marquis.
PAYSANS et PAYSANNES de la terre du Baron.
MÉNÉTRIERS.
Un Maître d'Hôtel du Marquis.
Un Domestique du Marquis.

La scène se passe dans le château du Marquis.

L'AMOUREUX
DE QUINZE ANS.

ACTE PREMIER.

Le théâtre représente un vestibule orné.

SCÈNE I.

LE PRÉCEPTEUR, LA GOUVERNANTE.

LA GOUVERNANTE.

Mais, dites-moi donc, Monsieur, à l'âge de mademoiselle Hélène.... à dix-huit ans.... ne s'occuper que du couvent !

LE PRÉCEPTEUR.

Eh mais ! à l'âge du jeune Lindor.... à quinze ans enfin, ne rêver qu'au mariage !

TOUS DEUX.

Je n'en parle pas de sang-froid.

LE PRÉCEPTEUR.

Tant de goût pour le mariage ;
Mais à quinze ans !

LA GOUVERNANTE.

Tel dégoût pour le mariage ;
Mais à son âge !

L'AMOUREUX DE QUINZE ANS.

TOUS DEUX.

Dites-moi si cela se croit.

LE PRÉCEPTEUR.

{ Tant de goût pour le mariage !
Et chaque jour ce goût s'accroît :
Oui, j'en ris de bon cœur :
Pauvre Précepteur !

LA GOUVERNANTE.

Tel dégoût pour le mariage !
Chaque jour ce dégoût s'accroît.
Cela m'impatiente.
Oui j'en suis en fureur :
Pauvre Gouvernante ! }

LA GOUVERNANTE.

Eh vraiment ! il n'y a qu'à en rire pour vous, mais pour moi !

LE PRÉCEPTEUR.

Je conçois que cela vous afflige.

LA GOUVERNANTE.

Ah ! Monsieur, si cela m'afflige ! Vous pouvez en juger ; après les soins que je me suis donnés....

LE PRÉCEPTEUR.

Et qui ont tourné à votre satisfaction assurément.

LA GOUVERNANTE, *prenant l'air plus gai, vivement.*

Personne ne peut mieux les apprécier que vous ; car votre pupille.....

ACTE I, SCÈNE I.

LE PRÉCEPTEUR, *d'un ton de satisfaction.*

Ma foi....

LA GOUVERNANTE.

Oh! il est charmant.

LE PRÉCEPTEUR.

Comme votre pupille.

LA GOUVERNANTE, *avec joie.*

Oh! c'est la vérité, il faut en convenir.... Vous ne sauriez croire, Monsieur, le plaisir que j'ai de causer avec vous.

LE PRÉCEPTEUR.

C'est que nous sommes tous deux dans les mêmes principes..... bien attachés à nos élèves.

LA GOUVERNANTE.

Je vous dirai qu'Hélène n'entend jamais parler tranquillement de tous les talens que Lindor vous doit.

LE PRÉCEPTEUR.

C'est ce que j'ai remarqué.

LA GOUVERNANTE.

Elle ne conçoit pas que la différence d'âge n'en admette point dans les progrès.

LE PRÉCEPTEUR.

Son esprit est précoce en tout;
Ses progrès sont, comme son goût,

Bien au-dessus de son âge ;
Ce goût vif, dont je ne dis rien,
L'anime encor plus à l'ouvrage :
On rit d'un mal d'où naît un bien.

En moi, soit qu'il craigne un censeur,
Sur ce grand secret de son cœur,
Son confident, c'est son père.
Il sait tout ; moi, je ne vois rien,
Que la tendresse qui l'éclaire ;
Je ris d'un mal qui mène au bien.

LA GOUVERNANTE.

D'ailleurs, Lindor n'a que quinze ans, au lieu qu'Hélène en a dix-huit. Et quand une éducation vous fait honneur dans le monde.....

LE PRÉCEPTEUR.

Oh ! c'est cruel.

LA GOUVERNANTE, *abondant dans son sens.*

Ce n'est pas ma gloire personnelle que je regarde ; mais la douleur que cela doit faire au père, qui est le meilleur homme, le plus digne homme du monde, comme vous savez ; la franchise même, et qui a besoin de toute sa gaîté naturelle pour résister au chagrin que cela lui fait.

LE PRÉCEPTEUR.

Il est vrai que Monsieur le Baron....

LA GOUVERNANTE.

Comment, Monsieur ! seigneur de cette belle terre,

où nous nous sommes vus l'année passée, et qui n'est qu'à un pas de celle-ci; n'ayant d'enfant qu'une fille, qu'il couvre des yeux, et qui refuse tous les partis qu'on lui présente : plus on s'obstine à lui en parler, plus elle tient pour le couvent. Pour moi, je sais bien que je n'ai pas de goût pour la retraite, mais en vérité..... oui, Monsieur, je crois que je l'y suivrais..... c'est que j'aime tant ma chère Hélène!

LE PRÉCEPTEUR.

Eh! Madame, si vous ne l'aviez aimée, son éducation s'en ressentirait.

LA GOUVERNANTE.

Oh! vous avez bien raison.

On ne peut élever l'enfance,
Pour peu qu'il en coûte à l'aimer;
Jeune cœur qu'on se plaît à former,
Nous attache plus qu'on ne pense.

Avec douceur,
Mais sans faiblesse,
Contre l'humeur
Lutter sans cesse;
C'est un tourment, un vrai tourment,
Si la tendresse
A la maîtresse
N'offre un attrait.... ne sert d'aimant.

TOUS DEUX.

On ne peut élever l'enfance;
Pour peu qu'il en coûte à l'aimer,
Jeune cœur, etc.

LE PRÉCEPTEUR.

Quand la raison
Vient avec l'âge,
Que la leçon
Plaît davantage !
Le succès suit, le maître dit :
« Prenons courage...
« C'est mon ouvrage
« Qu'on applaudit.

TOUS DEUX.

On ne peut élever l'enfance, etc.

LE PRÉCEPTEUR.

Allez, allez, croyez que les plaisirs qu'on cherche ici à procurer à Hélène la distrairont peu-à-peu de ces idées sombres.

LA GOUVERNANTE.

Il est vrai que je regarde comme un bonheur que Monsieur son père l'ait amenée chez Monsieur le Marquis; elle y paraît plus gaie; mais.... toujours un fond de rêverie....

LE PRÉCEPTEUR.

Qui se dissipera.... A propos ! n'est-ce pas aujourd'hui la fête de Monsieur le Baron ?

LA GOUVERNANTE, *souriant*.

Oui; mais c'est aussi celle de Monsieur le Marquis.... Pourquoi cette question ?

ACTE I, SCÈNE I.

LE PRÉCEPTEUR, *souriant*.

C'est que j'imagine que cela répandra dans le château un peu plus de gaîté.

LA GOUVERNANTE.

Comment ! est-ce que vous sauriez?...

LE PRÉCEPTEUR.

Est-ce que Lindor s'occupe d'autre chose depuis quelques jours ?

LA GOUVERNANTE.

Je ne le croyais pas dans la confidence d'Hélène.

LE PRÉCEPTEUR.

C'est Hélène et son père qui ne doivent pas être dans la sienne.

LA GOUVERNANTE.

Je ne vous entends pas.

LE PRÉCEPTEUR.

C'est une espèce de fête, un divertissement.

LA GOUVERNANTE.

Oui ; mais il ne faut pas que Monsieur le Marquis ni son fils en sachent rien.... Attendez donc ! je vois que vous cherchez à me faire jaser, et j'en dis trop ; aussi bien voici Hélène ; laissez-nous, je vous prie.

(*Il sort.*)

SCÈNE II.

HÉLÈNE, LA GOUVERNANTE.

HÉLÈNE.

Eh! ma bonne, à quoi vous amusez-vous? je vous cherche partout.

LA GOUVERNANTE.

Ma foi, Mademoiselle, je crois notre secret découvert; on a parlé de fête.

HÉLÈNE.

Ah! ma bonne, vous aurez jasé.

LA GOUVERNANTE.

Moi! jaser, Mademoiselle! Ah!.... Mais vous-même, ne vous serez-vous point trahie? Lindor....

HÉLÈNE.

Lindor, ma bonne..... dans un petit divertissement du moment, que je prépare à Monsieur le Marquis, et que je dois bien à la manière honnête dont il nous reçoit, je me serais bien gardé de mettre son fils dans ma confidence.

LA GOUVERNANTE.

Cela étant, j'ai bien fait de ne rien dire à Monsieur Dupuis, qui, nous voyant l'air un peu occupé, cherchait en effet à me faire jaser; mais votre secret était en bonnes mains.

ACTE I, SCÈNE III.

HÉLÈNE.

A la bonne heure; car le plaisir de ces petites fêtes n'est que dans la suprise; et vous savez que, pour la ménager, je n'ai pris pour acteur que les paysans de la terre de mon père: mais voyez un peu s'ils arrivent, et vous m'avertirez.

LA GOUVERNANTE.

Ils arriveront, ils sauront leurs rôles; soyez tranquille!.... Je suis si contente quand je vous vois quelques momens de gaîté, que..... Enfin, ma chère Hélène, j'y vais.

SCÈNE III.

HÉLÈNE, *seule.*

Ah! qu'elle serait rassurée si elle pouvait lire dans mon cœur! Le goût que j'affecte pour la retraite intimide et retient Lindor sur l'aveu qu'il ne cherche qu'à me faire; il empêche mon père de me parler de mariage: je sens que je l'afflige, mais aussi que nous serions heureux!.... Il n'a point de meilleur ami que le Marquis.... Voir l'hymen resserrer entre eux les liens de l'amitié, quel bonheur! Ah! Lindor, que n'avez-vous mon âge!

Oui, je partage votre ardeur:
Oui, Lindor, pour vous je soupire;
Mais je garderai dans mon cœur
L'aveu que le vôtre desire:

L'AMOUREUX DE QUINZE ANS.

 Nous n'avons sur notre bonheur
D'obstacle que votre jeunesse ;
Mais elle excuse la rigueur
Dont vos yeux m'accusent sans cesse.
 Oui, etc.

 Plus je vous vois, et plus je sens
Que l'esprit et que les talens
A tout âge ont droit de séduire :
L'Amour m'en peint tous les appas ;
 Mais ce n'est que pas à pas,
Qu'au bonheur il peut conduire.
 Oui, etc.

Jacinte ne revient point !... Nos gens doivent être arrivés..... cela m'impatiente..... Elle sait la peine que j'ai eue à déterminer mon père à aller à la chasse..... et cela pour veiller avec plus de soin à mon petit projet.... Et je gage qu'elle s'amuse..... Non, en vérité..... Ah ! je vois le Marquis et son fils ; allons vite trouver ma bonne !

(Elle sort.)

SCÈNE IV.

LE MARQUIS, LINDOR.

LE MARQUIS

Dis-moi, mon fils ; qu'est-ce que c'est que ces paysans qui te cherchaient ? Il me semble que j'ai vu des violons...

ACTE I, SCÈNE IV.

LINDOR.

Eh! mais, mon père, vous oubliez que c'est aujourd'hui votre fête; ils venaient savoir à quelle heure on danserait au château; mais ce n'est pas là ce qui vous intéresse: dès que je vous parle mariage, vous cherchez toujours à détourner la conversation.

Le mariage est fait pour moi.

LE MARQUIS, *feignant d'abonder dans son sens.*

Plus j'y songe, et plus je le croi.

LINDOR.

Vous plaisantez, mon père.

LE MARQUIS.

Moi?

LINDOR.

Vous.

LE MARQUIS.

Moi?

LINDOR.

Vous. { Eh! je le voi.
LE MARQUIS. { Eh! non, ma foi.

Sur quoi?

LINDOR.

Sur quoi!

Je vous connais.

LE MARQUIS.

Puis-je mieux faire?

Je dis, je pense comme toi.

LINDOR.

Vous plaisantez, mon père.
Cela me désespère.
Le mariage est fait pour moi.

LE MARQUIS.

Plus j'y songe, et plus je le croi.

Mais tu serais bien étonné, si je te prouvais que je m'en occupe plus sérieusement que tu ne penses?

LINDOR.

Vous, mon père?

LE MARQUIS.

J'ai trois ou quatre partis en vue.

LINDOR, *avec vivacité.*

Eh bien! ne vous le disais-je pas? Vous en avez en vue trois ou quatre, afin de ne vous décider sur aucun......

Enfin vous me l'avez promis.
C'est un fait.... ma mémoire est bonne:
Voulez-vous tromper votre fils,
Vous qui n'avez trompé personne?...
Avec la parole d'un père,
On est bien fort, on est bien fort.

(*caressant son père.*)

Un bon cœur, à qui j'aime à plaire,
A mes yeux ne peut avoir tort.

ACTE I, SCÈNE IV.

(Le Marquis veut l'interrompre, Lindor continue, et comme s'il lui coupait la parole.)

Un moment! daignez le permettre!
Tout n'est pas dit.... Dans chaque lettre
    Que j'ai de vous,
Voyez! lisez ces mots si doux.

(Il lit sur plusieurs lettres ce qui suit.)

« Mon fils, songe à t'avancer! mon cher fils; je n'at-
« tends que cela pour te marier..... »

Dans toutes, c'est même langage,
Toujours l'espoir du mariage....
Sur cet espoir que vous fondiez,
    Vous m'encouragiez,
Vous le savez, vous exigiez
    Travaux, progrès....
    Ardeur.... succès?....
Et quand tous vos vœux sont remplis....
Et quand mes travaux sont finis....
Et quand mes succès sont suivis....
    Vous changeriez d'avis?

(d'un ton patelin.)

Non, non....Enfin, vous me l'avez promis,

LE MARQUIS.

Eh! crois-tu, dis-moi, que je te destine au célibat?

LINDOR.

Je crois.... que vous vous occupez de toute autre chose que de me tenir parole.

L'AMOUREUX DE QUINZE ANS.

LE MARQUIS.

Mais.... tu veux que je m'occupe de te choisir une femme, et je n'ai pas encore congédié ton précepteur?

LINDOR.

Mon précepteur?.... Il n'y a qu'à le garder pour mes enfans.

LE MARQUIS.

C'est songer à tout; mais n'en as-tu pas encore un peu besoin pour toi-même?

LINDOR.

Ne sais-je pas tout ce que vous m'avez fait apprendre? Je sais le latin assez bien.

LE MARQUIS, *d'un ton d'ironie.*

Assez bien? Passe.

LINDOR.

Passe?

LE MARQUIS.

Passe.

LINDOR.

Vous croyez me faire une grace?

LE MARQUIS.

Passe.

LINDOR.

Passe?

ACTE I, SCÈNE IV.

On dirait que je ne sais rien.

LE MARQUIS.
Non, tu sais tout, et j'en convien.

LINDOR.
Je sais latin, géométrie.

LE MARQUIS.
Géométrie?

LINDOR.
Géométrie,
Fable, histoire et géographie;
Et, selon vous, je ne sais rien.

LE MARQUIS.
Non, tu sais tout, et j'en convien.

LINDOR, *en riant.*
Et ma mémoire,
Sans m'en faire accroire,
Me sert assez bien.

LE MARQUIS.
Que trop bien.

LINDOR, *en riant.*
Passe.

LE MARQUIS.
Passe?

LINDOR.
Passe.

Vous ne me faites point de grâce,
Vous oubliez ; et je retien....
Près de vous quel sort est le mien !
L'air modeste ne gagne rien.

LE MARQUIS.

L'air modeste ne gâte rien.

Mais, modestie à part, tu ne me parles que de ton esprit : je veux qu'il soit formé.... Et ton cœur ?

LINDOR.

Mon cœur ?... Ah ! si j'osais....

LE MARQUIS.

Comment ?

LINDOR.

Enfin.... il se formera sur le vôtre.

LE MARQUIS, *en souriant.*

Oh ! tu veux me gagner ; tu me fais des complimens.

LINDOR.

Qui ne me réussissent guères.

LE MARQUIS, *d'un ton un peu plus sérieux.*

Je vais te faire voir que j'ai meilleure opinion de ton esprit que tu ne penses, en entrant avec toi dans des détails qui seraient au-dessus de ton âge, si je te connoissais moins.

LINDOR, *vivement et avec un peu d'impatience.*

Mon âge ?

ACTE I, SCÈNE IV.

LE MARQUIS.

Écoute.

Je suis Seigneur de ce village ;
Un jour il sera ton partage.
Sais-tu tout ce qu'il faut savoir
Pour ton bonheur et ton devoir ?
 Je te parle en père :
 Mais, si je t'éclaire,
Je suis heureux ; c'est mon espoir....

 Avec complaisance,
 Adoucir le poids
 De l'obéissance ;
 Par la bienfaisance,
 Lier à ses droits
 La reconnaissance ;
 Rendre à ses valets
 Le travail facile ;
 Viser à l'utile,
 En fixant la paix ;
Avec un voisin difficile,
Avec un fermier trop habile,
Éviter plaintes et procès....

De tout bon Seigneur de village,
Tels sont les travaux et les vœux :
Ces soins sont-ils faits pour ton âge ?...
Et, pour couronner son ouvrage,
Rendre ses habitans heureux !...

Tu sais tout ; et moi, pour leur bien,
Tiens, je crois que je ne sais rien,
 Quand chaque aurore
 M'éclaire encore

Sur leur bonheur et sur le mien.
Oui, chaque aurore
M'instruit encore
Pour leur bonheur et pour le mien.

LINDOR.

C'est-à-dire qu'il faudrait que j'attendisse encore tranquillement quinze ou seize ans, n'est-ce pas?

LE MARQUIS.

Oh! non, non; tu vas voir que je suis plus raisonnable. Je t'ai dit que j'avais plusieurs partis en vue; il en est un sur lequel je me déciderais assez volontiers, en ce que l'âge, le caractère, la figure, tout semble s'y réunir..... Tu connais la jeune Lise?

LINDOR.

La jeune Lise?

LE MARQUIS.

Eh! oui, la fille du marquis de Clainville, mon voisin et mon ami.

LINDOR.

La jeune Lise, qui n'a qu'onze ans?

LE MARQUIS, *vivement*.

Tu n'en as que quinze; son caractère promet, sa figure est charmante; et en vous laissant, pour vous connaître et vous aimer, trois ou quatre ans.....

LINDOR.

Trois ou quatre ans, mon père?

ACTE I, SCÈNE IV.

LE MARQUIS, *vivement.*

Tu l'aimes peut-être déjà?

LINDOR.

Ah! si j'osais vous parler de mon choix, vous le trouveriez bien plus raisonnable.

LE MARQUIS, *cherchant à pénétrer son secret.*

Ah, ah! tu as fait un choix? Eh bien! voyons!

LINDOR.

Oui, j'irai vous dire mon secret, pour que vous en abusiez?

LE MARQUIS, *feignant de s'en aller.*

Eh bien! ne me le dis pas! je ne suis pas pressé.

LINDOR, *l'arrêtant, et avec impatience.*

Eh! mais, mon père, vous ne me laissez pas seulement le temps de vous répondre.

LE MARQUIS.

Tu veux garder ton secret; je te le laisse.

LINDOR, *caressant son père, vivement.*

Mais, non.... Tenez, mon père, si l'objet de mon choix réunissait tous les talens qu'on peut desirer, la figure la plus aimable, un caractère adorable.... aimant son père comme je vous aime?

LE MARQUIS, *avec finesse.*

Je dirais que ce portrait ressemble fort à Hélène.

LINDOR, *avec embarras.*

Je ne vous dis pas que ce soit elle.

LE MARQUIS.

Vraiment, je te crois trop raisonnable.... Tu te chercherais toi-même des obstacles; tu connais son éloignement pour le mariage.

LINDOR, *embarrassé*

Mais avant de vous dire son nom, répondez-moi, mon père. Si l'objet de mon choix enfin justifiait le portrait que je viens de vous en faire.... que diriez-vous?

LE MARQUIS, *cherchant à pénétrer son secret.*

Je dirais qu'il faut commencer par savoir si tu lui plais.

LINDOR, *avec embarras.*

Mais.... si je parvenais à lui plaire?

LE MARQUIS, *très-vivement.*

Ecoute donc..... j'entends des chevaux dans la cour du château; c'est sûrement le Baron qui revient de la chasse.

(*Il sort.*)

LINDOR.

Eh! mon père, vous ne m'en faites jamais d'autres.

SCÈNE V.

LINDOR, seul.

Monsieur le Baron !.... Monsieur le Baron aime la chasse; le temps est beau; il n'est pas homme à revenir sitôt. (*avec impatience*) Oh !.... mon père ne veut pas me marier..... c'est singulier..... il a une adresse pour savoir tout ce qu'il veut de moi.... J'ai pensé vingt fois lui nommer Hélène..... mais attendons pour lui en parler ! (*avec satisfaction*) Oh ! oui; si j'étais une fois sûr du cœur d'Hélène..... (*très-vivement*) C'est aujourd'hui la fête de son père; elle ne se doute pas que je le sais. (*avec la plus grande joie*) Je suis sûr de mes acteurs.... Oh ! cela ira bien. Hélène a tant d'esprit; elle se doutera bien qu'elle est le véritable objet de toutes les peines que je me suis données.... Cela préparera mieux l'aveu que je veux lui faire..... (*avec dépit*) Ah ! pourquoi ne suis-je timide que devant elle ?

    Qu'il est cruel de n'avoir que quinze ans !
      Que je m'en veux de ma jeunesse !
      Age qui formez les talens,
    N'êtes-vous rien pour la tendresse ?

  Aimable objet, qui m'avez su charmer,
  Si ma jeunesse effarouche mon père,
      Il suffirait de vous nommer,
  Pour lui prouver que la raison m'éclaire.
    Qu'il est cruel, etc.

Mais mon père avait raison ! Voici Monsieur le Baron.

SCÈNE VI.

LE MARQUIS, LE BARON, *en habit de chasse,* **LINDOR.**

LE MARQUIS.

Eh! mais, mon cher Baron, vous voilà de retour de bonne heure!

LE BARON, *avec gaîté.*

Mon ami, il faut être de société à la campagne.

LE MARQUIS.

Mais vous êtes-vous amusé?

LE BARON.

Si je me suis amusé?

LE MARQUIS ET LINDOR.

C'est un plaisir, vraiment cette chasse,
De chasser avec nos bassets.

LINDOR, *d'un ton capable.*

Je crois quelque chose qu'on fasse,

LE MARQ. Tu crois

Qu'on n'en a point d'aussi parfaits.

LE BARON.

Ah! quel plaisir! ah! l'agréable chasse!
Les braves chiens que vos bassets!
Ma foi, quelque chose qu'on fasse,
L'on n'en a point d'aussi parfaits.

ACTE I, SCÈNE VI.

LINDOR.

La bonne voix qu'a Mustaraut!

LE MARQUIS.

Et quelle quête a Fanfaraut!

LE BARON.

Mais vous avez un Murmuraut!

LE MARQUIS ET LINDOR.

Oh! Murmuraut! oh! Murmuraut...

LE BARON.

Quel chien!

LE MARQUIS ET LINDOR.

Bon chien.
                  Ah! comme il chasse!

LE BARON.

Avec lui jamais de défaut :
Gardez-le bien!

LE MARQUIS.

         C'est de la race
Du vieux commandeur d'Egrivaut.

TOUS TROIS.

Ah! quel plaisir, etc.

LE BARON.

Et votre grand piqueur normand

LE MARQUIS ET LINDOR.

N'est-il pas vrai qu'il est plaisant!

LE BARON.

Peut-on ne pas rire,
Quand on l'entend dire :
« Où qu'ça va, mes Valets,
  « Où qu'ça va?
« Et ahi, et ahi, c'est-là
  « Qu'il a
« Verdendaillé dans l'z ozerets.

LE MARQUIS ET LINDOR.

Oui, c'est son ton, c'est sa manière.

LE BARON.

« Quêté sur la taupinière.

LE MARQUIS ET LINDOR.

Oui, c'est son ton, c'est sa manière.

LE BARON.

Toujours criant,
  Sifflant, chantant,
A chaque instant : « Aucoute ! aucoute !
Et l'on est sûr, dès qu'on entend
« Vlau ;.... qu'un renard passe à la route ;
Murmurant l'y mène à l'instant.

TOUS TROIS.

Ah ! quel plaisir, etc.

LE BARON, *à Lindor*.

Mais j'ai une petite querelle à te faire : pourquoi n'es-tu pas venu à la chasse ? Tu m'avais dit que tu l'aimais à la fureur.

ACTE I, SCÈNE VI.

LE MARQUIS.

Il n'est pas fort constant dans ses goûts.

LINDOR, *avec impatience.*

Courage, mon père! comme si vous ne saviez pas le contraire.

LE MARQUIS, *d'un ton ironique.*

Je ne t'en fais pas de reproches; il y a nombre de petites inconséquences que je te passe, parce qu'elles sont attachées à ton âge.

LINDOR, *avec impatience.*

Mon âge! toujours mon âge! Eh! mais, mon père, j'ai quinze ans..... Et quel âge, s'il vous plaît, avait le Cid?

LE MARQUIS, *en l'interrompant.*

Oh!

LE BARON.

Défendez-vous, mon ami. (*à part, et au Marquis*) Il est charmant.

LE MARQUIS, *à son fils.*

Tu vas me chercher......

LINDOR.

Eh bien! eh bien!.... dans un genre différent.... Tenez, vous me le disiez encore hier.... Cet auteur anglais!... Ah! Pope, n'avait-il pas composé à seize ans ses Eglogues, qui le firent nommer le Virgile de l'Angleterre? Et à en juger par mon cœur, je parierais bien qu'Ovide n'avait pas seize ans quand il composa son Art d'aimer.

LE MARQUIS.

Comment? vous avez lu....

LE BARON, *au Marquis.*

Eh! laissez-le donc dire. (*à Lindor*) Mon cher ami, je t'assure, moi, que je te trouve fort avancé.

LINDOR, *avec humeur.*

Eh! Monsieur, c'est ce que mon père ne veut jamais croire.

LE BARON.

Mais tu viens de citer si à propos l'Art d'aimer. (*à demi-confidence*), est-ce que tu aurais quelque inclination?

LE MARQUIS, *vivement.*

Oh! Baron, brisons là-dessus!

LINDOR, *avec impatience.*

Eh, mon Dieu! mon père, n'ayez pas peur, je ne parlerai point; quoique, si j'étais moins discret, je défierais Monsieur le Baron de désapprouver mon choix.

LE BARON, *vivement.*

Eh! mais, Marquis, vous le chagrinez. (*à Lindor*) Je veux que tu me mettes dans ta confidence; et je te promets, moi, de faire entendre raison à ton père.

LE MARQUIS.

Cela sera difficile.

LE BARON.

Mais voici ma fille (*à Lindor*), changeons de conversation ; celle-ci ne l'amuserait pas.

SCÈNE VII.

LES PRÉCÉDENS, HÉLÈNE.

LE BARON.

Bon jour, ma fille.

HÉLÈNE.

Comment vous portez-vous, mon père ?

LE BARON.

Très-bien, mon enfant.

HÉLÈNE.

Avez-vous fait bonne chasse ?

LE BARON.

Très-bonne.

HÉLÈNE.

Je comptais que vous ne reviendriez que ce soir.

LE BARON.

Je te dirai tout franc que l'appétit m'a gagné.

HÉLÈNE.

Aussi vient-on de me dire que l'on servait.

LE MARQUIS.

Allons donc nous mettre à table.

LE BARON.

Vous me dispensez donc de faire toilette.

LINDOR.

Eh ! Monsieur, ne sera-t-il pas assez temps après dîner ?

LE BARON.

C'est que je vous vois plus parés qu'à votre ordinaire.

LE MARQUIS.

Je vous dirai que c'est aujourd'hui ma fête ; et mes habitans viennent..... dansent.....

LE BARON, *vivement*.

Votre fête ! Eh ! mais c'est la mienne aussi ; vous m'y faites songer.

LE MARQUIS.

Double raison de gaîté... Mais, tenez, on vient nous avertir qu'on a servi.

LE BARON.

Allons, ma fille, donne moi le bras, mon enfant ; plus de mélancolie ! aujourd'hui surtout. Je t'ai promis (*d'un ton de bonté*) que je ne te parlerai plus de mariage ; ne me parle plus de couvent !

ACTE I, SCÈNE VII

LE MARQUIS.

Ne parlons que de dîner.

LE BARON.

Volontiers, car j'ai une faim de chasseur; c'est tout dire.

FIN DU PREMIER ACTE.

ACTE SECOND.

Le théâtre représente des jardins agréables.

SCÈNE I.

LE MARQUIS, LE PRÉCEPTEUR.

LE PRÉCEPTEUR.

Oui, Monsieur, c'est la fête de Monsieur le Baron, qui occupe si fort Monsieur votre fils : je suis dans sa confidence enfin ; mais ce qu'il ne m'a pas dit, et que vous devinez sûrement comme moi, c'est que Mademoiselle Hélène est le véritable objet de tous les soins qu'il rend à Monsieur son père.

LE MARQUIS, *rêveur.*

Eh! je ne suis pas à m'en apercevoir.

LE PRÉCEPTEUR.

Monsieur, c'est une tête bien vive..... dans laquelle l'amour fait bien des progrès.

LE MARQUIS, *toujours rêveur.*

Vous avez raison.

LE PRÉCEPTEUR, *cherchant à lire dans les yeux du Marquis.*

Hum, hum ; ce qui doit bien vous donner autant à

ACTE II, SCÈNE I.

rêver, c'est que je crois que ses soins ne déplaisent point du tout à Mademoiselle Hélène.

LE MARQUIS, *vivement.*

Bon !

LE PRÉCEPTEUR.

Bon !..... Je vous étonnerais donc bien, si je vous disais que la surprise que Monsieur votre fils ménage à Monsieur le Baron ne sera peut-être pas la seule dont vous jouirez.

LE MARQUIS.

Comment ?

LE PRÉCEPTEUR.

Oh ! c'est notre secret : il est d'ailleurs inutile de vous en prévenir, car vous le saurez dans un moment.

LE MARQUIS, *le pressant.*

Mais enfin ?....

LE PRÉCEPTEUR, *interrompant vivement.*

Enfin, Monsieur..... songez qu'il ne faut pas que Monsieur votre fils nous trouve ensemble ! il est allé dans le village rassembler ses acteurs.

LE MARQUIS.

Comment ses acteurs ?

LE PRÉCEPTEUR.

Eh, oui ! vos paysans qui lui en servent; sa bonne nourrice entre autres...

LE MARQUIS.

Elle joue un rôle ?

LE PRÉCEPTEUR, *avec impatience.*

Oui, Monsieur..... Mais je crains que Lindor n'arrive.

LE MARQUIS.

Un mot... Ce qu'il a fait est-il joli ?

LE PRÉCEPTEUR, *avec un peu d'impatience, et en souriant.*

Vous le verrez.

LE MARQUIS, *lui souriant.*

Vous n'y avez pas nui ?

LE PRÉCEPTEUR.

Oh ! l'idée est de lui.... J'ai bien usé un peu de mes droits de maître.

LE MARQUIS, *souriant.*

Ah ! j'entends.

LE PRÉCEPTEUR.

Non ; pour faire parler les paysans leur langage, et voilà tout..... Mais par grace.....

(*Le pressant de sortir.*)

LE MARQUIS, *avec une tendre inquiétude.*

Enfin ce qu'il a fait est joli ?.... vous êtes content de lui ?....

ACTE II, SCÈNE II.

LE PRÉCEPTEUR, *le reconduisant.*

Eh! Monsieur, votre cœur ne se dément jamais.

(*Le Marquis sort.*)

SCÈNE II.

LE PRÉCEPTEUR [1].

Quels plaisirs plus intéressans,
Que ceux d'un père (qui veut l'être)!
Par degrés il aime à connaître
Le cœur, l'esprit de ses enfans....
Leur plus doux, leur plus heureux maître,
Il borne aux succès qu'il fait naître
Les vœux les plus satisfaisans.
Quels plaisirs sont plus séduisans!...

Je crois voir, comme dans nos champs,
L'aimable et tendre Philomèle
Oublier l'attrait de ses chants,
Dès que l'Amour a besoin d'elle;
Diriger, petit à petit
Le gage d'une ardeur fidèle
Vers la tendresse qui l'instruit;
Trembler que l'essor de son aile,
Ne trompe l'œil qui la conduit,
Et la nature qui l'appelle :
Quels plaisirs plus intéressans!... etc.

Mais Lindor m'a dit de l'attendre.... Il tarde bien! Ah! le voici....

[1] Cette Ariette a été retranchée à la seconde représentation.

SCÈNE III.

LE PRÉCEPTEUR, LINDOR.

LINDOR *arrive en courant, avec joie.*

Monsieur Dupuis.... Les voilà, les voilà.... ils me suivent.... ils savent leur rôle, mon cher Maître.... Ah! s'ils pouvaient le dire comme ils viennent de le répéter devant moi!... Oh! çà, je leur ai recommandé de ne pas dire que c'était de moi.... gardez-bien le secret.

LE PRÉCEPTEUR.

Eh! votre joie vous décèle déjà....

LINDOR, *avec vivacité.*

Oh! je me contiendrai.... Je vais rejoindre la compagnie : le Baron est sûrement habillé.... Les voilà. (*revenant sur ses pas*) La musique sera notre signal.

LE PRÉCEPTEUR, *souriant.*

Oui.

LINDOR.

Quand je l'entendrai, je ferai descendre tout le monde.

(*Il entre.*)

LE PRÉCEPTEUR.

Allez, allez!

SCÈNE IV.

LE PRÉCEPTEUR, LA BONNE.

LA BONNE, *avec vitesse.*

Nos acteurs sont arrivés.

LE PRÉCEPTEUR.

Allez promptement les joindre.... Voilà les nôtres qui arrivent.

LA BONNE.

J'y cours.

LE PRÉCEPTEUR.

Songez que nous commençons.

LA BONNE.

Eh! vraiment oui, au grand regret d'Hélène, qui m'a grondée; mais qui consent à notre arrangement.

(*Elle s'en va.*)

LE PRÉCEPTEUR.

Cela n'en fera que mieux : allez, cela fera deux surprises pour une.

SCÈNE V.

LE PRÉCEPTEUR, LA NOURRICE, THOMAS,
et autres **PAYSANS**, *acteurs de la fête.*

LA NOURRICE.

Nous voilà... Oh! Monsieur Dupuis... vous varrez, oh! vous varrez.

LA NOURRICE ET LES PAYSANS, *à l'envi l'un de l'autre.*

Je savons tertous notre affaire.

LE PRÉCEPTEUR.

Plus bas!

LA NOURRICE ET LES PAYSANS,
se disant l'un à l'autre.

Plus bas!... Vous s'rais content de nous.
Y a tant de plaisir à ben faire,
Pour queuqu'un que j'aimons tertous;...
Ça f'ra ben aise le cher père...

UN PAYSAN.

De voir son fils....

LA NOURRICE.

Ce cher enfant!...
Que j'ons nourri...

UN AUTRE PAYSAN.

Qu'est si charmant...

ACTE II, SCÈNE V.

UN AUTRE PAYSAN.

Qu'a tant d'esprit....

LA NOURRICE.

Qui cherche à plaire....

TOUS.

Au bon Seigneur que j'aimons tant.

LA NOURRICE ET LES PAYSANS, *l'un après l'autre.*

(*voyant arriver la Bonne.*)

Paix! v'là queuqu'un... Paix! c'est Man'zell' la Bonne,
Cach' ton bouquet, cach' ton bouquet.

LE PRÉCEPTEUR.

Elle sait tout.

LES PAYSANS.

Elle est au fait?

LA BONNE, *au précepteur.*

Mes gens sont prêts.

LES PAYSANS.

Elle est au fait... L'affaire est bonne,

(*à la Bonne.*)

Puisque vous êtes du secret.
Je savons tertous notre affaire.

LE PRÉCEPTEUR.

Plus bas!

LES PAYSANS, *l'un après l'autre.*

Plus bas!... Vous s'rais content de nous.

LES PAYSANS.

{ Y a tant de plaisir à ben faire,
Pour quéuqu'un que j'aimons tertous,

LA BONNE.

Tant d'ardeur doit vous satisfaire :
C'est chez vous tout comme chez nous. }

LE PRÉCEPTEUR.

Qu'attendez-vous pour commencer ?

LES PAYSANS.

Les ménétriers qui commencent.... Ah ! bon.... tenez, je les vois qui s'avançont.

LE PRÉCEPTEUR.

Commencez quand il vous plaira.

SCÈNE VI.

LES PAYSANS, LES MÉNÉTRIERS.

LES PAYSANS, *aux ménétriers.*

Arrivez donc; mettez-vous là : vous, là : moi, là : nous y voilà : oui, l'on nous a placés comme ça....

LA NOURRICE, *indiquant la place que doit occuper le Baron.*

Songez que c'est là qu'il sera.

ACTE II, SCÈNE VII.

LES PAYSANS.

Nous savons ça, nous savons ça.

(Les ménétriers jouent une marche, pendant laquelle le sallon s'ouvre ; alors les musiciens mènent la marche : les paysans vont prendre la compagnie pour la conduire et la placer ; savoir : le Baron d'un côté, ayant sa fille auprès de lui et la Gouvernante ; de l'autre, le Marquis, son fils et Monsieur Dupuis.)

SCÈNE VII.

TOUS LES ACTEURS PAYSANS ET PAYSANNES.

LA NOURRICE, *à Thomas.*

T'es dans tes atours ?

THOMAS.

Toi d'même.

LA NOURRICE.

Moi d'même.

LES AUTRES.

Nous d'même.

THOMAS.

Dam', te v'là brave à l'extrême.

LA NOURRICE.

Moi d'même.

LES AUTRES.

Nous d'même.

L'AMOUREUX DE QUINZE ANS.

LA NOURRICE.

C'est qu'on vient fêter
Queuqu'zun qu'on aime,
Que j'voulons chanter.

THOMAS.

Moi d'même;
Pour lui j'ons fait
Un biau bouquet.

LA NOURRICE.

Moi d'même.
Pour lui j'ons fait
Faire un couplet.

THOMAS.

Moi d'même;
J'ons là ma chanson.

LA NOURRICE.

Pardin', moi d'même,
J'la sais tout du long.

THOMAS.

Pardin', moi d'même.

LA NOURRICE.

Dam', ça dit beaucoup.

THOMAS.

Moi d'même.

LA NOURRICE.

Mais ça n'dit pas tout.

THOMAS.

Moi d'même.

ACTE II, SCÈNE VII.

LE BARON.

Très-bien, nourrice; et vous de même, maître Thomas.

THOMAS.

Oh! Monseigneur, je savons ben que.... Dam.... on a un petit brin.... vous entendez ben.... mais on n'est pas stylé à ça.... ce qui fait qu'on n'est pas dans l'accoutumance de ces choses-là : au demeurant, pour el cœur?.... oh! ça....

LE BARON.

Tout y est..... comment! quand vous seriez des acteurs de profession....

THOMAS.

Ah!

LA NOURRICE, *à part, à Lindor.*

J'n'avons pas manqué, comme vous voyais.

LINDOR, *lui faisant signe de ne pas le regarder.*

Eh bien!

LE BARON, *riant.*

Ah! voilà l'auteur.

LINDOR, *embarrassé.*

Je ne dis pas cela...... mais ce n'est pas là tout, sûrement?

THOMAS.

Je savons ben; mais v'là que j'y venons : est-ce qui gnia pas les bouquets, donc?

L'AMOUREUX DE QUINZE ANS.

THOMAS.

Que j'avions d'impatience
D'vous fleurir ici tertous !
Rien qu'en y songeant d'avance,
(Ils donnent leurs bouquets.)
Ta la la la la la la la la,
J'avions du plaisir chez nous.

II.

LA NOURRICE.

J'voulions tous vous dir' queut'chose.
J'crois qu'l'ardeur de vous fleurir
Attachait à chaque rose,
Ta la la la, etc.
Plus d'plaisir à la cueillir.

III.

THOMAS.

Vous prouver comme on vous aime,
C'était ben aisé pour nous,
Quand not' jeun' Monsieur lui-même,
Ta la la la, etc.
Nous en baill' l'exemple à tous.

IV.

LA NOURRICE, *montrant le Marquis.*

C't' amiquié lui vient d'famille.

THOMAS.

On verrait aussi clair y ça...

ACTE II, SCÈNE VII.

LA NOURRICE.

Qu'les graces d'Man'sell' yot' fille,
Ta la la la la, etc.

TOUS DEUX.

Et la gaîté d'son papa.

LE BARON.

De mieux en mieux, mes enfans.

HÉLÈNE.

C'est charmant ; de l'esprit, de la naïveté, de la gaîté.

LE BARON, *au Marquis.*

Mon ami, si j'étais chez moi, mes habitans vous le rendraient..... (*les voyant arriver*) Les voilà !.... (*à Hélène, avec joie et surprise*) Ah ! tiens !.... Mais, voyons, voyons !

(*Les paysans qu'Hélène emploie comme acteurs, entrent alors sur une marche, ayant le Magister à leur tête.*)

SCÈNE VIII.

LES PRÉCÉDENS, **LE MAGISTER, BABET,** PAYSANS ET PAYSANNES *de la terre du Baron.*

LE MAGISTER ET BABET, *alternativement.*

C'est ben fort pour nous,
Mais c'est doux pour vous,
De voir un Magister
Qui se donne l'air

L'AMOUREUX DE QUINZE ANS.

De faire un couplet,
Tout comme en ont fait

(*Saluant les autres paysans, qui le leur rendent.*)

Tant de Messieurs d'esprit...
Qui n'ont pas tout dit.
Oser faire
Son affaire,
De vous faire un compliment!
Quoique indigne,
S'mettre en ligne
Pour ça, dans l'instant
Qu'il vous en vient tant;

C'est ben fort pour nous, etc.

Mais à quoi sert un cœur?
A guetter, Monseigneur,
Le jour où l'on sait que l'on vous fête.

Quoiqu'on soit bête,
L'on est honnête!...
L'esprit, c'n'est qu'du sel;
Le cœur, c'est tout miel,...

C'est ben fort, etc.

LE BARON, *avec joie, au Marquis.*

Bien attaqué, bien défendu, notre ami.

LE MARQUIS.

C'est la vérité; on ne peut pas mieux, Monsieur le Magister.

LINDOR.

Et je ne vous conseille pas de quitter votre muse.

ACTE II, SCÈNE VIII.

LE MAGISTER.

Muse! Je ne connais pas ça..... Non, non, vous n'y êtes pas.

LE MARQUIS.

Je ne demande pas de qui cela vient.

LE BARON.

Du cœur de ma fille qui a prévenu le mien. Tu paies mes dettes, ma chère enfant! Va, va, ta reconnaissance vaut bien la mienne.

LE MAGISTER.

Je n'vous ons pas nommée, toujours, Man'zelle.

BABET, *ou la Paysanne.*

Oh! quand on nous défend queut'chose..... surtout Manz'elle....

HÉLÈNE.

Oui, Babet, vous gardez très-bien mon secret.

LE MAGISTER.

Mais, ce n'est pas l'tout.

LE MARQUIS.

Tant mieux.

LE MAGISTER.

(*Ils donnent leurs bouquets.*)

Ah! ah! ah! y'là tous nos bouquets,
 Qu'on vous présente
  Par paquets,

Y a bien des mains qu'ies ont faits ;
Car chacun, j' m'en vante,
A mis sa fleur dans le bouquet ;
Son mot dans l'couplet.

II.
BABET.

Ah ! ah ! ah ! drès l'fin point du jour,
Gnia pas d'parterre
D'alentour,
Que j'nayons cueilli tour à tour ;
Gnia pas de d'jardinière,
Qui, pour vous fleurir en ce jour,
N'eût volé l'Amour.

III.
BABET.

Ah ! ah ! ah ! disait l'Magister,
Vous voulez plaire ;
V'là qu'est clair :
Mais ç'n'est pas l'tout d'chanter sur l'air,
Et d'être sincère ;
Il faut encor en avoir l'air,
Disait l'Magister.

LE MARQUIS, *aux acteurs.*

Tout au mieux, en vérité.... (*à Hélène*) et d'un esprit, d'une gaîté qui m'enchantent.

LE BARON, *avec joie.*

Ma foi, très-bien...

LA BONNE, *pleurant.*

Oh ! très-bien....

ACTE II, SCÈNE VIII.

LE BARON.

Qu'est-ce que vous avez donc ?

LA BONNE.

Ma foi, Monsieur, je pleure de joie.

LE BARON.

Je conçois cela..... (à Hélène) Tiens! tu ne saurais croire le plaisir que tu me fais..... et notre petite Babet ?

LE MARQUIS.

Une grâce charmante à ce qu'elle dit.

BABET.

Ah! Monseigneur est bien bon... cela allait bien mieux ce matin..... Je recommencerions bien; mais c'est que j'avons encore queuq' chose à dire.

(*Des paysans apportent des berceaux, sur lesquels sont des devises.*)

LE MARQUIS.

Oui ? remettons-nous donc à nos places !

LINDOR, *apercevant les berceaux.*

Ah! mon père, regardez donc !... c'est charmant.

HÉLÈNE.

Il vous sied bien de me faire des complimens !

LE MARQUIS, *voyant changer les fleurs en devises.*

Ah! des devises !

LE BARON, *tirant sa loupe.*

Voyons! lisons!...

HÉLÈNE.

Je vais vous en éviter la peine.

« Le zèle a choisi chaque fleur,
« Le plaisir conduit son ouvrage :
« Simplicité dans notre hommage,
« Sincérité dans notre cœur;
« De leur accord tout est l'image. »

LE BARON, LE MARQUIS, HÉLÈNE, LINDOR ET LES PAYSANS.

De leur accord tout est l'image.

LE MARQUIS.

Ma foi, mon cher Baron.... C'est chez vous,
Qu'on a cueilli les bouquets les plus doux.

LE BARON.

C'est chez vous,
Et je n'en suis point jaloux.

LES PAYSANS, les uns aux autres.

C'est chez vous, etc.

LE MARQUIS.

Ah! que mon cœur est flatté!

LE BARON.

Et le mien est enchanté.
Quel jour!

LE MARQUIS.

Qu'il a d'attraits!
Esprit, gaîté, tout séduit....

ACTE II, SCÈNE VIII.

LE BARON.

Mais....

TOUS DEUX.

C'est chez vous,
Qu'on a choisi les bouquets les plus doux;
C'est chez vous,
Et je n'en suis point jaloux.

LES PAYSANS, *les uns aux autres.*

C'est chez vous, etc.

HÉLÈNE, *à la Bonne.*

Et les rubans?

LINDOR, *au Précepteur.*

Et mon petit marchand?

M. DUPUIS, *l'apercevant.*

Ah !....

(*On aperçoit sous les berceaux un petit marchand avec des paysannes qui portent des corbeilles garnies de rubans, que l'on distribue aux paysans et paysannes.*)

LE BARON.

Ah! ah! Une foire?

LE PRÉCEPTEUR.

On veut donner des rubans aux acteurs de la fête. (*aux Paysans*) Allons, prenez, mes enfans!.... Oh! il n'y a pas de choix; ils sont tous d'une même couleur.

LA BONNE.

La joie est la même dans les deux troupes; il ne faut point de différence dans ce qui la désigne.

L'AMOUREUX DE QUINZE ANS.

LE BARON.

Très-bien vu, très-bien.

LA BONNE.

Mais, écoutez ceci !

(*Elle marque plus d'attention à ce couplet.*)

UNE JEUNE PAYSANNE.

J'venons fêter vot' Seigneur ;
V'là-t-il pas qu'vous fêtez l'nôtre :
J'voulons tous peindre not' cœur ;
V'là-t-il pas que j'peignons l'vôtre.

LA NOURRICE.

Ici j'ons mêmes douceurs,
De l'un et de l'autre maître,
L'Amitié n'y doit paraître
Que sous les mêmes couleurs.

LA BONNE, *au Marquis et au Baron.*

Petite dispute douce de village à village, sur l'attachement...... l'amitié...... C'est un couplet que nous nous sommes permis, Monsieur Dupuis et moi.

LE MARQUIS.

Très-bien, Madame.

LA BONNE, *au Baron.*

Mais voici une petite boutique où je crois que l'on a quelque chose à vous offrir.

(*Le petit marchand donne un verre à facettes au Baron.*)

ACTE II, SCÈNE VIII.

LE BARON.

A moi ? Ah ! une lunette d'approche.

LE PAYSAN.

Monseigneur, c'est une lorgnette pour voir vingt fois la même chose : c'est quasiment fait pour notre amitié.

LE BARON.

Ah !.... un verre à facettes.... et des vers ! Lisons !

(*Il lit.*)

« Ce verre a l'heureux avantage
« De multiplier les plaisirs,
« En répétant cent fois l'image
« De ce qui flatte nos desirs :
« Servez-vous-en pour voir le zèle,
« Que nous ayons à vous fêter !
« Vous verrez qu'il se renouvelle
« A force de se répéter.

(*Au Marquis, avec joie.*)

Vous jouissez, Marquis ?

LE MARQUIS, *regardant Monsieur Dupuis.*

Monsieur Dupuis.... hom.... C'est de lui ?

LE PRÉCEPTEUR.

Vous seriez bien fâché que cela n'en fût pas.

LINDOR, *avec humeur.*

Mon père ne veut pas croire que je puisse rien faire de bien.

HÉLÈNE, *avec un peu d'humeur.*

Réellement, Monsieur le Marquis, vous êtes impatientant.

LINDOR.

Oh! je suis fait à cela.

LE BARON.

Je garde ton présent et tes vers.

LINDOR, *à Hélène.*

J'espère que Mademoiselle voudra bien aussi accepter des tablettes que le petit marchand lui offre?

HÉLÈNE.

Mais ce n'est point ma fête.

LE BARON.

Prends, ma fille, prends!.... (*feuilletant les tablettes*) Mais voyons cependant.... voilà des vers!....

LINDOR.

Je vais vous les lire.

(*à Hélène.*)

« Par ce petit présent l'Amitié vous rappelle,
  « Qu'il est doux de s'occuper d'Elle;
« Il ne nous sert de rien, nous pouvons vous l'offrir;
  « Car le plaisir que vous nous faites
« A tous les cœurs se fait si bien sentir,
  « Qu'on n'a pas besoin de tablettes
  « Pour en garder le souvenir.
« Mais à vous attacher au séjour où vous êtes

« Quand nos cœurs trouvent tant d'appas,
« Hélène, ne nous dites pas !
« Rayez cela de vos tablettes ! »

HÉLÈNE, *prenant les tablettes.*

Certainement je ne vous le dirai pas.... Elles sont très-jolies.... mais beaucoup moins que les vers.

LE BARON, *au Marquis.*

Mais convenez donc que c'est charmant!... Vous écoutez cela d'un sang-froid qui me glace.

LE MARQUIS.

Bon !.... Monsieur Dupuis veut que je croie....

HÉLÈNE, *en examinant les tablettes, fait partir un ressort qui découvre un papier qu'elles renferment.*

Ah !.... (*avec joie et surprise*) Ce n'est pas tout !

LE BARON.

Qu'est-ce que c'est ?

HÉLÈNE.

Il y avait un secret dans ces tablettes que j'ai découvert sans m'en douter ; et voici sûrement encore quelques nouveaux traits de l'esprit de Lindor.

LINDOR, *avec précipitation.*

Non, non, ne lisez pas !.... ce sera sûrement l'adresse du marchand.

LE BARON, *tirant la lettre des mains de sa fille.*

Ne lui rends pas ! donne.....

LINDOR.

Eh! non, Monsieur, ne lisez pas!

LE BARON.

Modestie d'auteur dont je ne suis pas dupe.

LE MARQUIS, *au Précepteur.*

Qu'est-ce que c'est donc?

M. DUPUIS.

En honneur, je n'en sais rien.

LE BARON, *à Lindor.*

Non, tu n'auras pas tes vers.... Je ne veux rien perdre de tout ce que tu as fait.

(*Il lit.*)

MADEMOISELLE,

« C'est bien hardi, ce que je vais vous dire; mais si je
« ne vous le dis pas, il faudra donc que je souffre tou-
« jours; et en vérité, je n'en ai plus la force; car il y a
« plus d'un an que je vous aime.....

(*A Lindor.*)

C'est de la prose, tu as raison.... (*Il continue.*)

« Et tenez, Mademoiselle! jugez-en sur l'impatience
« que j'ai de me marier! Serais-je si impatient si ce n'é-
« tait pour être avec vous? toujours avec vous! Quand
« je songe que c'est toute la vie!... Combien je serais
« heureux, et heureux de vous rendre heureuse! car

ACTE II, SCÈNE VIII.

« vous le seriez; je connais bien mon cœur. Aimez-moi
« donc, Mademoiselle! et dites-moi une fois, je vous
« aime! C'est sitôt dit.... et cela me ferait tant de plaisir!...
« Mais, par grâce, que tout ceci soit à l'insu de votre
« bonne.....

LE MARQUIS, *à Lindor.*

A l'insu!......

LE BARON, *continuant.*

« Et surtout de Monsieur votre père !....

LE MARQUIS, *regardant son fils d'un œil sévère.*

Monsieur !....

LE BARON, *continue.*

« Le mien lui dit si souvent que je suis jeune, que
« peut-être il le persuaderait, et que je serais perdu
« car, en vérité, je n'ai pas la force d'attendre.
« J'ai l'honneur d'être, avec l'amour le plus tendre et
« le plus profond respect,

« Mademoiselle,

» Votre très-humble, très-
» obéissant serviteur et
» fidèle amant,

LINDOR. »

LE MARQUIS.

A l'insu.... Vous êtes bien osé !....

LINDOR.

Mon père!

LE MARQUIS, *d'un ton sévère.*

« Allez dans votre chambre, Monsieur ! et n'en sortez pas sans mon ordre !

LINDOR.

Ah ! je suis perdu....

LE MARQUIS, *bas au Précepteur.*

Suivez-le ! Monsieur Dupuis.

SCÈNE IX.

LE BARON, LE MARQUIS, LA GOUVERNANTE, LA NOURRICE ET LES PAYSANS.

LE BARON, *à sa fille.*

Eh ! le trait est un peu léger.

HÉLÈNE, *avec embarras.*

Un peu léger.

LA GOUVERNANTE.

Mais très-léger.

LE BARON.

Mais c'est l'âge qu'il faut juger.

LE MARQUIS.

Non, c'est l'esprit qu'il faut juger : Pardonnez-lui.

LE BARON.

Croyez...

ACTE II, SCÈNE IX.

LE MARQUIS.

Jugez de mes alarmes.

HÉLÈNE.

A regret je vois vos alarmes.

LES PAYSANS.

Pardonnez-lui !

LE MARQUIS, *aux paysans.*

Laissez !...

LES PAYSANS.

Voyez nos larmes !

LA NOURRICE AVEC LES PAYSANS.

Man'zelle est faite pour charmer.
Est-ce un si grand mal que d'aimer ?

(*à Hélène.*)

Parlez pour lui.

HÉLÈNE.

Je ne le puis.

LE MARQUIS.

Laissez, bonne Nourrice !

LES PAYSANS.	LA NOURRICE.
Il ne voit rien de si gentil ;	Il ne voit rien de si gentil ;
Queu si grand tort Lindor a-t-il ?	Queu si grand tort l'enfant a-t-il ?

Mon bon Seigneur !

HÉLÈNE ET LA BONNE.

Qu'elle a bon cœur !

L'AMOUREUX DE QUINZE ANS.

LE MARQUIS, *à la Nourrice.*

        Oui, je vous rends justice.

LA NOURRICE, *au Marquis.*

Son stratagème est si plaisant,
Y a tant d'esprit, conven'z-en...

LE MARQUIS.

Vous pleurez... belle Hélène?

HÉLÈNE, *cherchant à cacher ses larmes.*

(*à part.*)

Moi, Monsieur?... Quelle gêne!

LA NOURRICE.

Quel tourment! quelle peine!

LE BARON.

Eh! le trait est un peu léger.

HÉLÈNE, *avec embarras.*

Un peu léger....

LA BONNE.

        Mais très-léger.

LE BARON, *d'un ton de bonté.*

Mais c'est l'âge qu'il faut juger.

LE MARQUIS.

Eh! c'est l'esprit qu'il faut juger.

TOUS LES PAYSANS.

De la douceur!...

LE MARQUIS.

Serait faiblesse.

ACTE II, SCÈNE IX.

Le danger presse....
Tant d'ardeur!...

LES PAYSANS.

Et tant de jeunesse!

LE MARQUIS.

Puis-je trop user de rigueur?

LE BARON, *aux paysans.*

Je n'ose blâmer sa rigueur.

(*au Marquis.*)

Moins de rigueur!...

LE MARQUIS.

De l'indulgence?

Non, non; c'est un point résolu.

LE BARON, HÉLÈNE, *piquée,* ET LA BONNE.

Eh! non; c'est un point résolu.

LES PAYSANS.

Allons; c'est un point résolu.

FIN DU SECOND ACTE.

ACTE TROISIÈME.

Le théâtre représente un salon terminé par une galerie.

SCÈNE I.

LE MARQUIS, LA NOURRICE.

LA NOURRICE, *en pleurant.*

Oui, Monseigneur, j'ons là sa lettre :
Mais sans votre aveu, Monseigneur,
Je n'ons pas voulu la remettre.
Croyais que, si j'avons bon cœur,
Je n'en avons pas moins d'honneur.

Je lui disions : « C'est nous commettre....
Il m'adoucissait en pleurant....
Il pleurait tout en écrivant....
Je promettions.... sans lui promettre....
Car le serre-cœur est bien grand,
Quand on voit pleurer son enfant.

Oui, Monseigneur, etc.

LE MARQUIS.

Eh! quel temps Lindor a-t-il donc pris pour écrire encore à Hélène?

LA NOURRICE.

Pendant que j'étais avec lui pour le consoler, comme vous l'aviez permis; vous avez fait appeler M. Dupuis, et notre jeune Monsieur a pris ce temps pour écrire la lettre à Man'zelle Hélène, et me la donner vîte avant que Monsieur Dupuis fût arrivé.

LE MARQUIS.

Donnez-la-moi !

LA NOURRICE, *lui présentant la lettre.*

Mon bon Seigneur, vous allez l'ouvrir ?

LE MARQUIS.

Mais non.... (*à part*) Je songe.... Bonne femme, gardez cette lettre, et n'en parlez point.... Je consentirai peut-être que vous la rendiez à Hélène, devant son père ou sa bonne, s'entend ; retirez-vous, et allez m'attendre chez moi jusqu'à ce que j'aie parlé au Baron, qui ne tardera pas à me joindre !

(*La Nourrice sort.*)

SCÈNE II.

LE MARQUIS, seul.

Mon fils se désole..... tant d'amour ! à son âge !..... Il y a plus d'un an qu'il a la tête prise..... C'est ma faute. J'aurais dû ne pas traiter si légèrement une impression qu'il sera, je crois, bien difficile de détruire.... Mais Hélène !... Hélène a plus que de l'amitié pour Lindor. Monsieur Dupuis l'avait bien jugé, et, quoique j'aie feint vis-à-vis de lui de n'en rien croire, cette petite fête réciproque.... les éloges réitérés de Lindor.... Oui, oui, suivons mon projet ! Mais voici le Baron.

SCÈNE III.

LE MARQUIS, LE BARON.

LE MARQUIS.

Je ne sais, Baron, quelles excuses vous faire.

LE BARON.

Eh! Marquis, si c'est pour cela que vous vouliez me parler, vous devez croire que je ne regarde ce qui s'est passé que comme une étourderie de jeune homme qui n'en a pas senti les conséquences.

LE MARQUIS.

Mais sûrement vous les sentez comme moi?

LE BARON.

Franchement j'aurais autant aimé que cette scène n'eût pas eu tant de témoins; mais le mal est fait; d'ailleurs Lindor est dans un âge qui excuse tout. Oh! s'il avait seulement l'âge de ma fille.....

LE MARQUIS.

Il serait inexcusable.... mais.... je serais peut-être moins embarrassé.

LE BARON.

Eh! mon ami, il en serait plus à plaindre.... L'éloignement que ma fille a pour le mariage....

LE MARQUIS.

Hum, hum....

ACTE III, SCÈNE III.

LE BARON.

Comment?

LE MARQUIS, *le regardant avec embarras.*

Mon cher Baron.... tenez!... mais je n'oserai jamais....

LE BARON.

Je ne vous conçois point; quel embarras!

LE MARQUIS.

C'est qu'en effet la confidence est délicate.

LE BARON.

J'en sentirai mieux le prix.

LE MARQUIS, *tendrement.*

Il y va de mon bonheur.

LE BARON.

Et vous hésitez? vis-à-vis de moi? Eh! Marquis, devrais-je avoir besoin de vous rassurer? ne suis-je pas votre ami?

LE MARQUIS.

Oui, vous l'êtes; et ce titre seul m'encourage et m'excuse.

LE BARON, *avec un peu d'impatience.*

Enfin?

LE MARQUIS, *tendrement.*

Mon cher Baron, vous êtes père....

LE BARON, *avec plus d'impatience.*

Je le sais bien.

LE MARQUIS.

Vous pardonnerez bien à un père aussi tendre, de chercher des consolations ?

LE BARON.

Eh ! au fait, au fait !... par pitié pour moi !

LE MARQUIS.

Ah !... j'y viens. Me permettrez-vous de vous demander si vous êtes bien sûr d'avoir lu dans le cœur d'Hélène ?

LE BARON.

Eh ! mon cher Marquis, je vous l'ai dit cent fois : ses sentimens ne me sont que trop connus. Je n'ai d'objet que son bonheur ; rien ne manquerait au mien si elle voulait se marier : chaque parti que je propose semble renouveler en elle le goût de la retraite, qu'elle eût déjà satisfait, si elle n'était combattue par l'amertume qu'elle répandrait sur ma vie.

LE MARQUIS.

Un moment, un moment !... Si ses refus avaient un objet ?

LE BARON.

Je le saurais.

LE MARQUIS.

Mais écoutez-moi, mon cher Baron ; vous m'avez dit (et chaque jour me l'a prouvé) qu'elle se plaisait ici plus que partout ailleurs.

ACTE III, SCÈNE III.

LE BARON.

C'est vrai. Mais vous êtes mon ami; je me plais chez vous, et l'attachement que ma fille a pour moi, lui fait partager le plaisir que j'y trouve.

LE MARQUIS.

La gaîté de complaisance et de réflexion est bien froide; celle d'Hélène me paraît bien naturelle.... pardonnez!... mais.... je crois que mon fils n'y contribue pas peu.

LE BARON, *vivement*.

Comment! qu'elle l'aimerait?....

LE MARQUIS.

Mais jugez-en!

 Si je le gronde quelquefois,
 Sur des riens.... qui blessent un père :
 Hélène souffre.... Je la vois
 Rougir, l'excuser la première;
 Pour donner le tort au censeur,
 Pour m'amener à la douceur,
 L'adresse d'Hélène est extrême....
 Que fait-on de plus, quand on aime?

 En ces lieux elle a l'air content....
 Elle y parle moins de retraite;
 Si Lindor s'absente, à l'instant
 Hélène est rêveuse, distraite;
 S'il paraît, on voit fuir l'ennui,
 La gaîté revient avec lui....
 Hélène enfin n'est plus la même....
 Que fait on de plus quand on aime?

LE BARON.   LE MARQUIS.

Eh! mais, Marquis....   Eh! mais, Baron,
Vous pourriez bien avoir raison.

TOUS DEUX.

Que fait-on de plus, quand on aime?

LE MARQUIS, *d'un ton plus rassuré.*

Hélène nous déguise encor
Un feu que j'ai cru reconnaître;
Son cœur lui parle pour Lindor,
Dont l'âge l'alarme peut-être....
Lui dit-on qu'il n'a que quinze ans?
« Jugez, dit-elle, ses talens!
« C'est l'esprit, c'est la raison même.

TOUS DEUX.

Que dit-on de plus } quand on aime?
Que fait-on de plus }

LE BARON, *rêveur.*

En effet, plus j'y songe....

LE MARQUIS.

Mais tenez! n'y eût-il que cette petite fête? l'objet de mon fils, en nous la donnant?...

LE BARON, *vivement.*

Était clair.

LE MARQUIS.

Celui d'Hélène?...

LE BARON, *rêveur.*

Ne me le paraît pas moins.

ACTE III, SCÈNE III.

LE MARQUIS, *plus affirmativement et vivement.*

Même objet, mêmes sentimens; l'amour a tout conduit; et tantôt? si vous y avez pris garde, l'étourderie de Lindor....

LE BARON, *vivement.*

A paru l'affecter.

LE MARQUIS, *vivement.*

La déconcerter; ne prenons pas le change!

LE BARON.

Elle a rougi....

LE MARQUIS.

Et pleuré.... et un aveu qui gêne une femme peut la faire rougir, mais ne la fait pas pleurer. Tenez! j'y vois clair : l'étourderie a excité la rougeur; mais croyez que l'étourderie a fait couler les larmes!

LE BARON.

Vous avez raison, Marquis.

LE MARQUIS.

Mais me pardonnerez-vous?

LE BARON, *avec joie et très-vivement.*

Quoi! de m'éclairer sur mon bonheur.

LE MARQUIS, *vivement et avec transport.*

Votre bonheur? Vous consentiriez donc à faire le mien?

LE BARON, *transporté de joie.*

Si j'y consentirais? Eh! vous prévenez ma demande. Songez donc!... je suis dans une joie... Ah! mon ami, il est aimé.... tout me le dit.... Peignez-vous donc bien ma satisfaction... eh! vous la ressentez comme moi. Pardon!.. mais voyez donc quelle différence! ma fille rendue au vœu de sa famille, à ma tendresse, à la vôtre; car elle l'aura.

LE MARQUIS.

Elle l'aura? Dites donc qu'elle l'a déjà.

LE BARON, *dans la plus grande joie.*

Eh! oui, oui, oui.

TOUS DEUX, *avec transport, et se serrant mutuellement dans leurs bras.*

Ah! mon ami! c'est un rayon d'espoir,
Mais qu'il me plaît !... mais qu'il me flatte!
Comme vous je dois l'entrevoir,
Lindor n'aime point une ingrate.

Il est aimé, tout doit nous le prouver:
Qu'à son secours l'amitié vole!
Est-ce à la Nature à rêver
Plus que l'Amour qui la console?
Ah! mon ami! etc.

S'il est jeune? l'Amour l'éclaire;
Pour guide encor il a nos yeux;
Et l'on sait tout, quand on sait plaire.
Ces chers enfans! serrons leurs nœuds!

ACTE III, SCÈNE III.

    Tout nous en presse,
    Raison, tendresse,
  Nature, Amour, tout est pour eux ;
  Et notre cœur nous dit sans cesse :
    Quel objet plus cher à nos vœux,
    Que de voir nos enfans heureux !

  Ah ! mon ami ! etc.

LE BARON, *très-vivement.*

Occupons-nous donc des moyens les plus prompts de faire le bonheur de ces chers enfans !

LE MARQUIS.

Le point essentiel, et qui n'est pas le moins difficile ? serait de tirer adroitement d'Hélène le secret qu'elle nous cache ?

LE BARON.

Et vraiment oui, de l'amener à en faire l'aveu ?

LE MARQUIS.

Le hasard vient de nous servir.

LE BARON.

Comment ?

LE MARQUIS.

Vous savez que j'ai consigné mon fils dans sa chambre ? Il a profité de l'absence de M. Dupuis pour écrire à Hélène.

LE BARON, *avec joie.*

Elle ne m'en a rien dit, mon ami.

LE MARQUIS, *vivement*.

Elle n'a point reçu la lettre. Écoutez! Sa bonne nourrice, à qui j'avais permis de le voir, s'est chargée, par tendresse, de sa commission, et attend ma permission pour l'exécuter.... si je faisais remettre cette lettre à Hélène devant vous?... L'impression qu'elle ferait sur elle?...

LE BARON.

Pourrait amener ce que nous cherchons.... Comme la tendresse nous sert et nous éclaire!

LE MARQUIS.

Voici Hélène et sa Bonne, je vous laisse. Amenez le moment! je saurai le saisir.

(Il sort.)

LE BARON.

Écoutez! Je congédierai la Bonne, ce sera votre signal.... La voici, modérons notre joie! et tâchons de nous contenir!

SCÈNE IV.

LE BARON, HÉLÈNE, LA BONNE.

LE BARON, *jouant l'air embarrassé*.

Eh bien! ma fille, te voilà rêveuse.

HÉLÈNE, *presque les larmes aux yeux*.

Mais, mon père.... mais quelle fête!
L'on s'occupe d'amusements,

ACTE III, SCÈNE IV.

A la gaîté chacun se prête ;
Et dans les plus heureux momens,
L'Amour vient changer en tourmens
Tous les plaisirs que l'on apprête !

Chacun murmure ; on pleure ; on plaint
Un cœur si jeune et si sensible ;
Son père affecte un air paisible,
Et laisse voir tout ce qu'il craint
D'un cœur trop jeune et trop sensible....
Vous-même avez l'air plus contraint.

LE BARON.

Moi ?

HÉLÈNE.

Vous.... l'air moins tendre, mon père....
Jusqu'à ma Bonne.

LA BONNE.

Moi ?

HÉLÈNE.

Vous.

LA BONNE.

Moi,
Que votre douleur désespère ?

LE BARON.

Mais ta douleur nous désespère.

HÉLÈNE, *sans les écouter.*

Mais je le sens, mais je le vois.

LE BARON.

Ma chère enfant, mais calme-toi !

HÉLÈNE.

Mais, mon père.... mais, etc.

LE BARON.

Eh! mais, ma chère Hélène, je t'ai amenée chez mon ami, pour t'y procurer des amusemens; si tu n'y trouves que de la tristesse, partons!

LA BONNE, *vivement.*

Ce serait le plus sûr; je le disais à Mademoiselle.

HÉLÈNE, *avec impatience.*

Eh! ma Bonne, je le sais; mais vous ne songez qu'à moi: et mon père? (*avec un peu d'aigreur*) vous voulez donc l'exposer à se brouiller avec son ami?

LA BONNE, *toute troublée.*

Moi, Mademoiselle, je ne veux rien.

LE BARON.

Elle a raison.

HÉLÈNE.

Comment? Un départ si brusque affligerait le Marquis, aggraverait les torts de son fils.

LE BARON, *très-vivement.*

Oh! s'il n'était question que du fils....

HÉLÈNE, *avec embarras.*

Eh! sans doute....

LE BARON.

Ce n'est pas qu'il ne soit intéressant.

HÉLÈNE.

Oui...., mais il me semble que ce serait prouver que nous regardons comme une offense ce qui dans le fond n'est....

LE BARON.

Qu'une étourderie.

HÉLÈNE, *avec douceur.*

Oh !.... une imprudence.

LA BONNE, *avec aigreur.*

Imprudence !.... oh ! oui.... mais il faut rendre justice à M. le Marquis ; rien de mieux que la sévérité dont il en a usé.

LE BARON.

Eh bien! Madame, je ne suis point de votre avis ; s'il fallait tourner en plaisanterie ce qui s'est passé, au lieu qu'en prenant le ton grave, (*feignant d'abonder dans le sens de sa fille*) il nous forçait de l'imiter, nous embarrassait même !.... n'est-ce pas ma fille?

HÉLÈNE, *se radoucissant.*

Assurément, mon père.... qu'après cela, il eût pris son fils en particulier, qu'il lui eût fait sentir son tort ; c'était à sa place : il se le devait, il nous le devait même ; mais devant ses paysans, devant les vôtres, une mortification publique....

LA BONNE, *plus doucement.*

Mais l'imprudence l'était.

LE BARON.

Est-ce la faute de Lindor si son secret a échappé? Il y a mis tout le mystère nécessaire.

LA BONNE.

Ce qui le rend plus coupable, Monsieur.... comment! une lettre, une déclaration en forme?

HÉLÈNE, *avec humeur, à sa Bonne.*

Eh bien !....

LE BARON.

Le Marquis a eu tort.

LE BARON.

Surtout, aimant tendrement son fils, et connaissant sa sensibilité... aussi cela doit te servir de leçon.

HÉLÈNE.

A moi, mon père?

LE BARON.

Eh! oui; tu ne parlais que de l'esprit de Lindor, de ses talens....

HÉLÈNE, *avec trouble.*

Eh bien, mon père?

LE BARON.

Et souvent même, quand il était présent...

LA BONNE, *très-vivement.*

Monsieur, j'ai été tentée vingt fois d'en prévenir Mademoiselle.

ACTE III, SCÈNE V.

HÉLÈNE, *avec plus d'humeur*

Comment, ma Bonne !...

LE BARON.

Écoute donc ! nous ne voulons pas te fâcher.

HÉLÈNE.

Mais ai-je fait autre chose que ce que vous faisiez vous-même ?

LE BARON.

Oh ! c'est différent.

LA BONNE.

Très-différent.... Les éloges de ce qu'on aime flattent.... Une jeune tête prend pour le suffrage du cœur ce qui n'est que celui de l'esprit.

HÉLÈNE, *avec impatience.*

Le cœur.... l'esprit... Eh ! ma Bonne !...

LE BARON, *à la Bonne.*

Laissez-nous !

HÉLÈNE.

Oui ma bonne.

(*La Bonne sort.*)

SCÈNE V.

LE BARON, HÉLÈNE.

HÉLÈNE.

Que d'alarmes pour un aveu !
Quels propos, pour un simple éloge....
Souffrez que je vous interroge !
Pour vous ma peine est-elle un jeu ?...

Parlez, mon père !
Que faut-il faire ?...
Que d'alarmes pour un aveu !

Pour un objet qu'on plaint, qu'on aime,
Écoute un instant la pitié....
Et pour rassurer l'amitié,
Je consulte votre cœur même....
Faut-il partir ? Partons !
Faut-il rester ? Restons !
Mais !... dissipez mon trouble extrême !

Que d'alarmes, etc.

LE BARON, *tendrement.*

Eh bien ! pardon, ma chère enfant : j'ai tort ; d'autant que je parierais que la sévérité du père aura ramené l'esprit du fils.

HÉLÈNE, *avec embarras.*

Eh ! sans doute, cela se peut.

LE BARON, *voyant arriver la Nourrice.*

D'ailleurs, entre nous, je ne puis lui savoir mauvais gré à un certain point de te trouver aimable. Mais !... Que voulez-vous, Nourrice ?

SCÈNE VI.

LA NOURRICE, LE BARON, HÉLÈNE.

LA NOURRICE, *en pleurant.*

Monsieur.... c'est que nôtre jeune Monsieur.... Oh! cela vous ferait pitié!... il pleure, pleure.... Oh! mais, c'est que faut voir ça.... Allez, Man'zelle, il paraît bien fâché de tout ce qu'il a fait.

LE BARON, *à part, à Hélène.*

Je te le disais bien....

HÉLÈNE.

Il est fâché de ce qui s'est passé?

LA NOURRICE.

Fâché!.... qu'il en pleure, et que je ne sais pas comment il pouvait y voir à vous écrire cette lettre, qu'il m'a enchargée de vous apporter de sa part.

HÉLÈNE.

Une lettre?.... Je ne puis, ni ne dois la recevoir.

LE BARON, *feignant de l'approuver.*

Il est vrai que.... (*à part, à Hélène.*) Ah! cependant, il reconnaît sa faute, dit-on; il te prie sûrement de le réconcilier avec son père.... (*Hélène a l'air d'hésiter.*) Donnez, la Bonne!... laissez-nous! et dites-lui que je me charge de lui répondre.

(*La Nourrice sort.*)

SCÈNE VII.

LE BARON, HÉLÈNE.

LE BARON.

Voyons un peu comment il s'y prendra pour s'excuser. Tiens, lis!...

HÉLÈNE.

Mais, mon père....

LE BARON.

Lis!.... bon!....

HÉLÈNE *lit la lettre d'une voix tremblante, et le Baron marque de moment en moment la joie intérieure qu'il ressent de son trouble.*

« Ah! Mademoiselle, quelle affreuse situation! qu'il
« est douloureux, quand on a mon cœur, d'être humi-
« lié devant ce qu'on aime, et de l'être partout ce que
« nous devons respecter! Vous êtes bien osé, m'a dit
« mon père! S'il savait aussi ce qu'il m'en a coûté?....
« combien il faut de courage pour risquer une démarche
« qui décide en un instant du bonheur ou du malheur
« de ma vie?...

(*s'interrompant.*)

Mais, mon père, si vous acheviez?....

LE BARON.

Tu lis si bien.

ACTE III, SCÈNE VII.

HÉLÈNE, *avec plus de trouble.*

Où en étais-je?

LE BARON.

Au malheur de sa vie.

HÉLÈNE *continue.*

« Malheur de ma vie.... M'abandonnerez-vous à tout
« mon désespoir, quand il ne faut qu'un mot de vous
« pour obtenir mon pardon de mon père, pour m'em-
« pêcher d'être perdu pour lui?.... Oui, Mademoiselle,
« perdu pour lui; je me connais; je pleure, je me dé-
« sole.... je suis dans un état, que je ne sais comment je
« fais pour y tenir. La seule chose qui me calme un peu,
« c'est de me dire : « Elle sait, au moins, que je l'aime,
« que je l'aimerai toujours. Mais, avec cela, charmante
« Hélène! si votre amour ne justifie le mien ; si vous me
« refusez enfin pour votre mari.... c'est comme si vous me
« disiez : « Meurs, je le veux.... Je vous assure que vous
« seriez bien vite obéie.

« Réponse, belle Hélène! par grace! par pitié! je
« vous assure que cela presse : songez que les momens
« sont bien longs quand on souffre! et qu'enfin il n'en
« faut qu'un pour mourir! »

(*Elle rend la lettre à son père, sans le regarder, et se
détourne pour cacher ses larmes.*)

LE BARON, *reprenant la lettre et considérant sa fille.*

Tu gardes le silence.... et tu pleures?....

HÉLÈNE.

Mon père!....

LE BARON.

Ton père ? Eh ! ce nom seul t'accuse de rigueur.
Est-il en toi de laisser à mon cœur
Un juste reproche à te faire ?

HÉLÈNE.

Hélas !...

LE BARON, en reproche tendre et animé.

Tu n'oses donc m'avouer ton ardeur ?...
Cet aveu manque à mon bonheur,
Et ton silence le diffère !
(*Le Marquis arrive sur la fin de cette scène.*)

HÉLÈNE.

Épargnez-moi ; je m'accuse à vos yeux.

LE BARON, *tendrement*.

Était-ce à l'Amour à t'apprendre
A te défier d'un cœur tendre
Dont ton ardeur comble les vœux ?

HÉLÈNE, *tombant à ses genoux*.

Pardon, cent fois pardon ; je m'accuse à vos yeux.

LE BARON, *la relevant*.

Mais dis-moi donc : { Lindor a su te plaire !
HÉLÈNE. { Oui, Lindor m'a su plaire.
Mais

LE BARON.

Quoi ?

HÉLÈNE.

Mais, je craignais.

SCÈNE VIII.

LE BARON, HÉLÈNE, LE MARQUIS.

LE MARQUIS, *à Hélène.*

De me voir trop heureux ?

HÉLÈNE, *avec surprise, apercevant le Marquis.*

O Ciel !

Il m'écoutait.... mon père.

LE BARON.

Il t'écoutait ?

LE MARQUIS, *d'un ton de bonté.*

Oui, j'écoutais.

Belle Hélène, pardon !....

LE BARON.

(avec ironie.)

Comment pardon !.... mais le tour est affreux !
Guetter un cœur qui s'obstine à se taire,
Quand on veut couronner ses feux !

HÉLÈNE, *déconcertée.*

J'ignorais....

LE BARON, *montrant le Marquis.*

Qu'il fût là ?...

HÉLÈNE.

Mais....

LE BARON.

Le tour est affreux !

LE MARQUIS, *au Baron.*

Eh mais! cessez....

HÉLÈNE, *à son père.*

Eh mais! cessez....

LE BARON.

Rougi! gronde-moi, si tu veux!

HÉLÈNE, *avec moins d'embarras.*

Oui, j'aime, et n'en fais plus mystère.

LE BARON.

Mais dis-lui donc : Lindor a su me plaire.

HÉLÈNE.

Eh mais! il m'écoutait, mon père.

LE BARON, *insistant davantage.*

Mais dis-lui donc : Lindor a su me plaire.
HÉLÈNE. Lindor a su me plaire;
J'en fais l'aveu.

LE MARQUIS, *transporté.*

Heureux aveu!

LE BARON, *d'un ton de plaisanterie.*

Après l'aveu, rougis! gronde-moi, si tu peux!

TOUS TROIS.

Plus de contrainte, plus d'alarmes,
Pressons des momens précieux.
De l'Amitié l'Amour sèche les larmes;
Que de leur doux accord l'Hymen forme les nœuds!

ACTE III, SCÈNE VIII.

LE BARON.

Mon ami, allez donc vite délivrer notre prisonnier; ce n'est plus à vous à disposer de sa liberté, c'est à Hélène.

LE MARQUIS.

Aussi, j'attends ses ordres.

LE BARON, *avec ironie.*

Tu le veux bien, n'est-ce pas, ma fille?

HÉLÈNE, *riant.*

Oui, mon père.

LE MARQUIS.

Holà! quelqu'un!.. faites descendre mon fils! et dites-lui qu'il vienne me parler.

HÉLÈNE.

Mais, Monsieur, vous ne lui annoncez pas son pardon?

LE BARON, *en riant.*

C'est une douceur que nous voulons te laisser.... Mais regarde-nous donc! on dirait que tu rougis de nous rendre heureux.

HÉLÈNE.

Non, mon père, j'ai votre aveu pour dire qu'on ne doit pas rougir d'aimer ce que tout le monde trouve aimable.

LE BARON, *riant, au Marquis.*

Nous l'avons pourtant amenée là, mon ami!.... Et la

seconde lettre de Lindor?... (*il la lui donne.*) Elle a eu tout l'effet que vous en attendiez.

HÉLÈNE.

Quoi!.... Monsieur?...

LE BARON.

Etait, ainsi que moi, dans la confidence de cette lettre.

HÉLÈNE.

Ah! mon père!....

LE BARON.

Tu n'as pas voulu me charger de faire ton bonheur, il a bien fallu que j'en prisse la peine moi-même.

LE MARQUIS, *reprenant le ton grave.*

Voici Lindor.

SCÈNE IX.

TOUS LES ACTEURS.

LE MARQUIS.

Approchez, mon fils.... Connaissez-vous cette lettre?

LINDOR, *tombant aux genoux de son père, et pleurant.*

Oui, mon père... Mais, tenez! c'est comme si vous aviez lu dans mon cœur... Que voulez-vous?... Enfin, voyez-la. (*montrant Hélène*) Oui, mon père, si elle n'a pitié de moi. Si je ne vous attendris pas, belle Hélène, j'en mourrai... c'est sûr; vous le verrez.

ACTE III, SCÈNE IX.

LE BARON.

Eh! que diable, mon ami, vous le faites languir; et il va me faire pleurer, moi.... Abrégeons! j'aime mieux qu'il meure de joie que de tristesse. Viens, mon cher Lindor! embrasse-moi! lis ta grâce dans les yeux d'Hélène, et dans les miens, le plaisir que j'ai de t'annoncer que je te la donne pour femme!

LINDOR, *avec transport.*

Que dites-vous, Monsieur?.... mon père!.... Quoi! charmante Hélène!....

HÉLÈNE.

Oui, Lindor, je n'en dédirai pas mon père.

LINDOR, *à ses genoux.*

Est-il possible?

LINDOR.	LES AUTRES ACTEURS.
Ah! quel plaisir	Même plaisir
Vient me saisir!	Vient nous saisir.

LINDOR.

Ah, Monsieur!.. ah, mon père!... ah, trop aimable Hélène!.. Votre cœur partage mes feux!

HÉLÈNE.

Oui, mon cœur partage vos feux.

LES DEUX PÈRES.

Oui, son cœur partage tes feux.

LA NOURRICE, LA BONNE, LE PRÉCEPTEUR ET LES PAYSANS,
qui arrivent sur la fin de cette scène.

Quoi! son cœur partage vos feux!

TOUS.

Que l'Hymen { nous enchaîne ;
vous
L'un par l'autre { soyons heureux !
soyez

THOMAS, *au Marquis.*

Oh ! çà, Monseigneur, quand vous étiais triste, je n'pouvions pas être gais ; vous v'là tertous en joie, v'là not' gaîté qui ne demande qu'à revenir....

LE MAGISTER.

Nos jeunes filles ne demandent qu'à chanter, danser....

BABET.

Vous le parmettrez, Monseigneur ?...

LE MARQUIS.

Oui, mes enfans.

LE PAYSAN.

J'allons donc nous en donner tant qu'à des noces.

FIN DU TROISIÈME ACTE.

DIVERTISSEMENT
DE PAYSANS ET PAYSANNES.

RONDE RÉPÉTÉE PAR LES PAYSANS.

I.
LE MAGISTER.

Not'e D'moiselle a dit oui ;
  La v'là donc Madame!
  La v'là donc Madame!
Not'e D'moiselle a dit oui ;
  La v'là donc Madame!
  J'en suis réjoui.
Le marié tout satisfait,
  Dit, « v'là donc ma femme!
  « La v'là donc ma femme! »
Le marié nous satisfait :
  On lit dans son âme
  Queu bien ça lui fait.

II.
ISABET.

Un mariage où gnia que l'bien,
  C'est pas l'bon système,
  C'est pas l'bon système ;
Un mariage où gnia que l'bien,
  C'est pas l'bon système ;
  Ça n'va jamais bien.
Gnia pas d'bien qui soit meilleur,
  Quel' queuqu'un qu'on aime,
Gnia pas d'bien qui soit meilleur,
  Que d'bailler de d'même
  Un cœur pour un cœur.

DIVERTISSEMENT.

THOMAS.

Quand on est ben amoureux,
　Ah! qu'on est ben aise!
　Ah! qu'on est ben aise!
Quand on est ben amoureux,
　Ah! qu'on est ben aise
　De se voir heureux.
On a d's enfans à tous deux,
　Et tout ça vous baise,
　Et tout ça vous baise,
On a d's enfans à tous deux,
　Ça fait qu'on est aise,
　Mêm' quand on est vieux.

II.

FIN DE L'AMOUREUX DE QUINZE ANS.

Un mariage on sait que bien,
　C'est pas l'bon système,
　C'est pas l'bon système,
Un mariage on sait que bien,
　C'est pas l'bon système,
　Ça n'va jamais bien.
Gnia pas d'bien qui soit meilleur,
　Quel quand'un qu'on aime,
　Gnia pas d'bien qui soit meilleur,
Qu'd'bûcher de d'même
　De cœur pour un cœur.

LE COUVENT,

OU

LES FRUITS DU CARACTÈRE

ET DE L'ÉDUCATION,

COMÉDIE

EN UN ACTE ET EN PROSE;

Représentée pour la première fois, sur le théâtre de la Comédie Française, le 16 avril 1790.

PRÉFACE[*].

J'ai présenté ce petit ouvrage sous deux titres; *le Couvent*, qui, si je ne me trompe, annonce la peinture de divers caractères, concourant, selon leurs fonctions différentes, au developpement d'une action principale, désignée par mon second titre, *les fruits du Caractère et de l'Éducation*.

Ce dernier titre, par les vues utiles qu'il indique, a le double avantage d'éloigner l'esprit des spectateurs de toute idée malignement indécente, et de me préparer à moi-même une défense contre les reproches auxquels j'avais présumé d'avance que m'exposerait le titre isolé du *Couvent*.

J'ai trouvé mes juges les plus sévères dans quelques personnes timorées, qui, depuis nombre d'années, s'étant interdit les spectacles, n'ont pu me juger sur la scène [1] : si par hasard elles se permettent la lecture des ouvrages que l'on y donne, si le mien excite leur curiosité, je vais essayer de les ramener à l'indulgence, en

---

[*] Elle renferme des indications qui peuvent être utiles aux troupes de Spectacles de province, qui se proposent de faire représenter cette petite Comédie.

[1] *Segnius irritant animos demissa per aures,*
Quàm quæ sunt oculis subjecta fidelibus...
      Hor. de Arte Poet.

les priant de songer que, si elles m'ont jugé sans m'avoir entendu, il est juste que ce ne soit pas du moins sans m'avoir lu.

Cet ouvrage n'avait d'abord été destiné qu'à l'amusement de quelques sociétés, auxquelles les tableaux que j'esquisse étaient familiers; quelques amis crurent y voir des vues utiles et intéressantes pour un sexe destiné à répandre des consolations sur le nôtre. Ils n'eurent pas de peine à me persuader; j'en appelle à tout auteur : nous devenons aisément crédules sur ce qui flatte notre amour-propre. Presque décidé à faire représenter cette petite Comédie, je n'étais plus retenu que par la crainte de risquer la première Comédie sans homme, qui ait paru sur le théâtre, et par le danger d'y traduire des personnages que notre nation (presque la seule) s'était jusqu'à présent prescrit de n'y point admettre. J'appris que l'on préparait, à plus d'un théâtre, des ouvrages dans lesquels on introduisait des Religieuses. Un Auteur [1] a fait le premier pas; je me suis exposé à faire le second; j'ai trouvé grâce aux yeux de nombre de spectateurs indulgens; je serais trop heureux si quelques traits de morale, devenus plus sensibles dans le jeu, si vrai, si expressif, de mes actrices, dépourvus,

---

[1] *Le Souper Magique*, représenté sur le théâtre de la Nation, au mois de février 1790.

PRÉFACE.

à la lecture, de l'agrément qu'elles n'ont pas cessé d'y répandre, prévalaient encore sur l'idée qu'imprime l'habit que l'on me reproche, dans l'esprit des personnes qui, sans en avoir pu juger l'effet d'après leurs impressions personnelles, ont cru leur délicatesse intéressée à suspecter la mienne.

Mon ouvrage est-il favorable ou nuisible aux personnages employés dans l'esquisse légère que je viens d'exposer aux regards du public? Si j'ai peint des abus, ai-je négligé des avantages? Ne serait-on pas tenté de croire qu'il est peu de maisons d'institution publique qui soient exemptes d'abus, puisqu'on en trouve jusques dans celles qui sont les plus respectables? L'exemple de la sœur Saint-Ange, admise sans dot, ne prouve-t-il pas les ressources que ces asiles ouvrent aux talens indigens? Démontrer qu'il peut exister dans un cœur des sentimens long-temps assoupis, qu'un instant peut y réveiller, et rendre funestes à la candeur même, en échappant à la fois à sa vigilance et à celle des autres; en induire (ne fût-ce que d'après ce léger exemple) que les vœux religieux absolus sont souvent inconsidérés; est-ce une morale déplacée? Elle serait tout au plus surabondante, en ce qu'elle a le défaut de plaider une cause jugée.

.... *Quò virtus, quò ferat error!*
  Hor. de Arte Poeticâ.

PRÉFACE.

J'ai cherché à développer, dans le rôle de l'Abbesse, un cœur sensible, compatissant; un zèle actif sur tout ce qui intéresse le bonheur de ses subordonnées; les vertus les plus essentielles enfin; je les ai opposées, dans le même caractère, à quelques défauts, tels que l'habitude d'attacher la plus grande importance à l'administration de l'asile confié à ses soins, le desir de chercher dans tous les yeux le succès des peines qu'elle se donne; d'en parler enfin avec la complaisance la plus marquée. L'impression de ces légers défauts, dont on parvient à se corriger, peut-elle l'emporter sur celle des qualités qui les excusent, et qu'il est si difficile de réunir? J'ai mis en action dans les rôles de Sœurs Converses, quelques habitudes frivoles et minutieuses, quelques petits ridicules, si légers qu'ils ne déparent pas la candeur, et dont la peinture est si attrayante sous les pinceaux de l'inimitable auteur de Vert-Vert. Mais ces *graves riens*[1], qui sont si précieux pour de jeunes recluses, n'offrent-ils pas la preuve assurée de leur innocence? N'est-ce que dans le cloître, que le babil outre-mesure[2] peut prêter à la critique? Où la simplicité rend-elle insensible à la parure[3]? Et n'est-ce encore que dans le cloître

---

[1] Les graves riens, les mystiques vétilles. GRESSET. *Vert-Vert.*

[2] Toutes les Sœurs parlent toutes ensemble. *Idem.*

[3] Il est aussi des modes pour le voile. *Idem.*

qu'une épingle dérangée tracasse une jeune tête? Où la curiosité peut-elle être plus animée que dans des asiles où tout ce qui vient du monde, tout ce qui peut y tenir, acquiert le charme de la nouveauté? Mais, pour tâcher d'être exact dans mes portraits, j'ai réuni dans les jeunes Sœurs, à l'obéissance la plus scrupuleuse, à la soumission la plus entière à leurs supérieures, une politesse, une douceur, qui leur sont particulières, et surtout une prévenance * habituelle pour celles qui ne cherchent pas à les indisposer par des propos déplacés *.

L'éducation de Mademoiselle de Fierville est moins un reproche pour celles qui s'en sont chargées, qu'une leçon pour les pères qui ne s'occupent qu'à rendre inutiles les soins qu'elles prennent; et ne retrouvent-elles pas, dans l'éducation de Sœur Saint-Ange leur élève, la bonne opinion que Mademoiselle Fierville pourrait leur faire perdre? Quant aux *jalousies* qui

* Les petits soins, les attentions fines. GRESSET, *Vert-Vert*.

* Il faut observer que ces petits défauts, affectés aux Sœurs Converses, se font remarquer en elles d'une manière analogue à leur caractère et à leur âge. La Sœur Anastase est vive, la Sœur Euphémie est doucereuse; toutes deux sont jeunes; et leur indiscrétion, leur curiosité, s'annoncent différemment dans le rôle de la Tourière, qui, toujours en action, malgré son âge, est toujours essoufflée quand elle parle, et qui, naturellement obligeante, est aussi humoriste que bavarde.

PRÉFACE

s'élèvent entre la naissance et la fortune, et préparent d'avance des divisions qui, du Cloître, passent et se perpétuent souvent dans le monde. Je sais qu'il est nombre de couvens où ces abus destructifs de toute émulation ne subsistent pas. La leçon n'est donc utile que pour les maisons où la surveillance se trouverait moins active ou moins éclairée.

S'il est peu de mères qui se prêtent à imiter la Marquise dans les précautions qu'elle croit nécessaires pour se répondre à elle-même du bonheur de son fils, on conviendra du moins que son exemple n'offre rien de dangereux.

Voilà sans doute de bien longs détails sur un bien petit ouvrage; mais quand on cherche à justifier son honnêteté, la crainte de n'en pas dire assez peut servir d'excuse. Quelques abus de moins, et un habit de plus sur la scène? c'est entre ces deux objets que j'avais à me décider. Si j'ai cédé à la pureté de mes motifs; je puis opposer au scrupule qui a pu m'inculper le bonheur que j'ai eu de voir telle mère vertueuse, tel père occupé de l'instruction de ses enfans, telle sage institutrice, mener aux représentations de ma pièce leurs filles ou leurs élèves; c'est au moins un préjugé favorable sur quelques leçons utiles, que je ne pouvais exposer sur la scène qu'avec l'habit qui seul peut les

PRÉFACE

y faire entendre : aussi, quand l'accueil du public a daigné m'encourager, je n'ai pu me défendre de répéter ce vers d'une Épître ¹ dont la moralité est si connue.

« Ah, mon habit ! que je vous remercie¹ !

¹ Épître à mon habit, par M. Sédaine.

PERSONNAGES.

L'ABBESSE, femme très-âgée.	M.me Suin.
LA SŒUR S. ANGE, Religieuse non Professe.	M.lle Contat.
LA MARQUISE DE S. SER.	M.lle Raucourt.
LA SŒUR BONAVENTURE, Tourière, moins âgée que l'Abbesse.	M.me Bellecourt.
LA SŒUR ANASTASE, jeune Converse.	M.lle Émilie.
LA SŒUR EUPHÉMIE, jeune Converse.	M.lle Lange.
M.lle FIERVILLE, fille d'un Financier.	M.me Petit.
PREMIÈRE PENSIONNAIRE,	M.lle Masson.
SECONDE PENSIONNAIRE, } Filles de	M.lle Ch. Lachassaigne.
TROISIÈME PENSIONNAIRE, } qualité.	M.lle Simon.
FRANÇOISE, Commissionnaire, attachée au Tour.	M.lle Dantier.

La Scène se passe dans le Parloir de l'Abbesse.

LE COUVENT,

OU

LES FRUITS DU CARACTÈRE ET DE L'ÉDUCATION.

ACTE PREMIER.

Le théâtre représente le parloir de Madame l'Abbesse; une grille sépare la partie intérieure de ce parloir de sa partie extérieure.

SCÈNE PREMIÈRE.

SŒUR EUPHÉMIE, *elle sort de l'appartement de l'Abbesse.* SŒUR ANASTASE, *qui arrive de la porte du cloître presque en même temps que Sœur Euphémie ; elle a quelques livres à la main.*

SŒUR EUPHÉMIE, *en regardant les vases de fleurs.*

GRACE au Ciel, voilà le parloir de notre bonne Abbesse orné comme elle le souhaitait. *(apercevant la Sœur)* Ah! sœur Anastase! cela n'est-il pas?...

SŒUR ANASTASE.

Délicieux.... ma sœur !... mais, c'est du parloir extérieur que le coup-d'œil doit être charmant.

SŒUR EUPHÉMIE, *courant ouvrir la porte de la grille et avec joie.*

Venez, ma sœur !

SŒUR ANASTASE.

Vous en avez la clef, ma sœur ?

SŒUR EUPHÉMIE.

Madame me l'a prêtée pour ouvrir à la sœur Saint-Ange.

(*Elles entrent dans le parloir extérieur. Sœur Anastase examine le tout avec satisfaction.*)

SŒUR ANASTASE.

Ah ! cela repose la vue tout-à-fait agréablement ! et le fauteuil de Madame entre son perroquet et ses fleurs ! oh ! par exemple, c'est parfait.

SŒUR EUPHÉMIE.

C'est ce qu'elle m'a dit... et vous voyez que, soit qu'elle reçoive dans l'intérieur (*sœur Anastase fait signe que non*), ou dans l'extérieur du parloir, elle trouve ou sous sa main... ou sous ses yeux, toutes ses petites douceurs habituelles.... Mais êtes-vous aussi excédée de fatigue que moi, ma sœur ? (*en s'asseyant*)

SŒUR ANASTASE.

Si je le suis ? sœur Euphémie ! sainte miséricorde !

quelle matinée! dès cinq heures du matin aller à notre laboratoire, préparer la potion calmante de Madame; de chez Madame, au garde-meuble pour transporter les beaux siéges, chercher, avec la Tourière, dans le parloir près la classe, le clavecin, la table des études; puis au jardin pour en apporter des fleurs; puis un moment au réfectoire....

SOEUR EUPHÉMIE.

Comme de raison, ma sœur; et moi? me réveiller avant le jour.... aussi, voyez mes yeux !... je suis sûre qu'ils font peur.... m'habiller à la hâte.... (*sœur Anastase lui attache son voile.*) Aussi mon voile tient à peine sur ma tête (*avec volubilité*), puis le lever de Madame, sa toilette, puis (*appuyant sur ceci*) faire partir sur-le-champ une lettre d'elle....

SOEUR ANASTASE.

Pour qui, ma sœur?

SOEUR EUPHÉMIE, *avec humeur*.

Eh! je n'ai pas eu la précaution de lire l'adresse.

SOEUR ANASTASE, *avec reproche*.

Ah, ma sœur!

SOEUR EUPHÉMIE.

Cela est vrai, mais j'étais si troublée.... et pourquoi tous ces dérangemens? quel est son but en ornant si bien son parloir?

SŒUR ANASTASE.

Ce n'est pas, je crois, pour ajouter à la faveur, déjà assez grande, qu'elle fait à la nouvelle maîtresse, de lui prêter son parloir, pour donner aujourd'hui ses leçons?

SŒUR EUPHÉMIE.

Oh bien, oui?

SŒUR ANASTASE, *l'interrompant.*

Madame faire de ces bévues-là?... Elle connaît trop bien son monde. Allez, allez, ma sœur! malgré son grand âge, elle ne radote pas encore.

(*On sonne.*)

SŒUR EUPHÉMIE.

Mais elle m'appelle? oui, elle me sonne. (*en courant vite*) Je reviens, et lui dirai que vous avez fait sa commission.

(*Elle rentre vite chez l'Abbesse.*)

SŒUR ANASTASE, *vivement.*

Tâchez de savoir quelque chose!

SCÈNE II.

SŒUR ANASTASE, *seule.*

Que je ne puisse deviner!.... cela est impatientant!.... Mais je songe.... cette lettre qu'elle a fait partir ce matin, serait-ce pour un mariage?.... et cette maîtresse de clavecin avec qui elle veut causer?.... ces femmes-là connaissent bien du monde!.... Madame aime assez à s'occuper des intérêts des familles.... Allons! je m'attends à voir cet après-midi arriver quelque grande dame à ce parloir, que l'on a disposé à cet effet. Ah! sœur Euphémie! vous n'avez rien de nouveau?

SCÈNE III.

SŒUR EUPHÉMIE, SŒUR ANASTASE, LA TOURIÈRE, *un instant après.*

SŒUR EUPHÉMIE, *à sœur Anastase qui la suit et ferme la porte de la grille.*

Rien : sortez, sortez, prenez vos livres ! nous donnerons le tout ensemble à la Tourière. (*en sonnant la Tourière*) Ma sœur ! ma sœur !

LA TOURIÈRE, *ouvrant sa porte.*

Eh bien, eh bien? encore un surcroît d'occupations, je gage?

SŒUR EUPHÉMIE.

Le tour, s'il vous plaît, ma sœur, pour les livres de musique de la sœur S. Ange, à qui Madame m'a chargé d'ouvrir son parloir?

SŒUR ANASTASE, *en mettant aussi ses livres dans le tour.*

Et les livres d'histoire, d'instruction....

LA TOURIÈRE.

Je sais, je sais.

SŒUR EUPHÉMIE, *lui montrant une chocolatière qu'elle met dans le tour.*

Et puis? ce qui vous fera oublier vos peines?

LA TOURIÈRE, *avec joie.*

Ha! ha! remerciez bien pour moi Madame! entendez-vous, mes sœurs? dites-lui que j'aurai l'œil à ce que l'on ne dérange pas la sœur?.... passez-moi la sonnette!.... si elle a besoin de moi....

SŒUR EUPHÉMIE.

Si la nouvelle maîtresse arrive? vous sonnerez Madame, qui ne veut parler à personne autre?

LA TOURIÈRE.

Qu'est-ce que vous dites donc, ma sœur? venez, venez! il faut que je m'explique là-dessus....

(*Les sœurs rentrent dans le parloir extérieur.*)

Madame aurait-elle oublié qu'elle m'a dit qu'elle recevrait ici, aujourd'hui, une Marquise... qu'accompagnera la mère.... d'une de nos Pensionnaires?.... c'est un objet plus intéressant que vous ne croyez, vous autres!

SŒUR EUPHÉMIE.

Comme quoi donc, ma sœur?

LA TOURIÈRE.

Ah! comme quoi? comme quoi? je vous le dirais bien, mais c'est que.... il faut absolument que je sache à quoi m'en tenir.... (*à sœur Euphémie*) Ma sœur! allez tout de suite lui dire que je vais exécuter ses ordres, que... (*à sœur Anastase*) vous entendez bien, ma sœur ? Mais si c'était un oubli de Madame ? (*à sœur Euphémie*) vous m'en préviendriez tout de suite ?... entendez-vous ?

SŒUR EUPHÉMIE, *à sœur Anastase*.

J'y cours. Voilà la clef ; si la sœur S. Ange arrivait....

SCÈNE IV.

LA TOURIÈRE, SŒUR ANASTASE.

LA TOURIÈRE.

C'est que je ne veux manquer à rien... et j'ai de la mémoire, Dieu merci!.... Au reste, il n'y aurait rien d'étonnant que ce fût une affaire manquée.

SŒUR ANASTASE.

En quoi donc ? dites-moi....

LA TOURIÈRE.

Je vous dirai donc que (*s'interrompant en voyant sœur S. Ange qui arrive du cloître*).... voici la sœur S. Ange !

SŒUR ANASTASE.

Et Mademoiselle de Fierville.

LA TOURIÈRE.

Et Mademoiselle de Fierville ?.... je me sauve.... moi qui n'ai pas encore fait sa commission !.... Elle m'en dirait de bonnes.

SOEUR ANASTASE.

Sa toilette est faite de bon matin !

LA TOURIÈRE, *fermant sa porte.*

Il y a peut-être de bonnes raisons pour cela.

(*Elle sort.*)

La sœur Anastase ouvre la grille à la sœur S. Ange et rentre chez l'Abbesse.

SCÈNE V.

Mlle DE FIERVILLE, SOEUR S. ANGE.

Mlle DE FIERVILLE.

Sœur S. Ange, sœur S. Ange ! voyez le soleil qu'il fait, venez donc au jardin !

SOEUR S. ANGE.

Non, vous dis-je.

Mlle DE FIERVILLE.

Eh, qu'est-ce que vous voulez faire au parloir de Madame l'Abbesse ?

SOEUR S. ANGE.

Profiter de la permission qu'elle m'a donnée ; y trouver les amusemens que je cherche.

Mlle DE FIERVILLE.

Ah ! votre éternel clavecin ! votre musique et vos dessins, et vous appellez cela..... des amusemens ?

SŒUR S. ANGE.

En connaissez-vous de plus agréables?

Mlle DE FIERVILLE.

Eh! c'est d'un ennui....

SŒUR S. ANGE.

Cela vous ennuie?

Mlle DE FIERVILLE.

A la mort.

SŒUR S. ANGE.

Je vous plains.

Mlle DE FIERVILLE, *d'un air très-content.*

Je ne suis pourtant point du tout à plaindre. Sœur S. Ange, faites-moi votre compliment!

SŒUR S. ANGE.

Et sur quoi?

Mlle DE FIERVILLE.

Comment! vous ne devinez pas?... à l'air joyeux que vous me voyez?....

SŒUR S. ANGE.

Non.

Mlle DE FIERVILLE.

Vous n'avez pas pris garde que je suis plus parée qu'à l'ordinaire?

SŒUR S. ANGE.

Ah! vous allez voir Madame votre mère!

Mlle DE FIERVILLE.

Mon père, vous voulez dire? non pas que je n'aimasse autant ma mère, si je ne retrouvais toujours dans sa bouche les mêmes leçons que l'on me fait au couvent.

SOEUR S. ANGE.

C'est qu'elle vous aime; et plus une mère a de tendresse pour sa fille, moins elle a d'indulgence sur les défauts qu'elle remarque en elle.

Mlle DE FIERVILLE.

Mais des défauts? je n'en ai pas; (*vivement*) est-ce que vous m'en trouveriez?

SOEUR S. ANGE.

Je ne dis pas cela.

Mlle DE FIERVILLE.

Vous voyez donc bien qu'elle a tort; d'autant que ce n'est pas ma faute si nos goûts sont différens. (*d'un ton très-léger*) J'aime la parure, elle la déteste; elle aime la lecture, je ne saurais la souffrir.... à l'exception des romans.... que j'aime à la folie!

SOEUR S. ANGE.

Et qui sont si instructifs!....

Mlle DE FIERVILLE.

Si amusans! si tendres!.... et que ma mère m'arrache des mains, dès qu'elle peut me surprendre à les lire.

SOEUR S. ANGE.

Elle a tort.

M.{lle} DE PIERVILLE.

N'est-ce pas? c'est beaucoup plus intéressant, je crois, que de savoir si.... Clovis a existé avant Philippe de Macédoine.... que je ne verrai jamais.... et qui est mort?.... il y a peut-être deux cens ans, n'est-ce pas?

SOEUR S. ANGE, *riant.*

Oh, oui, vous avez raison.

M.{lle} DE PIERVILLE, *avec vivacité.*

Sans doute; car à quoi cela sert-il? Les maîtres arrivent, on me sonne; la leçon commence, elle m'ennuie; je bâille, ils s'en aperçoivent; ils lèvent le siége, je leur donne leur cachet; ils s'en vont bien contens, et moi aussi; et tous les jours c'est la même chose, parce que je n'aime point ce qui me gêne, et qu'enfin, quand on est riche, on n'a pas besoin de toutes ces balivernes-là.

SOEUR S. ANGE, *avec douceur, mais d'un ton un peu sérieux.*

Eh, Mademoiselle!... les fortunes qui paraissent le mieux assurées sont souvent celles qui s'écroulent le plus facilement. Qui l'a mieux éprouvé que moi? Où en serais-je, si mes talens ne m'avaient assuré ici un sort à l'abri de tous les événemens?

M.{lle} DE PIERVILLE, *très-vivement.*

Un sort? ah! miséricorde! vous appelez une place au noviciat un sort?

SOEUR S. ANGE.

Très-consolant quand on n'a pas plus de ressource

qu'il ne m'en restait ; et c'en est une bien précieuse, puisque je la dois en partie à mes talens, qui, tout faibles qu'ils sont, me serviront de dot dans ce convent, grâce aux bontés de Madame l'Abbesse.

Mlle DE PIERVILLE, *d'un ton très-léger.*

Oh, oui ! Madame l'Abbesse a assez bien arrangé cela ; (*très-vivement*) mais c'est que vous lui serez utile au moins, ne vous y trompez pas.

SOEUR S. ANGE, *avec douceur.*

Ne diminuez rien de l'obligation que je lui dois avoir.

Mlle DE PIERVILLE, *d'un ton dédaigneux, et à part.*

Ne va-t-elle pas s'imaginer que c'est pour l'amour d'elle ? pauvre dupe ! allez, allez ! croyez que l'Abbesse, avec son petit ton doucereux, et son air de désintéressement, sait très-bien ce qu'elle fait, et que la bonne opinion qu'elle a d'elle-même ne l'empêche pas de sentir combien vous leur devenez nécessaire ; car vous êtes....

SOEUR S. ANGE.

Très-reconnaissante.

Mlle DE PIERVILLE.

Fort bien, fort bien.... Mais suffit que ce qui vous convenait, parce que vous n'avez pas d'autres ressources.... je puis bien m'en passer, moi qui suis riche ?

SOEUR S. ANGE, *d'un ton sérieux.*

Eh ! j'étais née pour l'être ! si mon père, objet de tous mes regrets....

Mlle DE FIERVILLE.

Comment ! quand il vous a rendu victime de son imprudence ?

SOEUR S. ANGE.

Ah ! vous allez me conter mon histoire.

Mlle DE FIERVILLE, avec joie.

Eh bien ! laissons cela pour parler de ce qui m'intéresse ; d'abord, comment me trouvez-vous ?

SOEUR S. ANGE, avec ironie.

Chose fort intéressante, en effet !

Mlle DE FIERVILLE.

Très-intéressante, parce que j'ai des raisons pour être jolie aujourd'hui... Il faut que je vous confie un secret... mais vous me promettez de n'en rien dire ?

SOEUR S. ANGE.

Oh ! je ne suis point du tout curieuse.

Mlle DE FIERVILLE.

Oh que si, premièrement une religieuse l'est toujours.

SOEUR S. ANGE, riant.

Oh ! mais je ne suis encore qu'aspirante.

Mlle DE FIERVILLE.

Plaisanterie à part ; faites-moi votre compliment, sœur S. Ange ! (avec grande joie) je vais sortir du couvent.

SŒUR S. ANGE, *riant.*

A la joie que vous annoncez de le quitter, vous n'avez pas envie d'y laisser beaucoup de regrets ! vous devriez cependant songer que vous n'y avez pas déjà trop d'amies.

Mlle DE FIERVILLE.

Mais vous êtes d'une sincérité admirable !

SŒUR S. ANGE.

C'est le seul mérite que je me connaisse.

Mlle DE FIERVILLE.

C'est très-mal à vous; car il faut que je vous croie mon amie, pour vous mettre dans une confidence....

SŒUR S. ANGE.

Que vous avez déjà faite à cinq ou six de ces demoiselles ;

Mlle DE FIERVILLE, *vivement.*

Comment ! Elles vous l'ont dit ?.... oh, les bavardes !

SŒUR S. ANGE.

Eh ! qui voulez-vous qui vous garde le secret ? vous ne garderiez celui de personne ; vous cherchez à mortifier vos compagnes....

Mlle DE FIERVILLE.

Comment ? quand elles se font un plaisir de m'humilier ? quand à tout propos elles trouvent le moyen de citer.... et c'est *M. le Marquis*, mon père.... *M. le Com-*

mandeur, mon oncle, *M. le Baron*, mon petit-frère !... et moi, que ces titres-là désolent !...

SŒUR S. ANGE.

Pour imiter leurs torts, vous les écrasez du poids de la fortune de M. votre père.... qui vous aveugle ?....

Mlle DE FIERVILLE.

Dites que c'est la jalousie qui aveugle mes compagnes ; aussi n'ai-je eu rien de plus pressé que de leur annoncer que mon mariage va me rendre leur égale ! et tout en recevant leurs complimens, je voyais qu'elles étouffaient de dépit.

SŒUR S. ANGE.

Charmantes dispositions ! Eh ! Mademoiselle, je souhaite que vous n'éprouviez jamais combien il est dangereux de prêter des armes à l'envie ; mais au moins, pour parler de votre mariage avec tant de confiance, auriez-vous dû attendre que vous vous fussiez assurée de plaire à la mère de votre prétendu.

(*Elle passe à la table des études.*)

Mlle DE FIERVILLE.

Vous savez donc que ma mère doit me l'amener ici aujourd'hui ?... Comme tout se sait pourtant ! Mais... vous doutez que je lui plaise ? vous m'alarmez ; est-ce que je ne suis pas coiffée à l'air de mon visage ?

SŒUR S. ANGE.

Eh, je ne dis pas cela !

Mlle DE FIERVILLE.

Oh! mais je le devine, moi. Convenez-en; le bleu ne me va point; aussi c'est la faute de votre sotte de sœur Tourière, à qui j'ai dit de me faire l'emplette d'un ajustement couleur de rose, et je l'attends depuis ce matin! (*avec impatience*) Ah! sonnez-la, je vous en prie!

SŒUR S. ANGE.

Eh! Mademoiselle! m'enlever tout le temps que je veux employer à l'étude!

Mlle DE FIERVILLE, *prenant la sonnette avec impatience.*

Ma sœur, vous n'êtes guères complaisante! (*elle sonne*) Il me semble pourtant que la peine n'était pas considérable.... (*elle sonne*) Viendra-t-elle donc à cette heure? (*elle sonne.*)

SCÈNE VI.

SŒUR S. ANGE, LA TOURIÈRE, Mlle DE FIERVILLE.

LA TOURIÈRE.

Eh bien, eh bien! quand vous sonnerez cent fois, il faut bien le temps de monter l'escalier.

Mlle DE FIERVILLE.

Ah! vous voilà, sœur Tourière?

COMÉDIE.

LA TOURIÈRE.

J'ai cru que Madame l'Abbesse se trouvait mal, ou que le feu était au couvent, pour le moins.

Mlle DE FIERVILLE.

Voilà un quart d'heure que je sonne, pourquoi ne montez-vous pas?

LA TOURIÈRE, *avec humeur.*

Oh, pourquoi?... Mademoiselle, vous avez le commandement beau? mais il ne faudrait être occupée que de vous!

Mlle DE FIERVILLE.

Quand cela serait? il me semble que mon père vous donne d'assez bonnes étrennes pour cela.

LA TOURIÈRE, *avec plus d'humeur.*

Ma foi, Mademoiselle... ce sont... de petites... gracieusetés, j'en conviens... mais qui sont bien gagnées... avec vous, je vous en réponds; et si c'était aussi-bien vous, comme c'est lui qui me les a données, je vous les aurais rendues, tant vous me les avez reprochées de fois... Mais enfin qu'est-ce que vous voulez?

Mlle DE FIERVILLE.

Comment, ce que je veux? l'avez-vous oublié? et cet ajustement couleur de rose que je vous ai priée de me faire faire par la marchande de modes? grâce à votre peu de soin, je ne l'aurai pas!

LE COUVENT,

LA TOURIÈRE, *avec humeur.*

Comment! grâce à mon peu de soin?... est-ce que je peux y aller, moi? est-ce que je peux quitter mon tour? qu'est-ce que j'ai pu faire, que d'envoyer.... Françoise.... dire que vous attendiez après?... qu'on se dépêchât?

Mlle DE FIERVILLE.

Bon! Françoise est une lambine.

LA TOURIÈRE, *haussant les épaules.*

Françoise! Françoise!... qui est la diligence même, et qui y a été de si bon cœur!... sans déjeûner encore!... et voilà le grand merci! et moi, qui laisse refroidir mon chocolat, que Madame l'Abbesse a eu la bonté de m'envoyer! et tout cela pour écouter....

(*Elle sort.*)

Mlle DE FIERVILLE.

Ah! vous êtes impatientante.

LA TOURIÈRE, *revenant sur ses pas, et bégayant de colère.*

Ma... ma foi, Mademoiselle! quand vous descendriez, comme on dit, de la côte... d'Adam... vous n'en diriez pas plus! (*la sœur St Ange en riant, et haussant les épaules, prend un livre.*)

Mlle DE FIERVILLE.

Ah! vos sornettes m'ennuient.... (*regardant la sœur qui lit.*) Il me paraît aussi que j'empêche la sœur Saint-Ange de faire sa lecture? je ferai tout aussi-bien d'aller au jardin. (*elle sort avec humeur, et revient sur ses pas.*) Ah! s'il arrivait ici une Marquise,... que ma mère m'amènera, une Marquise, entendez-vous?... ayez soin de me sonner tout de suite!

(*Elle sort.*)

SCÈNE VII.

LA TOURIÈRE, LA SŒUR S. ANGE.

LA TOURIÈRE, *en grognant.*

On n'y manquera pas... allons, allons! celle-là a bon besoin de son bien toujours! (*à la sœur*) j'espère que nous en serons bientôt débarrassées; car cette Marquise?... c'est pour un mariage; vous savez cela?

SŒUR S. ANGE.

Oui.

LA TOURIÈRE.

Et avec le bien que celle-ci a... cela ne peut pas manquer; vous entendez bien? car je vous assure, ma sœur, que moi, (qui ne veux de mal à personne!)... en vérité!... je crois que je souhaiterais que... cela ne se fit pas;... n'était... qu'elle nous resterait encore ici.

SŒUR S. ANGE, *se levant, après, avoir remis les livres en place.*

Il est vrai qu'on serait tenté de croire qu'elle s'inquiète peu de s'y faire aimer.

LA TOURIÈRE.

Aimer?... Comment, ma sœur! c'est que s'il y en avait deux comme elle ici!.... assurément, je suis bien attachée à Madame l'Abbesse, et à toutes ces dames, et à vous, ma sœur, en particulier....

SŒUR S. ANGE.

Je vous en remercie, sœur Bonaventure.

LA TOURIÈRE.

Non, c'est la vérité; mais si nous en avions deux comme elle!.... que je ne m'appelle pas sœur Bonaventure! (Dieu me pardonne le serment! et vous, ma sœur!) mais je crois que je renoncerais à être Tourière, pour n'avoir plus à faire à elle. Oui, je préférerais, je crois, d'être simple sœur..... attachée.... aux cuisines ou au potager.

SŒUR S. ANGE, *avec un ton de bonté.*

Je le crois, ma pauvre sœur; mais vous oubliez que votre chocolat se refroidit.

LA TOURIÈRE.

Bien obligée ma sœur. (*elle sort et revient*) A propos, j'oubliais aussi de vous dire que la maîtresse de clavecin, qui est malade, doit en envoyer une autre à sa place.

SŒUR S. ANGE.

C'est bon, c'est bon.

LA TOURIÈRE, *en s'en allant.*

Madame l'Abbesse me l'a fait dire ce matin; mais

j'avais oublié de vous en prévenir, parce que cette Mademoiselle de Fierville..... Réellement elle me fait tourner la tête. (*avec douceur*) Sans adieu, ma sœur!

(*Elle sort.*)

SŒUR S. ANGE.

Adieu, sœur Bonaventure!

LA TOURIÈRE, *grognant en s'en allant.*

Ah, mon Dieu!.... ça!.... mais c'est qu'on n'y tient pas.

(*Elle rentre chez elle.*)

SCÈNE VIII.

LA SŒUR S. ANGE, *seule, riant, et passant à son clavecin.*

SŒUR S. ANGE.

La pauvre sœur Bonaventure n'est pas contente; et franchement, elle a raison.... Quel caractère! je ne vois personne, dans ce couvent qui ne fût fort aise de la voir humiliée.... Que je plains le mari qui l'aura! Mais en attendant que la maîtresse de clavecin arrive, occupons-nous un peu. (*elle feuillette plusieurs livres de clavecin, et les remet à leur place en disant*) Voyons! une pièce.... Non.... quelques airs plutôt.... Ah!.... ma chanson favorite!

(*Elle se met au clavecin, et chante.*)

AIR:

L'attrait qui fait chérir ces lieux,
C'est le calme de l'innocence;

Quand aurai-je le droit heureux
D'en partager la jouissance !
C'est mon espoir; c'est le seul bien
Qui doive me séduire;
C'est un bonheur, je le sens bien;
Puis-je trop me le dire ?

Ici la douceur de nos lois
Rend nos jours et nos nuits paisibles;
Et l'Amitié seule a des droits
Pour enchaîner nos cœurs sensibles.
C'est, etc.

(On entend la sonnette du parloir.)

Mais on sonne! C'est pour Madame l'Abbesse; c'est apparemment cette Marquise.

(Elle se lève, et va remettre sa musique en place.)

SCÈNE IX.

SŒUR S. ANGE; LA M.^{ise} DE S. SER, *tenant un livre de musique;* LA TOURIÈRE, *qui porte ses dessins.*

LA TOURIÈRE, *après avoir mis en place le carton de dessins.*

Si vous voulez-vous asseoir, Madame ? Madame l'Abbesse va venir.

SŒUR S. ANGE, *à la Marquise.*

Vous savez, Madame, que son grand âge ne lui permet pas d'aller bien vîte? mais je vais la chercher et lui donner la main.

LA MARQUISE.

Ma sœur, vous êtes bien obligeante; oserais-je vous prier de lui dire, que je suis la maîtresse de musique que Madame Henri envoie pour la suppléer?

SŒUR S. ANGE.

Ah! c'est Madame? (*Elle lui fait une révérence*) je vais avec grand plaisir faire votre commission; je suis bien aise de vous prévenir que (*d'un air riant*) j'aurai l'honneur d'être une de vos écolières.

LA MARQUISE.

J'en serai charmée. Mais n'oubliez pas que c'est au défaut de Madame Henri, dont assurément je n'ai pas le talent!

SŒUR S. ANGE, *riant.*

Oh! la modestie est le fard des talens; mais, Madame, vos momens sont sûrement précieux; je vais faire diligenter Madame l'Abbesse.

(*Elle sort.*)

LA MARQUISE.

Je vous en remercie, ma sœur.

SCÈNE X.

LA MARQUISE, LA TOURIÈRE.

LA MARQUISE.

Voilà une jeune sœur bien aimable.

LE COUVENT,

LA TOURIÈRE.

Aimable, douce.... ah! c'est qu'il faut la connaître! c'est la sœur S. Ange.

LA MARQUISE, *avec surprise.*

Comment, la sœur S. Ange? je connais fort ce nom-là!

LA TOURIÈRE.

Oui; c'était son nom de pensionnaire.... car elle a été pensionnaire, avant d'être au noviciat; elle a eu un père.... quand je dis! on sent bien cela; mais c'est que son père.... avait épousé en secondes noces une autre femme.... qui n'était pas la mère de celle-ci.... C'est une grande histoire que tout cela; le père.... était vraiment capitaine de vaisseau.

LA MARQUISE.

Eh! j'en ai entendu parler.

LA TOURIÈRE.

Oui, oui, c'est cela.... car sa douceur, sa figure! c'est beaucoup; mais ce n'est rien en comparaison de son âme;.... pour ne pas plaider avec sa belle-mère.... qui avait besoin du peu de bien que le père avait laissé.... parce qu'il avait embarqué presque toute sa fortune.... et que sur la mer, son vaisseau et lui.... rien ne s'est sauvé.... vous entendez bien?.... Or cette jeune demoiselle-ci aurait pu demander à sa belle-mère le bien du père; vous concevez bien?.... et c'était juste; eh bien,

Madame ! elle a préféré, pour laisser du soulagement à sa belle-mère, de se faire religieuse.... et elle n'en dit rien.... j'ai su cela, moi, parce que je sais tout, et elle ne veut pas que l'on le sache, elle; c'est ce qu'il y a de mieux; et si je vous dis cela, c'est que j'espère que vous n'en parlerez pas au moins, Madame.

LA MARQUISE.

N'ayez pas peur! mais dites-moi un peu, Mademoiselle de Fierville ?....

LA TOURIÈRE.

Oh! ce sera votre écolière aussi; mais (*à part*) quelle différence! vous verrez, vous verrez... (*l'Abbesse entre*) Ah! voilà Madame l'Abbesse!

SCÈNE XI.

LES PRÉCÉDENS, L'ABBESSE, *soutenue par les Converses, et précédée par sœur S. Ange qui lui baise la main et sort.*

L'ABBESSE, *à la Marquise.*

Ah! Madame la M... (*la Marquise lui fait un signe*) Laissez-nous un peu, sœur Bonaventure!
(*Les Converses qu'elle fait retirer se parlent d'un air animé et marquent leur surprise et leur curiosité.*)

LA TOURIÈRE.

Si Madame de Fierville amène cette Marquise ? les ordres que Madame m'a fait donner, tiennent-ils ?

LE COUVENT,

L'ABBESSE.

Nous verrons.... oui, oui.... (*la Tourière sort*) Je vous demande mille pardons, Madame ; mais j'ai pensé vous nommer Madame la Marquise.

LA MARQUISE.

Je l'ai bien vu, aussi vous ai-je fait signe ; vous auriez tout découvert. (*elles s'asseyent*) Comment vous portez-vous ?

L'ABBESSE.

Vous êtes bien bonne, Madame la Marquise, je vais, (*s'écoutant parler*) aussi bien que peut le permettre mon grand âge, et tous les soins qu'entraîne après soi la place que je remplis.... vous les imaginez sans peine, Madame la Marquise? mais je suffis encore à tout.... et quand on veut, comme moi, entrer dans tous les détails d'une administration comme celle de cette maison!.... je vous assure qu'il faut une tête.... aussi bonne que celle que j'ai.... et j'en suis (*d'un air riant*) quelquefois étonnée moi-même.... que voulez-vous ? ce sont des grâces d'état, et que le ciel daigne m'accorder :... mais, Madame la Marquise, venons à ce qui vous intéresse !

LA MARQUISE.

Oui, mais ne m'appellez donc plus Madame la Marquise !

L'ABBESSE.

N'ayez pas peur ! je ne m'y tromperai pas ; je vous ai déjà annoncée dans cette maison comme une maîtresse de musique et de dessin. (*riant et d'un ton de satisfaction*) Je suis à tout, Madame, je suis à tout.

LA MARQUISE.

J'en suis bien persuadée.....

L'ABBESSE.

Et j'en ai bon besoin, je vous assure.... Oh ça! voulez-vous que je sonne pour avertir Mademoiselle de Fierville?

LA MARQUISE.

Causons un petit moment sur ce qui la regarde!

L'ABBESSE, *souriant*.

Vous avez peur que j'aie oublié ce que vous m'avez fait l'honneur de m'écrire? mais jugez si j'ai bien retenu ce que contenait votre lettre! « vous avez un fils de « vingt-six ans, colonel d'un régiment,... et qui ne man- « que pas de fortune....

LA MARQUISE.

Mais mon fils, en passe de faire son chemin, aura toujours après moi vingt-cinq mille livres de rente.

L'ABBESSE.

Oh! Mademoiselle de Fierville sera immensément riche.... Mais tout cela ira à merveilles, sa mère est prévenue; et le père..... est impatient d'appeler sa fille Madame la Marquise. Mais suivons!.... « Comme vous « desireriez que M. votre fils, en prenant une femme,

« vous donnât en elle une compagne qui contribuât
« à votre satisfaction.... n'est-ce pas cela? vous êtes bien
« aise de connaître par vous-même celle que vous lui
« destinez?

LA MARQUISE.

C'est cela même.

L'ABBESSE.

Vous voyez donc bien ;... et...

LA MARQUISE.

Mon fils me laisse absolument maîtresse de son choix.

L'ABBESSE.

Je viens de vous le dire ; et pour mieux juger la jeune personne, aux parens de laquelle j'ai déjà porté les premières paroles, vous avez engagé sa mère....

LA MARQUISE.

Qui m'a promis le secret, à n'en rien dire a sa fille...

L'ABBESSE.

Ainsi que moi, à trouver bon que vous vinssiez ici, sous le prétexte de donner des leçons.

LA MARQUISE.

Justement. Mais dites-moi, je vous prie !..., le caractère de Mademoiselle de Fierville ?....

L'ABBESSE, *avec un peu d'embarras et de surprise*

Son caractère !... oh! vous entendez bien que je ne

peux guères répondre.... sur cela.... si j'en dis du bien, je vous paraîtrai suspecte ; et puis il faut bien que j'abandonne quelques détails aux maîtresses, qui, sous mes ordres, aident à conduire cette maison.... d'ailleurs je suis très-discrète sur ces questions-là. Elle est jolie d'abord ;... elle a de l'esprit, mais vous en jugerez vous-même, je vais sonner pour l'avertir, (*prenant la sonnette sur le clavecin*).

LA MARQUISE.

Volontiers.

L'ABBESSE, *en sonnant.*

Elle est jolie, fille unique ; elle aura cent mille livres de rente, son père est dans la haute finance, et depuis trente ans, je vous laisse à penser....

LA MARQUISE, *à part.*

Pas un seul mot sur son caractère !

L'ABBESSE, *apercevant la sœur Euphémie.*

Chut !

SCÈNE XII.

LES PRÉCÉDENS; LA SŒUR EUPHÉMIE.

L'ABBESSE, *à la sœur.*

Avertissez Mademoiselle de Fierville pour sa maîtresse de clavecin... Ah! et la sœur S. Ange !

SŒUR EUPHÉMIE.

C'est bon, Madame.

(*Elle sort.*)

LE COUVENT,

SCÈNE XIII.

L'ABBESSE, LA MARQUISE.

L'ABBESSE.

Car vous l'avez aussi pour écolière, Madame; je lui fais continuer ses leçons.... vous l'avez déjà vue, notre sœur S. Ange?

LA MARQUISE.

Elle m'a fait une peine!...

L'ABBESSE.

C'est un ange, Madame, que cette personne-là; candeur, esprit, talens.... Elle est élève de notre maison, et nous fait honneur, j'ose le dire. Dans deux mois, elle sera des nôtres.... Je la fais recevoir sans dot.

LA MARQUISE.

Cela m'intéresse avec d'autant plus de raison, que je connaissais le père.

L'ABBESSE.

Oui?

LA MARQUISE.

Feu mon mari s'était proposé de demander Mademoiselle de S. Ange pour mon fils, qui était même décidé à l'épouser sur tout le bien qu'on en disait, quoiqu'il ne l'eût vue qu'une seule fois : moi, qui vous parle, je ne la connais que d'aujourd'hui; le père s'est avisé de se

COMÉDIE.

remarier ; je perdis mon époux ; la position de mon fils devint plus brillante ; celle de Mademoiselle de S. Ange le devenait moins.

L'ABBESSE.

Sûrement.

SCÈNE XIV.

LES MÊMES, SOEUR EUPHÉMIE, Mlle DE FIERVILLE.

SOEUR EUPHÉMIE.

Mademoiselle de Fierville.

L'ABBESSE.

Ah ! Madame, c'est une de vos écolières.

(*La sœur Euphémie retire le fauteuil de l'Abbesse, et après avoir présenté Mademoiselle de Fierville à la Marquise, elle donne le bras à l'Abbesse.*)

SCÈNE XV.

LES MÊMES ; PLUSIEURS PENSIONNAIRES, *observant avec curiosité, de la porte de la grille.*

Mlle DE FIERVILLE, *à part, et avec humeur.*

Ce n'est que la maîtresse de clavecin !....

UNE PENSIONNAIRE.

Ce n'est pas sa Marquise ?

LES AUTRES PENSIONNAIRES.

Ce ne serait pas sa Marquise? voyons! écoutons!

(*Elles se cachent derrière les siéges du parloir intérieur.*)

L'ABBESSE.

Je vous laisse, et reviendrai savoir si vous êtes contente.

SOEUR ANASTASE, *sortant de chez l'Abbesse, fait un cri de frayeur en voyant quelqu'un derrière les siéges.*

Ah! Mesdemoiselles! vous m'avez fait une peur!....

L'ABBESSE, *appelant les Pensionnaires qui s'enfuyaient.*

Eh! que venez-vous faire ici, Mesdemoiselles?....

UNE PENSIONNAIRE, *en entrant dans le parloir extérieur avec ses compagnes.*

Faire notre cour à Madame.

(*Elles lui baisent la main tour à tour.*)

L'ABBESSE.

Oui, oui;... et puis un peu de curiosité?

LA PENSIONNAIRE.

Il est vrai, notre mère... qu'il en est bien quelque petite chose.... (*aux autres*) pourquoi mentir?

AUTRE PENSIONNAIRE, *gaîment.*

Notre mère devine tout; nous venions... pour voir cette Marquise, que Fierville nous a dit qu'elle attendait.

COMÉDIE.

TOUTES.

C'est la vérité notre mère.

PENSIONNAIRE.

Et cela?.... pour faire compliment avec toute confiance....

TOUTES TROIS, *avec ironie en regardant Mademoiselle de Fierville.*

Oui! avec toute confiance, à notre bonne amie.

L'ABBESSE.

Fort bien, fort bien! mais cela ne doit regarder que Mademoiselle. Laissez-la prendre sa leçon!

LES PENSIONNAIRES, *après lui avoir baisé la main et l'avoir saluée, sautant de joie et rentrant dans le cloître.*

Ce n'est pas sa Marquise.

SCÈNE XVI.

LA MARQUISE, Mlle DE FIERVILLE.

LA MARQUISE, *après avoir salué modestement, et avoir essayé si le clavecin était d'accord.*

Oh! ça, Mademoiselle, voulez-vous que nous commencions? je dois vous prévenir que je n'ai assurément pas le talent de Madame Henri.

Mlle DE FIERVILLE, *regardant si l'Abbesse est rentrée.*

Oh! vous en aurez toujours assez pour moi.... (*avec*

joie) Madame l'Abbesse est rentrée.... prenez d'abord votre cachet!... je ne me soucie pas de prendre ma leçon.

LA MARQUISE.

Vous n'aimez peut-être pas le clavecin ?

Mlle DE FIERVILLE.

Ni la musique.

LA MARQUISE.

C'est-à-dire, que vous préférez le dessin ?

Mlle DE FIERVILLE.

Oh! bien oui! comment s'attacher de gaîté de cœur à faire de gros yeux... qui ne finissent pas? car on ne m'en sort pas; voyez! (*montrant l'exemple*) voilà mon cahier; c'est une occupation bien amusante!

LA MARQUISE.

Mais, quand on commence....

Mlle DE FIERVILLE.

Par ennuyer, l'on a tort; tenez! voici un cachet de plus, pour ne m'en plus parler.

LA MARQUISE.

Eh! mais....

Mlle DE FIERVILLE.

Prenez donc! est-ce que Madame Henri ne vous a pas prévenue que c'est mon usage?

COMÉDIE.

LA MARQUISE.

Elle a oublié de me le dire.

Mlle DE PIERVILLE.

Ce sont mes conditions; et il faut bien qu'elle y souscrive; car sans cela, je dirais à mon père qu'elle montre mal; et lui, qui ne se connait pas plus en talens que je ne les aime, mais qui paie bien, me donnerait bien vite une autre maîtresse; ainsi vous jugez bien que Madame Henri!....

LA MARQUISE, *riant*.

Ah! Mademoiselle, je n'ai garde d'indisposer contre elle une écolière aussi précieuse que vous.

Mlle DE PIERVILLE.

C'est bien sur cela que je me fie.

LA MARQUISE.

Au surplus, ce sont des talens qui ne sont pas absolument nécessaires; et Mademoiselle s'en dédommage sûrement par des connaissances plus utiles.... la géographie, l'histoire.... la lecture, par exemple?....

Mlle DE PIERVILLE.

M'ennuie à la mort; quoi? l'histoire ancienne ou profane?.... des dates à se mettre dans la tête? cela fatigue à retenir.... il n'y a guères que la danse que j'aime;... encore!...

LA MARQUISE, *riant*.

Vous ne faites pas grand cas des talens?

Mlle DE FIERVILLE, *riant.*

Pas trop, si vous voulez que je vous dise vrai ; et mon père pense sur cela bien différemment que ma mère : « Va, va, ma fille, me dit-il, quand ma mère me sermonne (car elle est pour les talens, elle), va, ne crains rien ! tu es jolie ; tu auras du bien ; un mari sera trop heureux de t'avoir... « A-propos de cela ? vous êtes sûrement répandue dans le monde ?

LA MARQUISE.

Mais un peu ; à l'aide des écolières que j'ai.

Mlle DE FIERVILLE.

Je vous dirai.... mais n'en parlez pas au moins !

LA MARQUISE.

Vous jugez bien, Mademoiselle !...

Mlle DE FIERVILLE.

C'est qu'il est question pour moi d'un mariage.

LA MARQUISE, *jouant l'air étonné.*

D'un mariage !

Mlle DE FIERVILLE, *avec joie.*

Oui, cela ne dépend en quelque façon que de mon aveu...

LA MARQUISE.

Ah ! fort bien !

Mlle DE FIERVILLE.

Causons un peu ensemble ! cela vaudra mieux que

ma leçon.... (*elle se lève et va à la porte en chantant*) attendez!... que je voie si la porte de l'Abbesse est bien fermée. (*elle revient se mettre à sa place.*) Oui, connaissez-vous Madame la Marquise de S. Ser ?

LA MARQUISE, *avec joie.*

Beaucoup : je finis même à présent un dessin tout-à-fait intéressant dont elle m'a chargée : elle s'est donné des soins pour me procurer de nouvelles écolières ; et j'enseigne de plus à une de ses nièces avec qui j'en parle souvent.

Mlle DE FIERVILLE, *avec joie.*

Oui ?.... (*l'embrassant*) Oh ! vous êtes charmante.... vous allez me dire tout ce que j'ai envie de savoir.

LA MARQUISE.

Vous me rappelez en effet que j'ai entendu parler du mariage de son fils.

Mlle DE FIERVILLE, *avec joie et vivacité.*

Eh ! vraiment oui ; c'est de moi qu'il est question : quelle femme est-ce que cette Marquise ?

LA MARQUISE.

Une femme.... de mon âge.... qui n'a qu'un fils.

Mlle DE FIERVILLE.

Je le sais.

LA MARQUISE.

Il n'a des yeux que pour elle, qui, de son côté, n'est occupée que de son bonheur.

Mlle DE FIERVILLE, *vivement.*

Oh cela, j'en suis sûre, car elle veut me le donner pour mari, comme je vous le dis.

LA MARQUISE.

Ah! cela est vrai....

Mlle DE FIERVILLE.

Oui, oui.... mais dites-moi? est-ce une femme qui aime la dissipation? le plaisir?

LA MARQUISE.

Mais c'est une femme assez sensée, autant que je puis m'y connaître;.... Elle fait grand cas des talens, par exemple.

Mlle DE FIERVILLE, *d'un air assez rêveur.*

Oui?

LA MARQUISE.

Oui.

Mlle DE FIERVILLE.

Et faudra-t-il vivre avec elle?

LA MARQUISE.

Comment! vous en doutez? oh! très-certainement: une femme qui aime son fils ne voudra pas s'en séparer, du moins je le crois.

Mlle DE FIERVILLE, *d'un air rêveur.*

Vous croyez? (*vivement*) Oh! une bru qui a de l'esprit comme moi, tourne comme elle veut celui de son mari; et quand il n'est plus question après que d'un sacrifice? vous jugez bien!....

LA MARQUISE.

Ah, ah !.....

Mlle DE FIERVILLE, *gaîment*.

Ce n'est pas là mon embarras..... et le Marquis de S. Ser? d'une jolie figure, à ce que l'on dit?

LA MARQUISE.

Mais assez bien.....

Mlle DE FIERVILLE, *très-gaîment*.

Bon, tant mieux! et son caractère?..... car c'est un point essentiel!

LA MARQUISE.

Vous êtes bien dans mes principes; mais..... il est doux, aimable.

Mlle DE FIERVILLE.

Jugez donc, quel plaisir! quand me trouvant Marquise, je viendrai dans un carrosse brillant, faire ici ma visite de nouvelle mariée, pour flatter le petit amour-propre des Religieuses qui m'ont élevée! et surtout je n'oublierai pas de demander mes Compagnes, qui seraient à la joie de leur cœur si mon mariage ne se faisait pas..... Vous avez pu les voir?..... mais continuons!..... le Marquis est donc aimable, doux?

LA MARQUISE.

Mais un peu ennemi du faste.

LE COUVENT,

Mlle DE FIERVILLE.

Quelle folie ! aime-t-il du moins le bal, la comédie, les spectacles enfin ?

LA MARQUISE.

Il y va, mais sans en raffoler.

Mlle DE FIERVILLE.

Oh ! je veux qu'il en raffole, parce que j'en raffolerai, moi ; et qu'il faut bien que je me dédommage de l'ennui que j'ai eu au Couvent..... D'ailleurs, je lui apporte une fortune assez considérable pour qu'il se prête à tout ce qui peut me plaire. Mais j'entends quelqu'un. Mettons-nous vite à ma leçon de dessin ! voilà mon exemple..... (*en le lui montrant*) mes yeux éternels ! cela n'est-il pas bien récréatif ? (*à voix basse*) il est bien heureux que je vous aye trouvée aussi instruite !

LA MARQUISE.

Je vous assure, Mademoiselle, que je me sais bon gré de l'être.

SCÈNE XVII.

LA MARQUISE, Mlle DE FIERVILLE, LA TOURIÈRE, FRANÇOISE, *qui tient dans un carton un ajustement couleur de rose.*

LA TOURIÈRE.

Mademoiselle, voilà votre ajustement couleur de rose, que Françoise apporte de chez la marchande de modes. (*Françoise salue en mettant sur la table le carton.*)

Mlle DE FIERVILLE, *avec humeur, à Françoise qui sort toute interdite.*

Elle est une sotte; et vous oubliez tout..... (*à la Tourière.*) Elle arrive à présent! je vais la gronder comme elle le mérite..... Imaginez-vous, Madame, que j'envoie chercher un ajustement couleur de rose, parce que le bleu ne me va pas si bien.

(*Elle voit arriver la sœur Saint-Ange.*)

SCÈNE XVIII.

LES MÊMES, LA SŒUR SAINT-ANGE.

Mlle DE FIERVILLE, *avec humeur.*

Ah! sœur Saint-Ange! voilà mon ajustement que l'on m'apporte à présent! à présent!..... que dites-vous de cela?.... et madame la Marquise de Saint-Ser ne tardera sûrement pas à arriver!

SŒUR SAINT-ANGE, *avec grande surprise.*

Comment! madame la Marquise de Saint-Ser?

Mlle DE FIERVILLE, *avec impatience.*

Eh oui! cette Dame que j'attends.

SŒUR SAINT-ANGE, *à part.*

Ciel!

Mlle DE FIERVILLE, *sans regarder la sœur.*

C'est bien cruel..... je n'aurai jamais le temps.....

Encore, ma femme de chambre qui n'est pas revenue de chez mon père ! Je vais toujours dans ma chambre; peut-être qu'en me dépêchant...... oui, oui : je vous quitte, Madame; mais, pressée comme je le suis ! vous jugez bien...... S'il faut que je n'aye pas le temps de changer d'ajustement...... je ne le paie pas à la marchande de modes, déjà..... Elle en sera pour sa peine, et Françoise pour sa course; elles peuvent bien s'y attendre..... A présent ! (*revenant à la Marquise.*) Ah ! je vous remercie de votre leçon; madame Henri ne m'en a jamais donné de plus agréable. (*La Tourière sort en haussant les épaules.*)

LA MARQUISE, *lui faisant une révérence avec embarras.*

Mademoiselle !.... tout ce que l'on peut vous souhaiter, c'est qu'elle vous soit utile.

SCÈNE XIX.

LA MARQUISE, LA SŒUR SAINT-ANGE, *rêveuse.*

LA MARQUISE.

Son ajustement lui tient bien au cœur ! mais si Elle connaissait comme moi la marquise de Saint-Ser, Elle pourrait bien s'épargner les frais de toilette; car l'ajustement est la chose à laquelle madame de Saint-Ser regarde le moins.

SŒUR SAINT-ANGE.

Je vois à cela que mademoiselle de Fierville vous a mise dans sa confidence?

LA MARQUISE.

C'est la première chose qu'Elle a faite ; je suis, à présent, aussi instruite qu'Elle de tout ce qui a trait à son mariage.

SOEUR SAINT-ANGE.

Elle vous connaît donc ?

LA MARQUISE.

Non, assurément ! (*La sœur fait un signe de surprise qu'elle dérobe à la Marquise.*) Petite indiscrétion qui avait pour but de parler de son mariage.

SOEUR SAINT-ANGE, *avec douceur et un sourire de bonté.*

Ah ! bien pardonnable..... à son âge surtout ? dans sa position ? une jeune personne aime à s'occuper, et à occuper les autres de ce qui flatte ou son goût ou son amour-propre. D'ailleurs, Madame, il y a des physionomies si intéressantes, qu'elles entraînent malgré nous notre confiance.

LA MARQUISE.

Ah ! ma sœur ! vous voulez donc me rendre indiscrète ?.... vous leur trouvez de si bonnes excuses !... Eh bien ! pardonnez-moi une seule question. Au moment où vous avez entendu nommer madame de Saint-Ser, un mouvement de surprise ou de tristesse, qui vous est échappé, m'a laissé croire que vous aviez peut-être à vous plaindre d'Elle ?

SOEUR SAINT-ANGE.

Point du tout ; que vous êtes bonne !

LA MARQUISE.

C'est que je la connais.....

SOEUR SAINT-ANGE.

Ah ! j'étais faite aussi pour la connaître.

LA MARQUISE.

Mais enfin ?.... ce saisissement m'inquiète encore.

SOEUR SAINT-ANGE.

Rien de si simple ; je n'ai jamais vu madame de Saint-Ser ; mais il y a..... sept ans environ, que, je ne sais par quel hasard, j'eus occasion de me trouver avec son fils.

LA MARQUISE.

Ah ! vous l'avez vu.

SOEUR SAINT-ANGE.

Une seule fois..... et assurément trop peu de temps pour qu'il ait pu me rester la moindre idée de ses traits; mais cependant assez pour avoir remarqué en lui (autant qu'en peut juger une jeune personne) un maintien doux, honnête, et réservé, qui justifiait à mes yeux l'éloge que j'en entendais faire, et qui prouve aujourd'hui que la fortune s'attache quelquefois au mérite.... Ce qui me rend cette époque si présente ?.... c'est qu'elle a précédé de très-peu de jours tous les malheurs..... d'une famille..... qui m'intéresse, de sorte que ce nom..... prononcé pour la première fois dans cette maison...... me les a rappelés ;.... et je n'ai pas été maîtresse de mon saisissement; vous voyez qu'il n'y a rien que de très-naturel? C'en est assez, je crois, pour bien vous convaincre que je n'ai pas le plus léger reproche à faire à madame de Saint-Ser?

LA MARQUISE.

J'en suis fort aise pour elle.

SŒUR SAINT-ANGE *allant, avec la Marquise, à son clavecin.*

Mais, Madame, prenons notre leçon! vous me faites oublier que vos momens sont précieux.

LA MARQUISE.

Je vous assure que je les trouve bien employés.

SŒUR SAINT-ANGE.

Vous êtes bien honnête, mais les réflexions nous gagnent quelquefois malgré nous. (*Feuilletant un livre de musique.*) Voyons! (*souriant*) je vais trembler.

LA MARQUISE.

Vous chantez aussi?

SŒUR SAINT-ANGE.

Un peu..... (*riant*) voulez-vous en juger? je vais m'accompagner (*changeant de livre.*) Qu'est-ce que je chanterai? (*cherchant dans son livre.*)

LA MARQUIS, *feuilletant dans le livre avec Elle.*

Ah! celle-ci?

SŒUR SAINT-ANGE.

Je ne l'aurais pas choisie...... mais soit!

LE COUVENT,

PREMIER COUPLET (Noté à la fin). *

« Nos plaisirs sont légers, mais ils sont sans alarmes:
» Plus bruyans, dans le Monde, ils en sont plus trompeurs;
» J'ai pu croire, un moment, qu'ils avaient plus de charmes.

(*La Marquise fait un geste de surprise.*)

» Un seul moment d'espoir doit-il coûter des pleurs?

DEUXIÈME COUPLET.

» Je ne cherchais qu'un cœur; il cherchait la fortune!

(*La Marquise l'observe avec plus de surprise et d'intérêt.*)

» Ce fut, à mes regards, adoucir ses revers;
» La Raison a banni cette idée importune,
» Pour m'en dédommager par des liens plus chers. »

LA MARQUISE.

Vous trembliez en commençant; mais vous vous êtes rassurée sur la fin; et je puis vous dire que vous êtes fort bonne musicienne.

SOEUR SAINT-ANGE.

Ah! fort bonne? c'est beaucoup dire. J'ai senti de bonne heure la nécessité de cultiver mes talens..... Eh! où en serais-je sans eux?

LA MARQUISE.

Des réflexions tristes? changeons de leçon! voyons un peu vos dessins!

SOEUR SAINT-ANGE.

Volontiers. (*Elle montre ses dessins, et elles s'asseyent.*)

* On peut suppléer la harpe au clavecin, pour accompagner ces couplets.

LA MARQUISE.

Voilà un paysage qui est..... assez bien. (*Elle y donne un coup de crayon.*) Ah ! l'ombre marquée un peu trop légèrement.

SŒUR SAINT-ANGE *corrige, et lui en présente un autre.*

(*en riant.*)

Vous avez raison..... un peu d'étourderie !..... celui-ci ?

LA MARQUISE, *examinant.*

Très-bien, par exemple..... (*en voyant un troisième*) à merveilles..... en vérité !

SŒUR SAINT-ANGE.

Oui, oui, faites-moi des complimens !

LA MARQUISE.

Je ne flatte point..... vous êtes très-forte ! je ne ferais pas mieux assurément.

SŒUR SAINT-ANGE.

Oh ! comparez avec les originaux !

LA MARQUISE, *en les comparant.*

J'y vois très-peu de différence..... mais convenez avec moi qu'une copie..... se ressent toujours de la gêne..... qui est inséparable de l'imitation ! l'on a beau copier aussi parfaitement.....

SŒUR SAINT-ANGE, *d'un ton découragé, et en souriant.*

Oh !

LA MARQUISE.

Croyez-moi, ma sœur! je m'y connais. Je suis caution qu'avec vos talens, vous ne devez chercher vos modèles que dans vous-même. Vous pouvez assurément vous passer de leçons.

SŒUR SAINT-ANGE.

Bon! j'ai voulu cinq à six fois essayer de travailler d'idée..... je n'ai jamais pu y réussir..... voulez-vous voir..... (*en riant et avec ironie*) de mes chefs-d'œuvre?

LA MARQUISE, *en recevant les dessins qu'on lui passe.*

Voyons, voyons!..... cette tête (*marquant la plus vive surprise*) est très-bien, déjà.

SŒUR SAINT-ANGE, *d'un air négligé.*

Trouvez-vous?

LA MARQUISE, *marquant plus de surprise et fixant la sœur plus attentivement.*

Et ressemblante, même.

SŒUR SAINT-ANGE, *de même.*

Ressemblante?

LA MARQUISE, *en fixant la sœur avec plus d'attention encore.*

Quoi!..... ce n'est pas une copie?

SŒUR SAINT-ANGE, *lui en passant un autre.*

Non assurément..... mais celle-ci est mieux.

LA MARQUISE.

Comment? mais vous avez copié l'une d'après l'autre?

SOEUR SAINT-ANGE.

Non, je vous le jure..... et voici le reste. Tenez! un Pélerin, un Berger qui garde ses moutons.

LA MARQUISE, *après avoir examiné.*

Mais encore une fois..... jugez-en! (*Lui présentant les dessins et les lui faisant comparer.*) Vous devez voir comme moi que c'est absolument la même personne, que vous présentez sous des habillemens différens; rapprochez ces têtes!..... (*En lui souriant pour ménager son embarras,*) et vous ne vous en étiez pas aperçue?

SOEUR SAINT-ANGE, *avec étonnement et naïveté.*

Jamais. Cela vous prouve que mon imagination n'est pas fertile en idées neuves.

LA MARQUISE, *en cherchant son porte-feuille.*

Ne dites pas de mal de vos idées! Vous allez voir que ce serait critiquer les miennes.

SOEUR SAINT-ANGE, *avec un air d'embarras.*

Comment donc?

LA MARQUISE.

C'est la chose la plus singulière. Une mère m'a demandé le portrait de son fils..... Je vais vous le montrer; et, s'il n'était sorti de mes mains?..... si je ne venais de l'achever à l'instant?..... on croirait que nous nous sommes, toutes deux, prêté notre modèle.

SOEUR SAINT-ANGE, *avec étonnement.*

Madame ?.....

LA MARQUISE, *en le lui donnant, et le rapprochant de celui de la sœur.*

Jugez-en !..... il est à la marquise de Saint-Ser.

SOEUR SAINT-ANGE, *redoublant de surprise, rendant le portrait avec vivacité et confusion.*

A la marquise de Saint-Ser ? (*avec autant de trouble que de douleur.*) Ah, Madame !... (*avec instance*) Madame ! quel voile épais vous retirez de mes yeux ! que serais-je donc devenue, si cette scène eût eu d'autres témoins que vous ? (*avec désolation*) Suspectée, sans doute, de conserver dans mon cœur des impressions que je n'ai jamais dû ressentir !..... je serais morte de douleur et de confusion..... (*en pleurant.*) Ainsi donc l'âme.... la plus pure peut-être !..... et certainement la plus innocente !..... qui n'admet de bonheur que celui de renoncer pour jamais au monde !..... n'est pas à l'abri du soupçon !..... (*très-vivement et avec agitation.*) Madame..... déchirez !..... déchirez, je vous prie, ces malheureux amusemens de mes loisirs !.... ils déposeraient, je le sens, contre mes premiers vœux, contre une indifférence dont je fais gloire, et dont je me suis faite une nécessité..... Juste ciel !..... Ah ! déchirez-les ! je vous supplie, dans l'instant !

COMÉDIE.

LA MARQUISE.

Réfléchissons ! ma sœur !..... on pourrait les retrouver..... confiez-les moi !

SOEUR SAINT-ANGE.

Vous les jetterez au feu, Madame ? vous-même ? je vous en conjure.

LA MARQUISE.

Fiez-vous en toute assurance à moi ! persuadez-vous bien que votre situation m'affecte..... au point de la regarder comme la mienne !

SOEUR SAINT-ANGE, *lui baisant la main, et serrant les dessins avec agitation dans le porte-feuille de la Marquise.*

Ah !..... Tout m'inquiète..... tout m'agite..... je crains que l'on ne vienne..... (*Se levant pour regarder du côté du parloir, à part.*) Si tous les jours ressemblaient à celui-ci, les instans en seraient bien cruels !

LA MARQUISE, *à part.*

Comme elle est charmante ! et ce bonheur échapperait à mon fils ?.....

SOEUR SAINT-ANGE.

Vous n'osez plus me regarder, Madame ? donneriez-vous une interprétation, humiliante pour moi, à de malheureux souvenirs..... bien involontaires, je vous assure ?

LA MARQUISE

Mademoiselle, écoutez-moi !..... je suis.....

la meilleure et la plus sûre amie de madame de Saint-Ser. Ses projets de mariage m'ont seuls attirée ici. Et si cette mère, à qui je ne puis rien cacher.... (*Sur un geste que fait la sœur pour l'interrompre.*) Ecoutez-moi, par grâce ! si cette mère à qui son fils parle souvent de vous et toujours avec regret, (*à la sœur qui veut encore l'interrompre*) j'en suis sûre..... si la Marquise ? se pénétrant de vos malheurs ? se les reprochant ?..... mieux éclairée enfin sur le bonheur de son fils..... vous le demandait elle-même ?

SŒUR SAINT-ANGE, *avec des transports de reconnaissance.*

Ah ! ah ! ah ! Madame ! comment ? votre bon cœur vous abuse, vous égare jusque-là ? c'est assurément ce qui fait que j'ose vous répondre, et puis c'est une supposition..... avec cela ? (*d'un ton très-radouci.*) Vous ne vous apercevez pas que vous opposez à ma raison tout ce que (d'un autre que de vous) je croirais imaginé pour la troubler ? ménagez-moi donc ! et sentez, comme moi, que soumise, par la reconnaissance, aux volontés de notre digne supérieure, il ne doit jamais être dans mon âme, de laisser, dans l'asile respectable qu'elle ouvre à mes malheurs, l'exemple dangereux....

LA MARQUISE.

D'une infortunée ? qui aime mieux se condamner à des jours de trouble et de douleur, que d'avouer les sentimens qui les lui préparent ?

SŒUR SAINT-ANGE.

Voici Madame l'Abbesse..... je tremble..... Rien qui me compromette? prenez-y garde, je vous prie!

SCÈNE XX.

LES MÊMES, L'ABBESSE.

L'ABBESSE, *à qui la sœur baise la main en tremblant.*

Eh bien! vos écolières? êtes-vous contente? Madame?

LA MARQUISE.

La réponse m'embarrasserait moins s'il n'était question que de la sœur; mais.....

L'ABBESSE.

Comment donc?

LA MARQUISE, *montrant la sœur qui veut s'en aller et à qui l'Abbesse fait signe de rester.*

D'abord j'ai cru devoir lui apprendre que je suis chargée de suivre ici les intérêts de madame la Marquise de Saint-Ser. Vous approuverez les raisons que j'ai de m'expliquer devant mademoiselle de Saint-Ange. Madame! Mademoiselle de Fierville ne peut absolument convenir au Marquis. Quel présent à lui faire, bon Dieu! vous ne connaissez sûrement pas le caractère de la jeune personne?

L'ABBESSE.

Oh! vous vous effrayez! quelques vivacités? un peu

d'étourderie ?..... son âge excuse tout cela ; mais tant de fortune ?

LA MARQUISE.

Serait payée trop cher. Réfléchissez-y ! je sais comme pense la Marquise ; et je suis fondée à dégager absolument sa parole, et dès ce moment même.

L'ABBESSE.

Ah ! Madame !..... quel embarras cela va me causer !..... et compromise ! moi ! moi ! ah ! que vous me faites de peine !

LA MARQUISE.

Eh ! j'y vais ajouter encore..... il le faut !

L'ABBESSE.

Que dites-vous ? comme vous êtes émue !

LA MARQUISE.

C'est de la surprise que vient de me causer sœur Saint-Ange.

SŒUR SAINT-ANGE.

Madame !

LA MARQUISE.

Non, Mademoiselle. Quand je viens de découvrir, de ranimer en vous des impressions que vous conserviez sans vous en apercevoir, puis-je me dispenser d'éclairer et votre bienfaitrice, et vous-même, sur les suites funestes et menaçantes qu'elles entraînent et pour l'une et pour l'autre ?

L'ABBESSE, *à la Marquise.*

Vous m'étonnez et m'alarmez à un point !..... (à la

sœur.) Ma chère fille !..... et que cela m'ait échappé, Madame ?

SŒUR SAINT-ANGE.

Mais jamais ces souvenirs ne m'ont occupée..... daignez croire que le temps, la raison !.....

LA MARQUISE.

Vous avaient trompée. J'en ai la preuve la plus sûre..... (*d'un ton très-radouci, et en mettant la main sur le porte-feuille.*) Voulez-vous que Madame nous juge ?

SŒUR SAINT-ANGE, *avec agitation vive.*

Non, Madame. (*à part.*) Je ne sais ni ce que je veux, ni ce que je sens.

L'ABBESSE.

Tu me refuses pour juge ? moi, ma fille ? c'est m'éclairer et t'accuser toi-moi..... et dans ce moment, cette agitation (que je ne t'ai jamais vue !) ne suffit-elle pas pour déceler des sentimens ?....

LA MARQUISE.

Qui n'étaient qu'assoupis dans votre cœur. Mais avec quelle facilité s'y sont-ils réveillés au seul nom de mon fils !.....

SŒUR SAINT-ANGE, *tombant dans un fauteuil.*

De votre fils ? oh ciel !

L'ABBESSE.

Ma fille ! les impressions que tu cherches à te dissimuler n'en sont pas pour cela moins inquiétantes ; elles te préparaient un avenir affreux..... (*à la Marquise.*) Que je vous sais gré de nous avoir éclairées l'une et l'autre ! eh ! que serait-elle donc devenue si ses derniers sermens eussent assuré, dans cette maison, l'engagement absolu de sa liberté ?

LA MARQUISE, *avec la plus vive joie, à l'Abbesse.*

Ah ! je vous vois pénétrée de tout l'intérêt qu'Elle inspire !

L'ABBESSE.

Sa tranquillité, la mienne, mon devoir même, Madame ! tout l'exige..... Quelque douloureuse que soit pour moi la perte que nous allons faire en toi, ma fille ! (*avec la plus vive douleur*) je te rends ta liberté.....

SŒUR SAINT-ANGE.

Vous me désolez..... Eh bien, Madame, j'en saurai faire un usage digne de vous et de moi, en remplaçant les soins que je devais à ma bienfaitrice, par les consolations nouvelles que je puis offrir à l'infortunée que mon Père chérissait si ardemment.

LA MARQUISE.

Que vous êtes respectable, Mademoiselle ! Daignez disposer de votre liberté, non pas pour verser des consolations sur une seule Mère ! mais pour rassurer encore celle qui peut, à présent, vous ramener à l'idée de son fils, vous demander son bonheur, et vous répondre de ses sentimens, avec autant de sécurité, qu'elle se promet de satisfaction, si vous l'acceptez pour époux !

COMÉDIE.

SOEUR SAINT-ANGE.

Quoi, Madame? que je dérange les projets que vous aviez sur mademoiselle de Fierville?

SCÈNE XXI.

LES PRÉCÉDENTES, SOEUR ANASTASE, SOEUR EUPHÉMIE.

(*Les deux sœurs, passant de l'appartement au cloître, écoutent.*)

L'ABBESSE.

D'abord, madame la Marquise de Saint-Ser (*les deux sœurs marquent leur étonnement et leur joie et courent au cloître*), (et tu viens de l'entendre) avait dégagé sa parole.....

SCÈNE XXII.

LA MARQUISE, L'ABBESSE, LA SOEUR SAINT-ANGE.

LA MARQUISE.

Avant de vous demander la vôtre.

SOEUR SAINT-ANGE.

Mais, Madame, que je vous appelle ma mère?

LA MARQUISE.

Oui, puisque vous prouvez si bien combien ce titre vous est cher..... (*la sœur baise sa main.*) Ah! je suis au comble de la joie!

LE COUVENT,

SCÈNE XXIII.

LES PRÉCÉDENTES, Mlle DE FIERVILLE, LES PENSIONNAIRES.

LES PENSIONNAIRES, *de dedans le cloître.*

On vient de te dire qu'Elle est ici.

Mlle DE FIERVILLE.

Cela est-il bien vrai ?

L'ABBESSE, *avec crainte.*

C'est mademoiselle de Fierville !

LA MARQUISE, *à l'Abbesse qui veut empêcher mademoiselle de Fierville d'arriver.*

Laissez ! Je puis lui parler sans compromettre ni sa délicatesse ni la nôtre.

Mlle DE FIERVILLE, *parlant aux Pensionnaires.*

Eh bien, tant mieux. Ma toilette me servira de quelque chose. Mais puisque vous en êtes sûres, venez avec moi ! (*Elle les amène et les quitte en voyant la Marquise.*) Ah ! bonjour, Madame ! (*Elle lui fait un salut de protection.*) (*à l'Abbesse.*) Notre Mère ! ces Demoiselles m'assurent que madame la Marquise de Saint-Ser est arrivée. J'en doute fort ; car assurément elle m'eût fait appeler.

LA MARQUISE.

Elles ne vous ont pas trompée, Mademoiselle.

UNE PENSIONNAIRE, *à part.*

Il serait plaisant qu'on nous eût dit vrai.

COMÉDIE.

LA MARQUISE.

Vous la voyez dans cette Maîtresse.....

Mlle DE FIERVILLE.

A qui j'ai parlé avec tant de franchise ?

SECONDE PENSIONNAIRE, *bas à l'oreille de mademoiselle de Fierville.*

Et qui t'a donné des leçons que tu as trouvées si agréables ?

Mlle DE FIERVILLE.

Comment, Madame ? ah !..... (*à part.*) Qu'ai-je fait !

SECONDE PENSIONNAIRE.

Je m'en étais doutée, en vérité.

TOUTES TROIS.

Et moi aussi.

LA MARQUISE, *aux Pensionnaires.*

Permettez !.....

TOUTES, *en lui faisant une révérence respectueuse.*

Madame ! pardon !.....

LA MARQUISE, *à mademoiselle de Fierville.*

Mademoiselle ! j'ignorais quand je vous ai fait offrir la main de mon fils, qu'il eût disposé lui-même de son cœur...... Je compte voir aujourd'hui Madame votre mère.....

Mlle DE FIERVILLE.

Et lui dire notre conversation peut-être?

LA MARQUISE.

(*En riant.*) Ah! pas dans tous ses détails. La prier seulement d'agréer les excuses que je vous dois à toutes deux. Mais, Mademoiselle! (*du ton le plus radouci*) que ma visite ne vous ait pas été tout-à-fait inutile! et permettez-moi de vous dire, que lorsqu'on réunit, à une figure vive et aussi intéressante, tout l'esprit que vous avez?..... en vérité (*du ton le plus indulgent et le plus doux*) l'on serait bien à plaindre de n'en pas faire l'usage..... qui ne laisserait en vous rien à désirer.

Mlle DE FIERVILLE, *la saluant d'un air gêné.*

Madame!..... j'entends..... ce que cela veut dire. (*Aux Pensionnaires en s'en allant*) Me voilà donc encore restée au Couvent! (*Elle sort.*)

SCÈNE XXIV.

LA MARQUISE, L'ABBESSE, SŒUR SAINT-ANGE, LES PENSIONNAIRES.

UNE PENSIONNAIRE, *avec joie.*

Quand je t'ai dit que son mariage ne se ferait pas?...

COMÉDIE.

TOUTES LES PENSIONNAIRES.

Oh ! j'en étais sûre. (*Elles s'en vont.*)

L'ABBESSE, *les rappelant.*

Mesdemoiselles ? profitez de la leçon ! et persuadez-vous bien, qu'aux yeux des personnes sensées, le caractère et l'éducation l'emportent sur la fortune elle-même.

LES PENSIONNAIRES.

Bien obligé notre Mère. (*Elles sortent en sautant.*)

SCÈNE XXV ET DERNIÈRE.

TOUTES, *excepté les Pensionnaires et mademoiselle de Fierville.*

SŒUR ANASTASE.

Voici l'heure.....

SŒUR EUPHÉMIE.

Voici l'heure du réfectoire.

L'ABBESSE, *à la Marquise et à la sœur Saint-Ange.*

Nous dînons toutes trois dans mon appartement ?

LA MARQUISE.

Volontiers ; nous nous arrangerons pour que j'emmène avec moi ma chère fille.....

L'ABBESSE.

Que je regretterai souvent, mais au bonheur de laquelle nous ne cesserons d'applaudir.

SŒUR SAINT-ANGE.

Ah! Madame! que de bontés!

FIN DU COUVENT, COMÉDIE.

PREMIER AIR du Couvent.

L'attrait qui fait ché-rir ces lieux, C'est le

cal-me de l'in-no-cen-ce; Quand aurai-je le droit heu-

reux D'en parta-ger la jouissan-ce! C'est mon es-poir; c'est

le seul bien qui doive me sé-dui-re! C'est un bon-

heur; je le sens bien; Puis-je trop me le di-re!

puis-je trop me le di-re!

SECOND COUPLET.

Ici la douceur de nos lois
Rend nos jours et nos nuits paisibles,
Et l'Amitié seule a des droits
Pour enchaîner nos cœurs sensibles;
 C'est mon espoir, etc.

SECOND AIR.

Nos plai-sirs sont lé-gers; mais ils sont sans al-

larmes: Plus bruyants dans le monde, ils en sont plus trom-

peurs : J'ai pu croire, un moment! qu'ils avoient plus de

char-mes; Un seul moment d'espoir doit-il coûter des

pleurs! Doit-il coûter des pleurs!

SECOND COUPLET.

Je ne cherchais qu'un cœur; il cherchait la Fortune!
C'était à mes regards adoucir ses revers.
La Raison a banni cette idée importune,
Pour m'en dédommager par des liens plus chers. *Bis.*

DISCOURS

PRONONCÉ

PAR M. LAUJON,

Pour sa Réception à la place vacante à l'Institut par la mort de M. PORTALIS,

LE MARDI 24 NOVEMBRE 1807.

MESSIEURS,

Mon ardeur à solliciter vos suffrages vous a prouvé que l'âge n'éteint pas en nous le désir de la gloire.

C'est dans cette gloire que l'homme de lettres entrevoit le prix le plus flatteur, le plus éclatant de ses veilles; c'est cette gloire, qui, dès votre institution, Messieurs, devenue le plus bel apanage de votre illustre Compagnie, la rendit dépositaire de tous les genres de poésie et d'éloquence;

C'est cette gloire, enfin, qui, dans le cœur d'un octogénaire, étouffant le sentiment intérieur de sa faiblesse, et ne cessant d'éblouir ses yeux par l'éclat qu'elle se plaît à répandre sur l'importance de vos travaux, le flatta de l'espoir d'être un jour admis à les partager.

S'il est plus d'un cœur qu'Elle abuse, en est-il un qu'Elle ne séduise? Un vieillard est aisément crédule, et principalement sur ce qui le flatte; on excuse plus facilement en lui les désirs indiscrets; le temps lui rend plus chers les momens qu'il achève de lui compter; il y avait urgence.

J'osai donc me permettre mon dernier acte de témérité; oui, Messieurs, j'osai vous annoncer, en tremblant, le but ambitieux auquel j'aspirais. Quelle fut ma surprise et ma joie, de me voir accueilli par nombre des suffrages! Je touchais presque au moment d'atteindre à ce but si désiré; l'Indulgence avait parlé pour moi; le Talent la fit taire, et prévalut.

M. Durau-Delamalle.... (Pardon de réveiller, en le nommant, vos regrets de sa perte!) l'élégant traducteur de Tacite, l'homme célèbre qui nous fit le mieux connaître les beautés de cet illustre historien, me fut préféré: je m'y devais attendre; mais, ce dont j'étais loin de me flatter, il me laissa la douce consolation d'avoir soutenu la concurrence.

Cette heureuse rivalité, qui m'avait fait voir de si près le bonheur, m'en avait mieux fait sentir le prix; en relevant mon espoir et mon courage, elle servait d'aliment à votre bienveillance, justifiait mes démarches, et m'offrait un titre que, dans la dernière lice qui s'est ouverte, je pouvais seul présenter à mes nombreux compétiteurs : si des succès plus brillans signalaient leur carrière, vous n'avez considéré dans la mienne que l'avantage de les avoir précédés.

C'est à cette double considération, Messieurs, que j'étais redevable de vos premières faveurs ; mais quoiqu'elles eussent revivifié mes faibles talens, quoiqu'elles les eussent même ennoblis à mes yeux, ces premières faveurs, dis-je, ne m'avaient encore servi que d'encouragement ; les dernières, en m'élevant à la place glorieuse que j'ambitionnais, ne me laissent rien à désirer.

Jugez, Messieurs, combien je vous dois de reconnaissance ! Mais qu'il est aisé de la sentir, et difficile de l'exprimer ! Plus mon cœur en est rempli, moins il suppose à mon esprit l'art et la force de lui servir d'interprète, lui qui, suivant son essor sans guide, avait toujours connu le besoin de trouver des modèles dans la société des vrais arbitres du goût ; et vous savez, Messieurs, que je suis à peine admis à la communication de tant de lumières.

Présenté par vous, M. le Président, dont la plume exercée donne à tous les objets qu'elle trace les couleurs qui leur appartiennent ; dont le style, tantôt simple, tantôt élevé, conserve toujours autant de pureté que d'harmonie ; l'employez-vous aux *Études de la Nature ?* varié comme Elle, il fait mieux ressortir la diversité des tableaux qu'elle présente ; peintre heureux de la *Simplicité*, de la *Candeur* et de la *Modestie*, vous n'eûtes besoin que de consulter votre cœur pour trouver vos modèles : ah ! Monsieur, combien il m'eût été doux d'anticiper sur la jouissance que vous m'annoncez, et d'obtenir de vous, par mon attachement et ma déférence, des leçons d'un art familier à vos confrères, et que vous contribuez à perpétuer dans vos assemblées, de cet art si précieux d'exprimer avec élégance et délicatesse les sentimens qui peuvent plus aisément pénétrer jusqu'à l'âme !

Faut-il encore, Messieurs, que, dénué de vos conseils salutaires, de vos leçons habituelles, appelé par un usage que m'eût prescrit mon cœur lui-même, faut-il, dis-je, que, pour mon début dans le genre oratoire, j'aye à célébrer la mémoire d'un confrère aussi respectable et non moins illustré par l'utilité de ses talens, que par la splendeur des dignités qui en furent la récompense ! C'est vous désigner le digne objet de vos regrets, mon illustre prédécesseur, M. Portalis, dont l'éloquence touchante produisit, avec tant d'art et d'intérêt, l'éloge des talens héréditaires, attaché au beau nom de Seguier, qu'elle fit reconnaître tout à la fois, dans le panégyriste, le collègue sensible et l'heureux imitateur de son modèle, M. Portalis, à qui j'ai l'honneur de succéder.

Quelle succession imposante, Messieurs ! Elle eût été pour moi d'un prix sans égal, si, m'abandonnant la place qu'il remplissait parmi vous, il m'eût transmis les talens que vous honoriez en lui !.... Hélas ! pour me procurer la jouissance de ce legs honorable, il ne m'a laissé que la charge, très-décourageante, de célébrer dignement les rares qualités qui lui donnèrent tant de droits à l'estime générale.

Si je pouvais du moins me permettre le secours de ces fictions poétiques dont j'use peut-être un peu trop familièrement, j'oserais vous rappeler que les Muses se prêtent des secours mutuels; que celle de l'éloquence ne dédaigne pas d'assortir à la guirlande de lauriers réservée aux grands talens, les myrtes et les roses qu'elle emprunte de sa sœur, et que, dans leurs divins concerts, après la trompette éclatante de Clio, l'on entend, avec quelque plaisir, le luth harmonieux de Polymnie, et même la flûte pastorale d'Euterpe..... Mais écartons les fables ! la vérité brille d'elle-même, et n'a besoin ici que d'être annoncée par le zèle; il est de tout âge, Messieurs. Il servit en pareille occasion plus d'un de mes prédécesseurs ; me servirait-il moins favorablement !,... Vous en allez juger.

M. Portalis, loin de prévoir les différentes carrières qu'il aurait à parcourir, fut assez heureux pour se choisir, dès sa jeunesse, l'état où semblaient l'appeler ses dispositions naturelles.

Ambitieux de science, doué d'un caractère vif, d'une âme sensible et compatissante, d'une ardeur immodérée pour le travail, il y joignait (et c'était peut-être son plus heureux apanage) l'esprit de conciliation, vrai présent céleste, nécessaire aux orateurs, fait pour éteindre les divisions, les haines, et pour allier le talent à la vertu. C'est de ce genre d'esprit, Messieurs, que je crois devoir me borner à vous faire apercevoir l'importance et les ressources dans les emplois éminens, qui tour-à-tour contribuèrent à la haute réputation acquise aux vertus comme aux talens de M. Portalis.

Ce fut au sortir de ses études qu'il se livra tout entier à la connaissance la plus approfondie des lois.

Bientôt il se les rendit familières ; bientôt, après avoir avec avidité pénétré dans leur labyrinthe obscur et tortueux, dont il devait un jour concourir à rendre les sentiers moins épineux et plus sûrs, remarquable par la sagacité de son discernement, il annonça ses talens au parlement de Provence. Dès son début, il y marqua sa place dans les premiers rangs des jurisconsultes ; ses talens l'y retinrent jusqu'au moment où les états de sa province le choisirent pour défenseur de leurs priviléges.

Mais quelque brillans que fussent de pareils succès, de plus éclatans encore l'attendaient à la tribune législative.

Ce fut là que, fier du titre de Représentant de la Nation, il fit de cette tribune, tant de fois avilie par le mensonge et l'artifice, celle de la justice et de la vérité.

Ce fut là que, surveillant et soutien des grands intérêts qui lui étaient confiés, il développa cette facilité prodigieuse d'élocution, cette éloquence persuasive, cet esprit de conciliation, si nécessaire, surtout alors, pour opérer un rapprochement désiré entre tant d'orateurs divisés d'opinions, et dont une apparence de zèle couvrait souvent l'égoïsme intérieur qui les éloignait de l'unique but de leurs assemblées.

L'espoir de les ramener faisait oublier sans cesse à M. Portalis, qu'à des yeux aveuglés par la jalousie l'éminence des talens était un motif de proscription, il ne tarda pas à l'éprouver : victime de ses projets nobles et désintéressés, réduit à fuir, il se crut trop heureux de dérober à des ennemis jaloux le lieu de sa retraite, d'y vouer à l'oubli des talens si justement reconnus.... Mais, pénétré moi-même de tout l'intérêt que semble vous inspirer la vertu courageuse aux prises avec l'infortune, je dois me hâter de passer aux événemens à l'aide desquels les talens divers de M. Portalis, de jour en jour plus utiles au bonheur public, s'annoncèrent avec tout leur éclat. J'arrive donc aux momens où les faveurs d'un ciel serein, en écartant les orages, nous offrirent dans les traits d'un jeune guerrier, un Ange tutélaire, bienfaisant et consolateur.

Doué d'un caractère ferme et juste, d'un esprit réfléchi, de la plus grande aptitude aux sciences les plus abstraites, il avait prévenu, par ses progrès, la maturité de l'âge : avec un extérieur simple et modeste, il joignait à l'imagination la plus féconde et la plus vive, le génie le plus vaste et le plus profond ; son goût le plus constant était l'amour de la gloire ; son plaisir le plus attrayant était de chercher, dans les fastes de la Grèce et de Rome, l'art d'atteindre aux succès éclatans qui transmirent jusqu'à nous les noms fameux des grands hommes conquérans, politiques ou législateurs.

Nourrissant en lui le germe de tous les talens divers qui les illustrèrent, il semblait pressentir que, pour s'immortaliser de son vivant, il n'aurait pas besoin, comme Alexandre, de recourir à la foi des oracles.

Le conquérant de l'Asie était loin de croire qu'on pût un jour surpasser l'étendue et la rapidité de ses conquêtes: tant on a raison de dire, qu'il est des traits de toute vérité, quoique dénués de toute vraisemblance.

Déjà la victoire avait prédit et signalé les hautes destinées de Napoléon (car c'était lui-même; peut-on s'y tromper?) Aussi la renommée et la reconnaissance s'étaient-elles réunies pour inspirer à ses concitoyens l'heureuse pensée de le choisir pour l'arbitre de leurs destinées, jaloux de prévenir, par cet heureux choix, celui de l'Europe entière qui devait un jour le reconnaître digne de présider aux siennes.

Bientôt ranimés par sa présence, les cœurs se rassurent; les vertus se rapprochent; les Sciences, les Arts déploient leurs ressources; bientôt l'œil vigilant du vrai dépositaire de tous leurs secrets a pénétré dans les asiles obscurs où la crainte retenait des hommes distingués par un mérite reconnu dans différens genres, et que le souvenir du bien qu'ils avaient fait, rendait fiers de leurs disgrâces. Dans cette réunion d'amis de l'humanité, M. Portalis, aidé de cette vivacité d'esprit, de ces heureuses saillies, familières au climat qui le vit naître, vrai philosophe, inspirait souvent à ces compagnons d'infortune, cette gaîté franche, annonce la plus certaine d'une âme pure et d'une conscience sans reproche. Bientôt la bienfaisance de leur auguste libérateur les a rappelés aux fonctions analogues à l'éclat de leurs talens (et ce corps respectable s'en glorifie). M. Portalis, admis au Conseil d'Etat, est adjoint à plusieurs membres de l'Institut pour coopérer à la rédaction du Code immortel de nos lois. Tout présageait à la France un heureux avenir, quand la Discorde, réduite à chercher loin de Nous un asile à ses complots, court semer chez les peuples voisins les soupçons et la haine, rallume ses flambeaux que nous l'avions forcée d'éteindre; prompte à corrompre nos alliés les plus fidèles, les anime à se réunir contre nous aux ennemis perpétuels de l'Europe entière. La France est encore attaquée; Napoléon, forcé d'acquérir de nouveaux titres de gloire, combat, poursuit et triomphe. Vainqueur généreux, animé du seul désir d'épargner le sang, il propose des moyens de réconciliation; la présomption et la haine s'y refusent; nouveaux combats; autant de victoires; et si multipliées, que la mémoire se perd dans le nombre. Oui, Messieurs, elle ne peut suffire à désigner leurs dates; mais qui de nous pourrait oublier celle où la Paix, tant de fois éludée, conclue enfin sur les bords du Niémen par notre généreux Empereur, suspendit son habitude journalière de triomphes pour le rendre tout entier à celle de sa bienfaisance: bientôt sa présence a dissipé les trop justes alarmes de ses peuples; bientôt, environné de leurs transports d'amour et de joie, il s'est assuré par ses yeux de l'exécution des travaux qu'il avait jugés nécessaires à la félicité de son Empire : rien n'échappe à son œil pénétrant.

Dans les objets les plus chers à sa sollicitude paternelle, celui de la liberté des cultes était de la plus haute importance. Nul de ses prédécesseurs n'en avait conçu l'idée ; cette Loi, d'un si grand intérêt pour toutes les classes de la société, était émanée de son âme, convaincue que l'art de concilier les esprits, était l'art le plus sûr de gagner et de réunir les cœurs. Cet art si négligé depuis long-temps, Messieurs, était l'art familier à M. Portalis, dont il servait et complétait les divers talens ; aussi l'avait-on choisi pour présider à l'exécution de la loi décrétée ; elle était donc alors en pleine vigueur ; tous les cultes étaient maintenus par l'activité vigilante de leur Ministre, dans les justes limites qui leur étaient assignées. Les citoyens, jusqu'alors divisés, connaissent enfin les douceurs d'un rapprochement heureux. Désormais plus de rivalité que dans la reconnaissance ; elle est dans tous les cœurs, et s'annonçant avec le même éclat aux yeux du législateur, lui fait apprécier de plus en plus l'administrateur éloquent et sensible, dont le zèle et les grands talens avaient toujours si bien soutenu l'honneur de son choix : la décoration du grand-aigle de la légion d'honneur avait été la digne récompense de tant de travaux utiles.

A ces glorieux motifs de satisfaction, il ajoutait le titre de Membre de ce véritable sanctuaire des sciences et des arts, dont la réunion lui représentait une même famille, qui, satisfaite de ne compter dans ses enfans que des émules unis de zèle, leur offrait à tous la grandeur de la France pour but, et s'énorgueillissait de les voir frayer avec une égale ardeur les routes différentes qui leur étaient désignées.

Mais on paye souvent bien cher les faveurs de la Gloire. M. Portalis ne les dut qu'à ses travaux et ses veilles, dont l'excès lui coûta la perte de la vue. Quelle privation désolante, Messieurs, surtout quand on est époux et père ! Son cœur en fut affecté ; mais son courage n'en fut point abattu : entendait-il sa femme et ses enfans gémir de son infortune ? « Ne me plaignez pas » tant, leur disait cet aimable vieillard. Si j'ai perdu la » douce espérance de vous voir, je n'ai jamais si bien » senti le plaisir de vous entendre ; c'est une jouissance » dont je puis seul apprécier le charme ; vos embras- » semens ne viennent-ils pas me chercher ? Enfin si la » nature me retire un de ses bienfaits, la faveur se plaît » à m'en dédommager ». Ce fut, en effet, au milieu des distinctions les plus flatteuses et les mieux méritées, que le Temps inexorable enleva cet homme célèbre à leurs jouissances.

Il vous était réservé, Messieurs, de mettre son nom, ses talens et ses vertus à l'abri de la faulx destructive ; et quand les Ministres des différens Cultes ont fait retentir leurs temples de ses éloges funèbres ; quand enfin, animé par le souvenir d'une confraternité glorieuse, le chef suprême du corps respectable des jurisconsultes, de cet ordre si fécond en orateurs, nous a prouvé tout ce que la douleur la plus vive donne de force et d'énergie aux talens les plus reconnus, ils ont suppléé d'avance à la faiblesse des miens énervés par l'âge, et qui sous vos yeux attendent qu'une main plus exercée achève avec succès ce que je n'ai pu qu'ébaucher.

FIN DU PREMIER VOLUME.

NUMÉROS DES TIMBRES NOTÉS

ET

DES AIRS LES MOINS CONNUS.

---

1. Rions avec la jeunesse.
2. C'est là ce qui m'étonne.
3. En traçant de nombre de nez.
4. Vous me grondez d'un ton sévère.
5. L'autre jour sur le ver gazon.
6. Le Plaisir chez nos premiers pères.
7. J'ai l'art de la Chanson.
8. J'aimais mam'sell' du Rozier.
9. Je v'nais tout courant d' Pontois'.
10. Le mois de mai vient de paraître.
11. Deux Auteurs unis par le zèle.
12. Au printemps dérobons les fleurs.
13. Des douces lois que nous suivons.
14. Que de plaisirs ce jour apprête !
15. Ma servante sert à ravir.
16. Un matin, je vis du hameau.

17 Vaudeville des Ecosseuses.
18 Les Matines de Cythère.
19 Au mois de mai tout rajeunit.
20 Chantons le mai! plantons le mai!
21 J'ai marié ma fille en Perse.
22 Toujours seule! disait Nina.
23 Le Manchon.
24 Les Mais des Déesses.
25 Eh! oui da! Christine le laissera.
26 Monsieur Champagne est un garçon.
27 Tout drait quasi comme eune parche.
28 Le Charretier, *ou* Tout en menant ma charrette.
29 C'est Suzon la camarde.
30 Or, écoutez! j'ai découvert.
31 Est-ç' qu'i' faut zêtr' comm' ça.
32 Vaudeville de Jean Monnet.
33 Ce fut un dimanche au soir.
34 Parmi tous les Objets.
Id. A moi, Papa Momus!
35 Je pestais en imbécille.
36 La Tragédie et la Parodie.
37 Jeunes amans cueillez des fleurs!
38 Il agissait si juste.
39 Pour chanter je guette un sujet.
40 Venez vendanger avec nous.
41 Diablezot, *ou* Va t' coucher.
42 Chanter un Objet adorable.
43 Comment faire.

44 Vantez-vous-en !
45 C'est là ce qui m'étonne.
46 Le cœur que tu m'avais donné.
47 L'Été.
48 Morgué l'y v'là, *ou* Il l'attrap'ra.
49 Vous me grondez d'un ton sévère.
50 L'autre jour sur le vert gazon.
51 Sexe peu fait à m'obliger !
52 Un Chantre sait entonner.
53 La Terre autour du Soleil tourne.
54 Cette grippe qui, si vite.
55 C'est ce qui me désole, c'est ce qui me console.
56 De la Ronde de Marianne.
57 Quand elle court elle est contente.
58 Pourquoi donc? pourquoi non? allez donc !
59 Je n' sis pas r'tort en fait d' la rime.
60 Palès dans son asile heureux, *ou* Pan, pan, pan.
61 Point de bruit, *ou* Menuet d'Exaudet.
62 J'ai gardé le tacet, *ou* Marche du Roi de Prusse.
63 Deux Auteurs unis par le zèle.
64 Vous exigez donc qu'un vieillard.
65 Chantons le règne de Cérès !
66 Ma belle ! ma toute belle !
67 Viens ! que j'examine !
68 Ninon ! t'as bian dire.
69 Les Talens appellent les Grâces.
70 Le bois est l'asile.
71 Mais quels nouveaux accens !

72 Régalez-vous à peu de frais.
73 Ah! mon père!
74 La Bourbonnaise, *ou* Ah! ah! ah! ah!
75 Lison dormait sur la fougère.
76 Boire à son tirelire lire.
77 Le grand Pontife, *ou* Je m'appelle le Long.
Id. Suite du même Menuet.
Id. Chacun malgré son renom.
Id. Pour bien retaper.
78 Un soir qu'aux Porcherons.
79 Chacun a son tour.
80 Fanfare de Chantilly.
81 Tous ceux qui se connaissent.
82 Jeanne était la plus belle.
83 Vénus un jour se vit grand'mère.
84 C'est Madam' Basset.
85 A chanter ce jour invite, *ou* Le Roi boit. (*Duo.*)

FIN DES NUMÉROS DES TIMBRES NOTÉS.

Vous me grondez d'un ton sévère.

L'autre jour sur le vert gazon.

Le plaisir chez nos premiers pères.

J'ai l'art de la chanson.

J'aimois mamsell' Durosier.

Je venons tout courant d' Pontoise.

Le mois de mai vient de paraître.

Lent.

Les Mais des déesses.

Eh, oui dà! Christine.

38. Il agissait si juste.

39. Pour chanter je guette un sujet.

40. Venez vendanger avec nous.

C'est là ce qui m'étonne.

45.

Le cœur que tu m'avois donné.   Fin.

46.

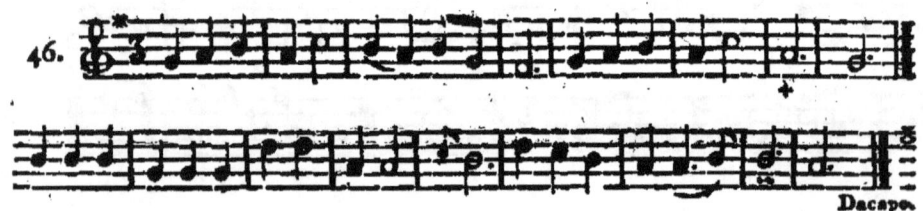

Dacapo.

L'été, *ou* chantons le règne de Cérès.

47.

Morgué, l'y v'là, ou il l'attrap'ra.

48.

Vous me grondez d'un ton sévère.

49.

L'autre jour sur le vert gazon.

50.

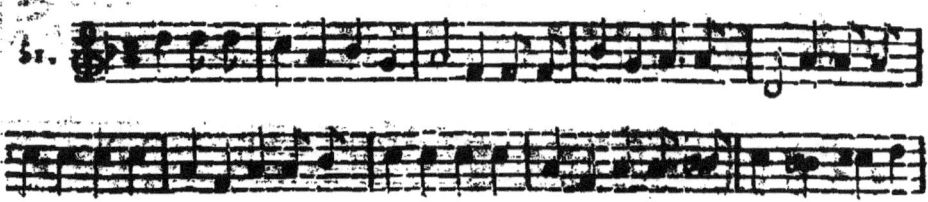

Sexe peu fait à m'obliger.

51.

Vous exigez donc qu'un vieillard.

64.

Chantons le règne de Cérès.

65.

Mais quels nouveaux accens.

71.

Fin.

Régalez-vous à peu de frais.

72.

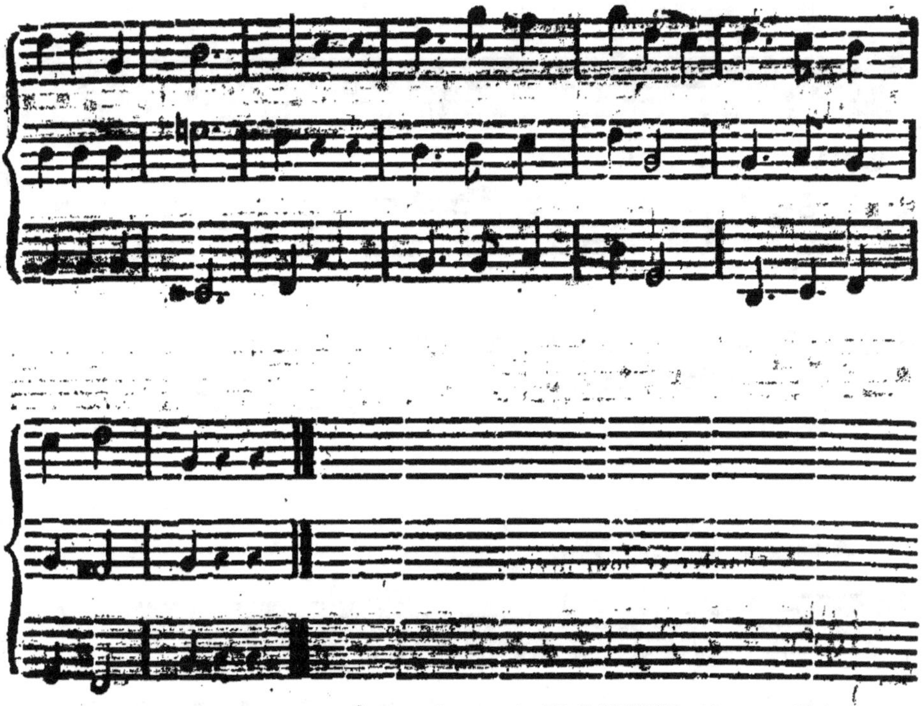

Vénus un jour se vit grand'mère.

83.

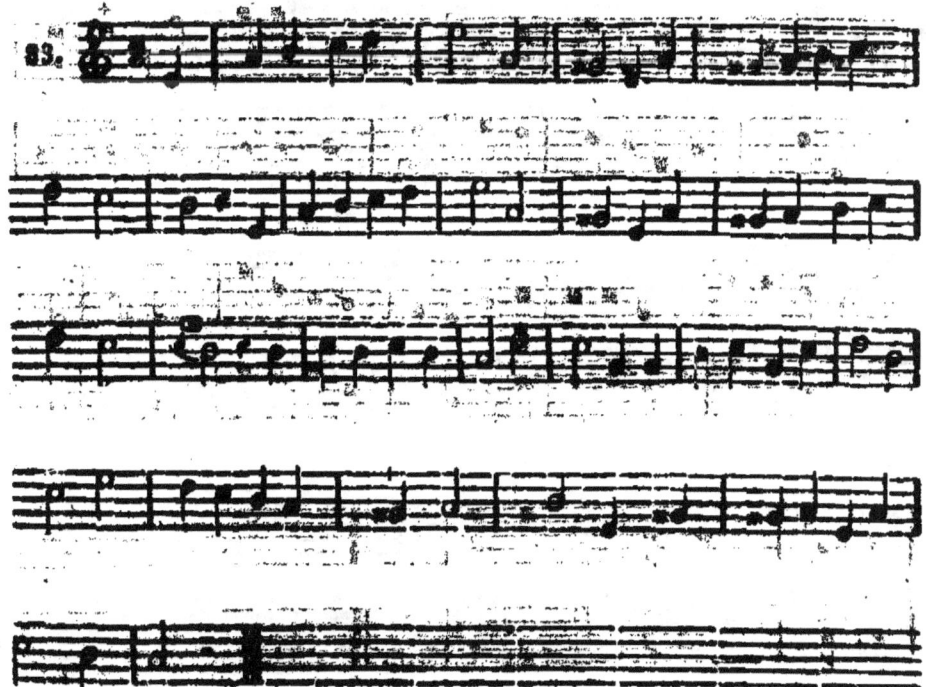

Allons, amis, chantons, dansons;
La paix inspire les chansons.

Ou

Dedans Paris il est venu.

TABLE

DES ARTICLES CONTENUS

DANS LE PREMIER VOLUME.

	Pages.
Avertissement.	
Distribution de ce Recueil en quatre tomes.	
Préface.	j
Daphnis et Chloé, Opéra en quatre actes.	1
Avertissement.	3
Spectacles des petits cabinets de Louis XV.	71
Æglé, Pastorale héroïque.	91
Avertissement.	93
Note sur la représentation d'Æglé.	113
Léandre et Héro.	117
Silvie, Opéra en trois actes et un Prologue.	131
Note sur l'Opéra de Silvie.	175
Isméne et Isménias, Tragédie lyrique et en trois actes	179
L'Amoureux de quinze ans, ou la Double Fête, Comédie en trois actes et en prose.	225
Le Couvent, ou les Fruits du caractère et de l'éducation, Comédie en un acte et en prose.	315
Préface.	317
Discours prononcé par M. Laujon, pour sa réception à l'Institut, le mardi 24 novembre 1807.	387
Table des timbres.	399
Table des airs.	403

FIN DE LA TABLE DU PREMIER VOLUME.

ERRATA
DU PREMIER VOLUME.

Page xvij, ligne 4, sédcit, *lisez* : séduit.
47, ligne 19, Cholé, *lisez* : Chloé.
78, ligne dernière, la Comédie française, *lisez* : l'Académie française.
82, ligne 5, spectacle entier d'opéras, *lisez* : spectacle entier, d'opéras.
85, ligne 27, année, *lisez* : années.
120, ligne 19, aimer le mieux, *lisez* : le mieux aimer.
194, ligne 18, la couronne., *lisez* : la couronne!
203, au lieu de ces deux vers :

 Mes vœux sont exaucés, le temple s'ouvre....
  O Dieu!.... que vois-je! c'est Ismène!

   Lisez :

 Mes vœux sont exaucés, le temple s'ouvre.... O Dieux!
  Que vois-je? c'est Ismène!

257, ligne 7, bon!, *lisez* : bon?
Id., ligne 10, jouirez., *lisez* : jouirez?

www.ingramcontent.com/pod-product-compliance
Lightning Source LLC
Chambersburg PA
CBHW050248230426
43664CB00012B/1872